傳承與創新

與

創新

政大政治學系與
台灣政治學的發展

 政大出版社
Chengchi University Press

本書經國立政治大學出版委員會
社會科學學門編輯委員會審查通過

國家圖書館出版品預行編目(CIP)資料

傳承與創新：政大政治學系與臺灣政治學的發展 / 黃德
北等作；楊婉瑩主編. -- 初版. -- 臺北市：政大出版社
出版：政大發行, 2016.05
　　面；　公分
　　ISBN　978-986-6475-87-0（平裝）

1.政治學　2.臺灣政治　3.比較政治　4.文集

570.7　　　　　　　　　　　　　　　　105009875

傳承與創新：
政大政治學系與台灣政治學的發展

主　　編｜楊婉瑩
作　　者｜（依各章節順序編排）
　　　　　黃德北、郭秋永、翁燕菁、董立夫
　　　　　張其賢、張福建、葉　浩、陳建綱
　　　　　俞振華、余家炘、蘇彥斌、陳光輝

發 行 人　周行一
發 行 所　國立政治大學
出 版 者　政大出版社
編輯助理　陳宏哲
執行編輯　林淑禎
地　　址　11605臺北市文山區指南路二段64號
電　　話　886-2-29393091#80625
傳　　真　886-2-29387546
網　　址　http://nccupress.nccu.edu.tw

經　　銷　元照出版公司
地　　址　10047臺北市中正區館前路18號5樓
網　　址　http://www.angle.com.tw
電　　話　886-2-23756688
傳　　真　886-2-23318496
郵撥帳號　19246890
戶　　名　元照出版有限公司

法律顧問　黃旭田律師
電　　話　886-2-23913808

排　　版　弘道實業有限公司
印　　製　祥新印刷股份有限公司
初版一刷　2016年5月
定　　價　360元
I S B N　9789866475870
G P N　1010500881

政府出版品展售處
• 國家書店松江門市：104臺北市松江路209號1樓
　電話：886-2-25180207
• 五南文化廣場臺中總店：400臺中市中山路6號
　電話：886-4-22260330

目　次

序

楊婉瑩
政治大學政治學系教授

　　本書書名「傳承與創新：政大政治學系與台灣政治學的發展」，劃出了本書的意旨。這本書的出現，因緣於政大政治學系在台復系 60 週年的系慶研討會的成果。作者群為過去曾於政大政治學系所求學或是目前任教於該系的學者，透過對政大政治學系 1955 年復系以來的教學與研究的回顧，希望能重建政大政治學系的知識史，發掘學術關懷，並在過去的知識積累上，反思政治學的進路，繼而向前展望，開創新的學術視野。

　　本書第一部分主旨為政治學研究的奠基，四個篇章介紹了政大政治學系自 1955 年復系以來的早期發展，其中多位由大陸來台的知名政治學者，在系所課程教授、人才徵補、教科書寫作、以及學術發展方向，起著關鍵性的影響。黃德北的「政治大學政治學系與台灣比較政治研究早期的發展」，說明日治時期台灣政治學研究有嚴重的教學人才斷層，到 1949 年前後，由大陸來台的政治學者，才重新建構政治學做為一個學術機構並開啟了知識的傳承。其中邱昌渭、浦薛鳳、鄒文海與羅志淵等學者，不僅在比較歐美政府政治的教學與研究上影響甚深，更透過學術行政的推動將政治學的學術機構建制化，留下深遠的影響。郭秋永的「開疆闢土的研究典範：易君博的方法論著作」，則是點出 1960 年代的方法論在台灣政治學界初起，易君博老師的政治學方法論專書論文，作為廣義的經驗主義者，為其時政治學界開創出全新的典範。而翁燕菁的「衡諸西典以利東用：初探指南山下的憲政思維」則是回顧項昌權與荊知仁兩位公法學者，考察其著作文本以體現台灣憲政知識史。董立夫的

「台灣地區中國古代政治制度研究的回顧與檢討」，則是指出從 1949 年以來，在政治環境變遷下，中國政治制度研究，由傳統歷史轉入現代政治學研究途徑，並對該領域提出反省性的回顧。

本書第二部分主旨為中西政治思想的會通。台灣的政治學的早期發展，不論是師資、教材文本、學術觀點，繼受中國政治思想研究的傳統，同時也受到西方政治思想的影響。張其賢「鄒文海與政治大學中國政治思想研究的早期特點」一文，探討鄒文海先生所提出的「恕道民主」的論述，由中國政治思想出發，回應當時政治生活的關懷，同時對於自由平等與民主的根本政治思想問題上，提出創造性思考。張福建的「從變與常思考政治學及西洋政治思想史在政大的開展」，則是描繪出在大時代的變化下，政大政治學系師承中國時期的清華西南聯大體系，在台灣如何經歷教學研究的轉變，而在這些變化中，仍保有一貫的知識追求，持續地了解並改善政治現實。葉浩的「鄒文海的責任民主理論與拉斯基的多元主義初探」，則是探討 1960、70 年代台灣最有影響力的政治學者之一鄒文海的治學方法與關懷，如何師承自 20 世紀初西方最著名的多元主義與左派政治思想家拉斯基，以及其個人的創見與理論貢獻。陳建綱的「政治風氣的意涵：初探浦薛鳳的政治思想」書寫政大復校之初的教務長浦薛鳳，在其著作中特別關注政治社會中的道德風氣以及公民涵養，對於法治與致治的重要性，以及與休謨政治理論之間的相契合之處，不論是對當時時勢或是現今政局都具有啟發性。

第三部分為經驗研究的發展與前瞻。伴隨著台灣民主政治轉型，同時西方行為主義的影響，新的研究主題與途徑的引入，在選舉研究、政黨政治與政治行為研究等方面大幅成長，成為學術界的新話語。俞振華和余家炘的「臺灣選舉研究：記錄民主化的軌跡」，如同篇名，檢視台灣的選舉研究，幾乎就是台灣民主轉型及鞏固深化的歷程的回顧，文中將選舉研究依照不同面向做了完整的分類與評析，同時也展望了選舉研究未來的可能發展方向。蘇彥斌的「台灣的政黨政治研究（1955-2014）」，回顧過去 60 年間關於台灣政黨政治的相關研究，如何

由有限的歷史分析與譯介的萌芽期，伴隨著政治自由化的苗壯期，轉進民主化的興盛期，一直到兩千年後的多元化成熟期。從不同時期的特色，可以看到政黨政治的研究和現實政治的發展之間的緊密呼應。陳光輝的「政治社會化研究的主要議題與在台灣的發展」，探討民主政治發展至為重要的政治態度、行為與價值的型塑過程與影響的機制，並回顧台灣相關政治社會化的研究的發展，並提出在民主政治與全球移民的發展下未來值得研究議題。

　　本書三大部分的安排，兼有政大政治學系作為學術機構，在師資教材發展時序上的先後；也鋪陳了政治學作為一個學術專業領域，不同次領域的發展時序，從政治思想與比較政治與制度的研究，轉進經驗研究與行為研究的路徑。不同時期各有其特色，在初創期，雖然資源有限，但具有全觀性的教科書專書的寫作勃興，如同黃德北與張福建所言，早期的老師不受到現在學術評鑑升等制度的限制，反而寫作大量的教科書，成為當時學生重要的知識泉源。而晚近的學術發展，研究題材相當豐富，研究途徑更趨多元專業，然過於精密分工的學術體制，以及研究生產規範越趨緊密的結果，對於政治現實的回應，則可能出現片段化與客觀化的疏離與侷限。不同時期的發展各有其特色，而在這看似龐大各個篇章的檢視中，我們似乎可以看見，不同時期的政治學者，不論是由政治思想、憲政、制度、政治行為各個面向，都共同關注屬於那個時代的政治現實課題與民主政治的發展。

　　本書的出版，起源於系慶研討會，研討會之後花了超過半年的來回審查修改，共分兩階段的外審，第一階段為各篇分別審查，依照審查人建議修改之後。再進行第二階段的全書外審，由作者參照審查意見進行修改。感謝各位作者多次修改以及審查人給予的寶貴意見，同時也感謝協助本書編輯行政的助理陳宏哲同學。編輯此書，我們共同的目的，希望能為政大政治學系的知識傳承留下重要的史料與紀錄。

第一部分

政治學研究的奠基

政治大學政治學系與台灣比較政治研究早期的發展

黃德北
世新大學社會發展研究所教授

壹、前言

　　台灣在日本統治期間社會科學研究受到很大的壓抑，加上戰後原來在臺大任教的日籍教師迅即都被遣送回國，因此1945年光復後台灣政治學的研究曾經出現斷層現象，例如1945年原在日本留學修習政法學科回台就讀臺大的學生就面臨無課可修的情況，必須自己設法尋找課程選修（歐素瑛2006），顯見當時政治學教學研究人才之匱乏。一直要等到1949年前後大批大陸學者南渡來台，台灣政治學研究人才才得到較大的補充，政治學亦得以有新的發展。

　　本文希望以政治大學政治系所為研究焦點，分析政治系所早期教師對於台灣政治學發展的影響，本文將集中在比較政治領域，探討政大政治學系所對於台灣比較政治研究發展的貢獻。

　　1954年6月10日行政院第346次會議通過政治大學在台復校，隨即展開各項在台設校事宜。[1]政大復校之初，先設公民教育、行政、國際關係、新聞研究等四研究所，1955年另增設教育、政治、新聞、外交、邊政五學系，並將公民教育、行政、國際關係研究所名稱改為教育、政治、外交研究所，以與相關學系名稱相符。

---

[1]　政大復校後，首屆研究生招生入學考試是在1954年10月14及15日舉行，11月21日正式開學。為此，特別縮短寒假到1955年3月26日，以補足上課18周之時數（國立政治大學編1989, 217-218）。

在政大復校初期，首任校長陳大齊聘請邱昌渭與浦薛鳳兩位知名的政治學者出任行政所與政治所所長。浦薛鳳擔任政治所所長期間，同時兼任政大教務長之職，因此頗能主導政大政治系所之人事晉用，使得政治系所成立之初就能匯集一批優秀的學者，成為政大知名的系所。作為台灣最早的政治學研究所，[2] 政大政治研究所更早在 1956 年就設立博士班，成為培植台灣政治學研究人才的重要學術機構，對台灣政治學的發展產生重大影響。

大學作為一個學術機構，擁有相當數量的教師與學生，具有教學、研究與社會實踐的諸項功能，對於社會整體與學術社群的發展，都可以產生重大的影響與貢獻。從知識史的角度探討一個學術機構對於特定學科學術發展影響的研究在台灣尚屬少見，例如目前探討台灣政治學發展的重要專著（何思因、吳玉山 2000；吳玉山、林繼文、冷則剛 2013），基本上都依據學科分類進行系統性的文獻檢閱與回顧，雖可讓我們對於台灣政治學所屬各分科的研究與理論發展有比較全面的認識，但前述的研究多數分析似乎只集中在該學門近年來的發展，未能完整的詳述學科整體發展的歷史，脫離學術社群發展的知識史脈絡，無法讓我們理解到學術社群發展的網絡與實際影響。晚近，大陸學者孫宏云在探討早期中國政治學的發展時，就曾以清華大學政治系此一學術機構為焦點，分析清華政治系與中國政治學的發展關係（孫宏云 2005），使讀者得以對當時中國政治學的發展及清華大學政治系在其中的影響有著更具體的認識。本文即希望從政治大學政治學系做為一個學術機構的角度，探討政大政治系所早期教師對於台灣政治學界比較政治研究領域發展作出的貢獻與影響。本文將集中討論 1950 年代在政大政治系所教授比較政治相關課程的邱昌渭、浦薛鳳、鄒文海與羅志淵等 4 位教師的學術成就，[3]

2　臺灣大學雖於 1947 年即開設政治學系，但研究所設立的進程卻慢於政大，1956 年臺大才成立政治研究所，1976 年政治研究所設立博士班（項潔 2005, 73）。

3　在政大政治系所早期任教的老師中除了邱昌渭、浦薛鳳、鄒文海與羅志淵外，還

我們選取這四位學者為研究對象，是因為他們是政治大學復校之初最早從事比較政治教學與研究的教師，深深地影響了政治大學政治系與台灣比較政治研究早期的發展。

貳、學者南渡與台灣政治學發展

在 1920 年代後期至 1937 年對日抗戰爆發前，中國大陸的政治學曾經有過一段不錯的發展。表 1「中國政治學會前三屆理事會／幹事會成員基本資料」說明了中國政治學會在大陸時期選出的三屆理事會／幹事會成員[4]的年齡與教育背景，資料顯示這批政治學界的菁英大多數都是在 1890-1900 年前後出生，在抗戰爆發前，他們多數年齡是介於 30-40 歲世代的中青年階段，絕大多數人都在歐美國家頂尖的大學受過完整政治學訓練才返國任教。教學之餘，他們並且著書立說與引介新的政治學理論，對於當時政治學發展產生重大的影響。

不過，隨著八年對日抗戰的爆發，許多政治學者被迫離開校園，以學人身分從政報國，對學術發展造成很大衝擊與斷層。抗戰結束後緊接著而來的內戰，更對知識分子是劇烈的震盪，許多政治學者必須選邊

　　有張金鑑與項昌權的研究與教學也涉及政治制度的分析，但他們的學術成就主要在公共行政領域，故本文並未探討他們與比較政治研究發展的關係。邱昌渭、浦薛鳳、鄒文海與羅志淵等人的研究主要偏重在歐美資深民主國家政府與政治的領域，本文原計畫還想探討呂春沂與江炳倫兩人在「政治發展」教學與研究的成果，將比較政治研究擴及開發中國家領域，但他們在政治發展的教學與研究成果發表已經延至 1960 年代末期至 1970 年代初期，已屬另一個時代，加上作者時間、資料與篇幅限制，所以此次未進行分析，希望日後能針對政大政治系所教師在政治發展的研究作比較全面的探討。

4　中國政治學會於 1932 年正式成立，隨即選出第一屆幹事會及總幹事杭立武（第二屆幹事會時，決議將幹事會改名為理事會），以後又於 1936 年與 1942 年分別召開第二屆與第三屆年會並選出兩屆的理事會成員。此後直到 1953 年才在台灣舉行第四屆年會及選出新的理事會（杭立武 1982；魏鏞 1992）。

站，甚至處於流離失所的狀態，無法進入學院內任教。[5]

　　1949 年前後少部分政治學者有幸能夠來台任教，但還有許多政治學者仍然被迫侷促在某個社會角落為生活奔波。以中國政治學會在大陸時期的三屆理事會成員為例，19 位理事中，除了 2 位已經去世者（梅思平、馬洗繁）及 1 位繫獄（吳頌皋）外，共有 7 位理事留居大陸（張奚若、錢端升、周鯁生、高一涵、張匯文、張慰慈、錢昌照），9 位跟隨國民政府南渡（王世杰、杭立武、陳之邁、劉師舜、徐淑希、張忠紱、黃正銘、浦薛鳳、蕭公權），但南渡的理事中除了蕭公權任教臺灣大學政治系外，其他人當時全部都在政府部門工作，暫時沒有人有機會在學院任教，直到 1950 年代初期黃正銘與浦薛鳳才陸續有機會重返校園。[6]

表 1　中國政治學會前三屆理事會／幹事會成員基本資料

姓名	出生年分	學歷	1949 年處境與去留
王世杰	1895 年	巴黎大學博士	1945-1948 年底任外交部長，1950 年 3 月任總統府秘書長
杭立武	1904 年	倫敦政經學院博士	1949 年任教育部長
陳之邁	1907 年	哥倫比亞大學博士	1949 年任駐美國大使館公使
劉師舜	1900 年	哥倫比亞大學博士	1949 年任聯合國託管理事會代表
徐淑希	1892 年	哥倫比亞大學博士	1949 年任聯合國國際法委員會委員
張忠紱	1901 年	倫敦政經學院博士	1949 年任外交部駐聯合國代表處顧問，1950 年 3 月解聘，此後滯美未歸
黃正銘	1901 年	倫敦政經學院博士	1949 年任外交部亞東司司長，1950 年轉往臺灣大學政治系任教，1952 年任大法官
浦薛鳳	1900 年	哈佛大學碩士	1949 年任台灣省政府秘書長，1954 年轉往政治大學任教

[5]　例如後來曾經創立東吳大學政治學系與東海大學政治學系的張佛泉，初來台灣時就無法進入學院任教。
[6]　黃正銘於 1950 年進入臺灣大學政治學系任教，但 1952 年獲任命為司法院大法官，再度離開校園。浦薛鳳則於 1954 年政治大學在台復校後才得重返校園任教。

蕭公權	1897 年	康乃爾大學博士	1949 年年初至臺灣大學政治系任教，秋天轉往美國西雅圖華盛頓大學
馬洗繁	1894 年	倫敦政經學院碩士	1945 年病逝
梅思平	1896 年	北京大學政治系	抗戰時參加汪偽政府，1946 年 9 月 1 日因漢奸罪遭槍決
吳頌皋	1898 年	巴黎大學法科	抗戰時參加汪偽政府，1945 年後判刑入獄
張奚若	1889 年	哥倫比亞大學碩士	1949 年參加政治協商會議
錢端升	1900 年	哈佛大學博士	1949 年任教北京大學
周鯁生	1889 年	愛丁堡大學博士、巴黎大學博士	1945-1949 年任武漢大學校長
高一涵	1895 年	明治大學法政系	任湖南湖北監察區監察史
張匯文	1905 年	史丹佛大學博士	1949 年任立法委員
張慰慈	1890 年	愛荷華大學博士	1940 年代在經濟部任職，1955 年任上海市文史館館員
錢昌照	1899 年	倫敦政經學院學士牛津大學研究	1947 年 4 月辭去資源委員會主任委員，隨後出國考察，1949 年 9 月參加政治協商會議

資料來源：作者自行整理

　　台灣的大學設立政治學系開始從事政治學的教學與研究工作，最早當推臺灣大學政治學系，1947 年臺灣大學設立政治系，但受到當時政治環境的影響，政治學人的發展與空間受到很大的限制。以臺大政治系為例，第一任系主任陳世鴻原是政界人士，曾經在陳儀主政福建時出任當地縣長，1945 年台灣光復後隨陳儀來台，一直是陳儀的重要幕僚，後出任臺大法學院院長，並在臺大政治系成立後兼任首任系主任，1948 年去職，改由從廣州中山大學政治系前來任教的萬仲文接任。但第二任系主任萬仲文在 1949 年年初聽聞台灣即將於 6 月實施出境管制時，就以治療腿疾為由辦理請假手續回大陸，迅即於 5 月 25 日逃離台灣。萬仲文如此倉皇離台主要是擔心日後政府會對他採取不利行動（萬仲文 2009, 204-212）。第三任系主任李俊麟在校時間較長，但也在 1959 年轉往新加坡南洋大學任教。

　　當時的環境使得臺大政治系的教師也處於不穩定的狀態，1949 年初就來台任教的知名中國政治思想史教授蕭公權於 1949 年秋天應邀前

往美國西雅圖華盛頓大學任教，並在未得到該校「長聘」前就向臺大辭職，將家人從台灣接往西雅圖全家團聚（蕭公權 1972）。另一位更早之前就從廣州中山大學政治系應聘前來臺大任教的盛成，似乎對當時環境頗有微詞，[7] 1954 年終因評論時政與臺大經濟系的鄭學稼兩人遭到臺大解聘的命運。此外，當時在臺大政治系擔任比較政府課程的沈乃正，早在大陸時期就已出版過多部有關比較政治研究的專書（沈乃正 1930; 1934; 1937），被譽為「中國政治制度研究的先驅」（錢穎一、李強、張小勁、彭凱平 2011），教學更以認真嚴格著稱，在學生之間廣受好評（高準 2011；張小勁、李春峰 2011），但他在臺大任教期間幾乎未再見有任何學術著作發表，且在 1951 至 1953 年間曾前往美國擔任兩年客座教授，到 1959 年再度前往美國任教，此後即留在美國教書直至退休。

　　不過，台灣政治學的發展到 1950 年代中期前後出現較大的變化，1954 年以來政治大學、東吳大學與東海大學等三所大學陸續獲准在台成立，[8] 並相繼開設政治系所，使得政治學研究出現比較新的改變與發展。

　　以下我們將分別介紹政治大學政治系所早期教師在台灣比較政治領域研究發展所作出的貢獻。

7　1948 年 12 月盛成曾寫信給剛發布為臺灣大學校長的傅斯年，對臺大人事頗多批評，尤其對當時剛從廣州中山大學法學院院長轉任臺大法學院院長的薩孟武有極為激烈的評擊（歐素瑛 2006, 147-148）。

8　東吳大學成立於 1954 年，東海大學成立於 1956 年，這兩所基督教會支持的大學都設有政治系，且兩校的政治系都是由南渡來台的張佛泉（1908-1994）創立，這位曾被西南聯大聘為首任政治系系主任但未就職的政治學者，在自由主義思想的研究上有著卓越的成就。1950 年代初他尚未在大學任教蟄居期間撰寫的《自由與人權》(1955) 一書，一直被學術界譽為中文世界最重要的自由主義經典，是台灣探討自由主義思想最具理論水平的一本專著（蕭高彥 2012；張洪彬 2010）。

參、邱昌渭與美國政治研究

　　政大復校之初，擔任首屆行政研究所主任的邱昌渭（1898-1956）是美國哥倫比亞大學政治學的博士，1928 年學成返國後曾在東北大學與北京大學政治系任教，並擔任北京大學政治系系主任之職（1931 至 1933 年）。1933 年應第四集團軍總司令李宗仁之邀赴粵，在廣州中山大學政治系任教，同時兼任第四集團軍總部高級顧問，從此開始參與實際政治，並與桂系建立緊密關係。1949 年李宗仁副總統代理總統期間，邱昌渭曾擔任總統府秘書長職務。但 1950 年 3 月蔣介石總統復行視事後，王世杰接替邱昌渭總統府秘書長職位，邱昌渭得以暫時潛居鄉下專心著述，先後完成《民權初步新編》（1952）、《美國的總統》（1952）、《政治常識》（1953）、《美國政治與政黨制度》（1954）等書。

　　邱昌渭在政大任教的時間較短，因此較少人注意到他與政大政治系所的關係。1954 年 11 月總統府光復大陸設計委員會成立，邱昌渭出任該會秘書長，負責處理國大相關事宜，從此工作重心轉移。但他仍然利用公餘時間筆耕不斷，1956 年夏，他已完成美國國會研究專書的大部分，未料突然因血壓飆高，腦溢血急救無效而去世。[9]

　　邱昌渭的博士論文 *The Speaker of the House of Representatives since 1896*（Chiu 1928）是有關美國國會運作與議長角色的研究，因此對於議會制度與美國政治運作非常熟悉，[10] 他在 1950 年代短暫的幾年間分別完成研究美國總統、政黨政治以及國會的專書，是當時研究美國政治不可或缺的重要學術著作，對於早期台灣政治學界認識美國政治運作無疑產生重大的貢獻。

9　關於邱昌渭生平，本文主要是參考邱昌渭夫人周淑清所撰的〈邱昌渭先生傳略〉。
10　早在 1933 年邱昌渭就出版了《議會制度》一書，是現代中國研究議會制度很早的學者。

肆、浦薛鳳政治五因素的本土化研究

　　早在 1920 至 1930 年代大陸時期，浦薛鳳（1900-1997）就已經是中國現代政治學的重要代表人物。孫宏云在探討 1926 至 1937 年中國現代政治學早期發展時，雖然這段期間清華大學政治系經歷過三位學者出任系主任，包括余日宣（1926-1928）、吳之椿（1928-1931）與浦薛鳳（1931-1937），但他的研究卻以浦薛鳳為主要焦點，花非常多的篇幅探討浦薛鳳在行政、教學與研究上的表現（孫宏云 2005）。

　　1921 年浦薛鳳清華畢業後前往美國留學，出國前先向父母作出留學五年返鄉的承諾，因此在美國留學五年取得翰墨林大學學士與哈佛大學政治系碩士後，即於 1926 年返國。浦薛鳳回國後，先在雲南東陸大學與杭州浙江大學任教兩年，後轉往清華大學政治系服務，並曾兼任清華大學校務委員會 11 與政治系系主任職務，參與清華大學校務與政治系系務的決策與行政工作。

　　1920 年代中期之前，當時大陸大學的政治系多具有濃厚的政法系特質，政治與法律不分科，但清華大學政治系經歷任系主任的規劃與整頓，不但將清華大學政治系的政治與法律分離，並且完全依照美國政治系學制進行課程設計，這其中浦薛鳳是最重要的推動者。浦薛鳳不但推行清華大學政治系的「現代化」，同時他也重視「本土化」的發展，大力主張政治系內應開設大量有關中國政治議題的課程，12 例如為了開設中國政治思想史一課，他特別將當時在燕京大學政治系授課的蕭公權教授挖角來清華任教。13 此外，專長於比較政府與中國政府的沈乃正與陳

11　清華大學當時是採取「教授治校」的治理模式，因此大學的校務委員會是學校各項重要政策制定的決策中心。

12　浦薛鳳在回憶錄中提及：他擔任系主任後，「在課程方面，加重吾國自己之學問，例如中國政治思想史、中國政治制度、中國地方政府、中國法制史、中國法律學」等課（浦薛鳳 2009a, 157）。

13　蕭公權在他的回憶錄《問學諫往錄》中提及：「我在燕京本有久留的意思。民國

之邁也是在浦薛鳳任系主任時受邀至清華政治系任教。

　　浦薛鳳自己在清華政治系除了講授西洋政治思想課程外，還曾開設西洋政制研究與政黨研究等有關比較政府與政治的課程。他自己更從中國政治變遷的傳統中歸納政治五因素的理論，作為研究比較政治與政治發展的分析架構。他提出「一切政治必然包含現象、人物、觀念、制度以及勢力。此五項因素之間，擁有彼此連帶與相互變化暨前後影響之密切關係」，並認為「吾國二千年來利潮之興盛衰亡，循環起伏，其中隱含鐵律，最值尋求。蓋此種複雜之鐵律，定能幫助了解一切政權、一切族國之治亂興亡」（浦薛鳳 1981b, 16-17）。

　　早在 1937 年浦薛鳳在清華大學學報上就發表〈政治學之出路〉論文，[14] 他針對西方政治學之缺陷及如何走出迷途提出意見，即使到了晚年他仍然抱持相似見解：「今日西方政治學之莫大缺點，端在不求定律之確立，甚而如多數所謂行為學派，懷疑甚至否認政治之有定律」（浦薛鳳 1981a, 4），他會提出政治五因素理論，一方面是希望能發展出政治研究的定律，另一方面也是在駁斥一般刻板印象，認為「政治學在西方甚為發達，在吾國則尚幼稚」，他強調「中華民族，因其具有數千年繼續不斷悠久豐富之史乘」，「加以歷代史家，對此興亡治亂之緣由，特別注意，反覆推敲，以故，其中對於原理定律之確立自必有其特殊之貢獻」（浦薛鳳 1981a, 2）。顯然，追求政治學本土化一直是他關注的議題。

　　1937 年七七事變爆發後，浦薛鳳與北方諸教授前往廬山參加國是會議。隨後清華大學與北京大學、南開大學在雲南合組西南聯合大學，浦薛鳳亦南下任教。1939 年 3 月浦薛鳳獲當時剛成立的最高國防委員會秘書長張群之邀出任參事，開始他學人從政的生涯。1944 年末以後又

---

21 年 5 月中清華大學政治系主任浦逖生（薛鳳）兄約我去任教。」（蕭公權 1972, 99）

14　該文後收錄於浦薛鳳 1955 年出版的論文集《政治論叢》一書中。

出任行政院救災總署副署長及行政院副秘書長等職（浦薛鳳 2009b）。
1948 年行政院改組，浦薛鳳本擬重回教職，未料卻因當時台灣省主席
魏道明之邀，出任台灣省政府府秘書長，來到台灣。在省府工作期間，
浦薛鳳曾經襄助輔佐魏道明、陳誠、吳國禎、俞鴻鈞等四任台灣省主
席，擔任秘書長長達六年之久。

　　1954 年 6 月省府改組，浦薛鳳隨之去職，經數月延宕，[15] 秋天獲聘
來政大任教。1955 年浦薛鳳出任政治研究所主任並兼任教務長，使其
能像早期主持清華大學政治系時一樣，主導政治所的整體發展。政大在
台復校之初，政治系即由鄒文海出任系主任並兼副教務長，協助浦薛鳳
處理教務事宜。1958 年 8 月浦薛鳳出任教育部政務次長，鄒文海接替
其職，並由羅志淵擔任政治系系主任，政治系所的特質得以一直維持。

　　浦薛鳳在政大任教這段期間他在專業研究的學術著作發表上，主要
是將焦點放在他最關注的西洋政治思想的研究，並未觸及比較政治的領
域。早在抗戰初期浦薛鳳由北平轉往西南於香港停留期間，就將他已完
成的《西洋近代政治思潮》交由香港商務印書館出版。1961 至 1962 年
間他接續撰寫《現代西洋政治思潮》一書，並在他離台後出版。作為早
期中國現代政治學發展的重要巨擘，他對於政大政治系所比較政治發展
的貢獻主要集中在人才引進、課程規劃與講學時研究方法的強調。

　　在人才引進方面，浦薛鳳回憶錄提及，政大政治系所成立之初他
延攬了鄒文海、呂春沂（昔日學生）、項昌權[16]（昔日省府同事）與羅志
淵（素未謀面，只因讀過他幾篇有關地方自治的論文而決定聘請之）等

15　浦薛鳳在回憶錄中曾提及：「臺大錢思亮校長有意聘予為教授，但卒成畫餅。聞予
　　及曾任教育部長之程天放兄兩位，提出校務或聘任會議時，均有人加以反對。消
　　息傳出，學界甚為詫異」。（浦薛鳳 2009c, 78）
16　項昌權（1903-2000），法國巴黎市政學院畢業，曾任台灣省民政廳副廳長，後任
　　政大政治學系教授及總務長，著有《臺灣地方選舉之分析與檢討》(1971)、《臺灣
　　地方議會與地方政府之權責與其相互關係之檢討》(1972) 等書。

人前來政大政治學系任教，[17] 使政治系所一時之間人才濟濟，成為政大最耀眼的系所。浦薛鳳負責政治所所務後，同時也對課程做了一定的改革，使其能夠涵蓋政治學各學門的課程。[18]

浦薛鳳在講授西洋政制研究及中國歷代政治研究時，總強調政治五因素的分析架構，讓學生研究政治時能從宏觀與整體的角度切入，同時他還鼓勵學生要從比較的視野進行政治制度與政治變遷的研究，政治所早年同學因研究資料所限，多偏重在傳統中國政治領域的研究，但受到浦薛鳳比較政治研究的啟發，因此當時許多人的碩士論文都是具有濃厚的歷代政制的比較研究視野。

伍、鄒文海與比較政府研究

1955 年浦薛鳳前來政治大學擔任政治所主任暨教務長後，即邀請鄒文海（1908-1970）來校任教，並擔任政治系系主任兼副教務長一職。鄒文海一方面成為浦薛鳳的重要助手，協助政大各項教學業務的推動，更在 1962 年浦薛鳳離校後成為政治系所最主要的支柱。[19]

鄒文海為浦薛鳳任教清華政治系之學生，1930 年畢業後因表現優異留校任助教，該助教工作主要為評閱學生試卷，因此鄒文海有很多

17　除了上述政治系所教師的進用外，浦薛鳳還推薦馬國驥與陳君毅等人來政大服務（浦薛鳳 2009c, 106-107）。

18　以 1955 年度為例，政治所共開設：中國憲法、中國哲學研究、三民主義哲學基礎、中國政制研究、西洋政制研究、西洋政治思想史研究、人事行政研究、現代公務管理、中國政治思想史、西洋現代政治思潮、行政法規研究、地方自治研究等 12 門課。後來又陸續加開各國地方政府、政黨政治、美國政治社會史等課（國立政治大學編 1989, 229）。

19　浦薛鳳離開政治大學可分為兩個階段，第一次是 1958 年應當時教育部長梅貽綺之邀出任教育部政務次長，至 1961 年初隨梅貽琦部長去職，重新返校任教。第二次是 1962 年獲美國韋德尼基金會（John Whitney Foundation）之邀前往美國講學，這次離台就與政大永遠告別了。

課餘時間得以飽讀圖書館藏書。1935 年前往英國倫敦政經學院留學，師事 Harold J. Laski 與 Herman Finer 兩位學術泰斗，前者雖以左翼社會主義思想家與實踐家聞名於世，但對於英美國家政府制度運作也有很深的專研（Laski 1928; 1940），後者則是當時英國研究各國政府與行政的知名學者（Finer 1932）。在他們兩人的薰陶下，鄒文海因此對於西洋政治思想與政制皆有深入的研究。1937 年抗戰爆發，鄒文海立即束裝返國，先後在湖南大學、江蘇學院、廈門大學與暨南大學等校任教，並曾擔任廈門大學政治系系主任[20]與暨南大學法學院院長等行政職務。1949 年來台後先在台灣省立行政專科學校及改制後之法商學院任教，俟政大政治系所成立後即前來政大服務（治喪會 2000）。

　　浦薛鳳與鄒文海都是以研究政治思想史聞名於學術界，但在政大復校初期，他們兩人分別擔負著教授「西洋政制研究」（研究所）與「各國政府與政治」（大學部）這兩門課的重責大任。鄒文海甚至成為台灣最早撰寫各國政府與政治專書的學者，[21] 他生前所撰寫的政治學相關書籍多與比較政治有關，除了 1961 年的《各國政府及政治》外，1966 年出版的《比較憲法》與 1967 年出版的論文集《鄒文海先生政治科學論文集》也都是探討各國政制為主，反而較少涉及政治思想領域。[22]

20　鄒文海前往廈門大學任教頗有一番傳奇，1942 年鄒文海原本是應中正大學之邀南下任教，途經福建長汀，當時已撤遷到此的廈門大學校長薩本棟為鄒文海清華時的學長，邀約吃飯，鄒文海赴約後酒席間薩本棟就力邀鄒文海留下來協助已經「真空」的廈門大學政治系，鄒文海不得不退還中正大學聘書，留在廈門大學任教，並出任廈門大學政治系系主任（鄒文海 1962, 21；朱水湧 2011, 116）。

21　1955 年以來鄒文海究出版了兩本與比較政治有關的著作，包括《代議政治》（1955）與《政治科學與政府》（1957），1961 年鄒文海又出版了《各國政府及政治》這本專門研究各國政府的專書。與此同時，楊幼炯在 1957 年出版《各國政府與政治》，劉求南則在 1962 年出版《各國政府及政治》。在大陸時期最早出版的比較政府專書當推 1949 年後在臺大任教的沈乃正於 1930 年代所撰寫的《美國政黨》（1930）、《比較政治制度》（1934）、《法國地方政制》（1937）以及邱昌渭《議會制度》（1933）與楊幼炯、符彪《各國政治制度》（1936）的專著。

22　鄒文海的《西洋政治思想史稿》（1972）專書是在他去世後由學生將他的授課內容

　　鄒文海深厚的西洋政治思想背景，使他在論述各國政府體制時總能從思想史的高度分析問題，並能看到民主政治在當前資本主義工業化下所面臨的問題（鄒文海 1973b）。博學認真的鄒文海更在晚年開始觸及選舉研究的議題，[23] 學生們在他去世後對他的懷念文章中我們甚至可以發現，1960 年代後期鄒文海授課時已經使用當時美國政治學界盛行的功能論與系統論的概念如政治文化、社會化、動態政治、利益的組合等名詞應用在對西方政治體制進行分析。[24]

陸、羅志淵與各國政府研究

　　相對於政大政治學系所早年從事比較政治研究之教師多有留學國外之經驗，羅志淵（1904-1974）則是完全「本土生產」的學者。羅志淵1932 年中央政治學校畢業後就轉往江蘇省民政廳與廣州市財政局等地服務，因此有著豐富的地方行政工作經驗，為他日後從事地方政府與行政研究奠立良好的實務基礎。抗戰爆發後羅志淵最初在中央通訊社貴陽分社工作，隨即於 1939 年獲聘重返中央政治學校負責校內畢業生刊物「服務月刊」編輯工作，並在 1940 年獲當時畢業生指導部主任薩孟武肯定，兼任政治系講師，開設中國地方行政制度課程。為了授課準備教材，羅志淵隨即完成《中國地方行政制度》（1944）一書，奠定了他在地方行政研究上的學術地位。[25]

　　1949 年國民政府南遷，羅志淵轉往立法院服務，[26] 因而開始投入立

與遺稿匯整出版。

23　在他去世後，鄒文海的學生們將他過去發表過的有關選舉研究的論文編輯成《台灣省地方選舉的研究》（鄒文海 1973a）一書出版。

24　參見陳義彥（2000）對鄒文海的追思文章。

25　關於羅志淵的生平，可以參考他自己撰寫的自傳《學海飄萍》（1974b）。

26　1949 年年初，國民政府南遷廣州，羅志淵曾入立法院工作，後立法院決定遷往重慶，羅志淵無法隨行，轉往友人前往香港暫居，直至 1950 年 9 月才由港赴台，得以重回立法院法制委員會工作。

法程序與各國議會制度的研究。1953 年以來羅志淵分別完成《美國的國會》（1953）、《日本國會制度》（1956）兩本著作，都是他在立法院工作期間針對各國議會制度與立法程序研究撰寫的專書。後來他到政大服務後又陸續完成《論責任內閣制》（1958）、《美國國會立法程序研究》（1961）與《立法程序與立法技術》（1964）等有關立法程序與議會研究的專書。

1956 年秋，還在立法院服務的羅志淵先以兼任教師身分在政大政治所開設「各國地方政府」課程，次年春獲聘為政治系專任教師，並接替鄒文海在政治系講授比較政府課程（羅志淵 1974b, 176-177），隨即出版《各國地方政府》（1959）一書。由於開設各國政府課程，羅志淵後期的著述主要集中在歐美國家政府及政治的介紹上，從 1962 年完成《英國政府及政治》首部各國政府及政治的教科書後，陸續又出版《美國政府及政治》（1964）、《法國政府及政治》（1965）、《西德政府及政治》（1971）、《戰後英德法政治發展評論》（1974a）等專書，等於是將當時歐美主要發達國家政治體制都已做了非常詳盡的分析，這樣廣博的比較政治研究著作發表，無論就出版的數量或涵蓋層面之廣泛而言，可稱作台灣政治學界第一人，迄今還無人能與其相比。

除了對於外國政府與政治研究有很多的研究成果發表外，羅志淵在本國政府與政治制度也有許多學術創見。1947 年行憲之初，羅志淵就與周異斌共同完成《中國憲政發展史》（周異斌、羅志淵 1947）一書，介紹中國民國憲政發展歷史與憲法精神。以後他又陸續出版《中國憲法釋論》（1968）與《中國憲法與政府》（1976），[27] 探討中華民國憲法條文與政府體制。由於有著比較政治的視野，因此羅志淵在分析我國憲政體制運作時多能與其他國家進行對比，使讀者能從比較政制的角度認識我國政府運作的現況與問題。

27　羅志淵在撰寫《中國憲法與政府》一書後期不幸已罹癌，所以本書最後由荊知仁協助完成。

柒、春風化雨與學術傳承

　　早期政治大學政治系所師生一直有著緊密的互動與濃厚的情誼，這與浦薛鳳與鄒文海的教學作風與待人方式有著密切關係，也與當時的社會環境有關。浦薛鳳在比較政大政治所與清華門人之異同時曾歸納兩點：「其一，在學業成就言，政大較諸清華，殆有過之而無不及」，蓋政大學生「已自大學畢業多年，任職工作，而仍願投考進入研究所，則其必有抱負、決心與毅力」，另「就師生感情論，當年一般清華門人，轉不若政大學弟之濃厚」，「蓋後者因遠離大陸，前來台灣」，「故對於師長，特於不知不覺之中，發生親切感」，浦薛鳳夫婦每逢佳節良辰，輒邀約研究生「前來寓所盤桓聚餐」，「並常邀（鄒）景蘇參加」（浦薛鳳2009c, 108）。這種和樂溫馨的氣氛使得學生會有「授課雖嚴厲而交游甚和藹」的感受（浦薛鳳 2009c , 108）。

　　鄒文海在擔任政治系主任時前兩年沒有聘請專任教師，只請兼任。一方面讓優秀的研究生畢業後得以先行兼課，培養兩年後再由兼任轉為專任（顧立三 2000, 31）。雖然這種「近親繁殖」的教師進用方式有其弊病，但在 1950 至 60 年代期間卻有其特殊的時代意義，蓋當時並無在國外獲得學位的政治學者返台任教，大學部師資事實上只有靠自身培育出來。早在 1940 年代鄒文海在廈門大學任教時，就向當時廈大校長薩本棟提及：「未來教授的培養，不當求諸留學政策，而應廣設各研究所的助理研究員」（鄒文海 1962, 22）。

　　在早期教師的努力教導下，政大政治系所培育出來的第一代研究生許多人也投入了比較政治領域的研究，如雷飛龍對於英國政府與政治以及政黨政治的研究、荊知仁對於比較憲法以及中國憲法與政府的研究、華力進在各國政府與政治的研究以及郎裕憲與陳義彥的選舉研究等。此外，在首位戰後從美國取得政治學博士學成返國前來政大服務的江炳倫及早期年輕教師呂春沂的努力下，更是最早將比較政治的領域擴及開發中國家政治發展的研究上，成為政大政治系所在比較政治研究上的另一

重要特色。

捌、結論

　　從前面的分析我們可以發現，撰寫教科書與比較政治專業書籍是政大政治系所早期教師對於台灣比較政治研究重要的貢獻之一。在那個年代，台灣還處於資訊封閉與資源缺乏的環境，英文政治學專業書籍取得困難，因此中文教科書成為大學部學生學習的重要閱讀與參考資料來源。邱昌渭、鄒文海與羅志淵的著書立說對當時從事政治學研究的學生而言，無疑都是重要的知識泉源。由於當時的大學教師沒有升等、評鑑與國科會獎補助的壓力，因此教學之外，總是以撰寫專書為重要的目標，不需耗費精力為每年產出多少期刊論文而忙碌，那時反而是學術專書盛產的年代。

　　浦薛鳳的研究重點雖然集中在西洋政治思想領域，未在比較政治領域著墨太多，但他提出的政治五因素理論卻是對政治學本土化所作的重要嘗試，並且對一個世代的政大政治系所學生產生深遠的影響。這種對政治學本土化的重視也是鄒文海所關注的焦點，早在 1940 年代鄒文海就強調：「中國各種學問都停留在介紹西洋知識的階段，未嘗能表現其獨立的精神。我所謂的獨立並非狹隘的本位主義，而是要創造些適應中國環境的自然科學及社會科學。科學無國界而亦有國界，因為科學當所依據的資料有國界，應用的對象更有國界」（鄒文海 1962, 21）。

　　在追求政治學本土化的同時，政治系所早期教師並不固步自封，他們積極引介當時國外最新的政治學理論如系統論與功能論於比較政治研究上，使得政治系一直能夠保有傳統與現代的兩種學術風貌。[28]

28　長期以來，政大政系所一直開設有中國政治史與中國政治制度史等課程，使學生能對中國傳統政治與制度有比較系統的學習與認識，成為政大政治學系所的另一特色。

　　大學作為一個學術機構，對於特定學科的學術發展可以產生重大的影響。政治大學成立後，提供了一個良好的教學與研究環境，包括基本的物質條件保障，使其不需為生活憂慮，能夠專心投入教學與研究工作。但除了外在環境的影響外，政治系所早期教師們積極創造一個和睦溫馨與安定的教學、研究環境，[29] 使教師能全心投入教學工作，為學生提供一個良好的學習空間，這些努力為日後政大政治系所的卓越表現與發展奠立了深厚的基礎。

參考文獻

朱水湧，2011，《廈大往事》，廈門：廈門大學出版社。

沈乃正，1930，《美國政黨》，上海：商務印書館。

沈乃正，1934，《比較政治制度》，上海：中華書局。

沈乃正，1937，《法國地方政制》，上海：商務印書館。

何思因、吳玉山主編，2000，《邁入廿一世紀的政治學》，台北：中國政治學會。

邱昌渭，1933，《議會制度》，上海：世界書局。

邱昌渭，1952，《美國的總統》，台北：華國出版社。

邱昌渭，1953，《政治常識》，台北：華國出版社。

邱昌渭，1954，《美國政治與政黨制度》，台北：華國出版社。

邱昌渭，1952，《民權初步新編》，台北：中央文物供應社。

邱昌渭，1960，《了解美國國會》，台北：東南亞書店。

杭立武，1982，〈政治學會五十周年感言〉，《政治學報》，10：1-7。

吳玉山、林繼文、冷則剛主編，2013，《政治學的回顧與前瞻》，台北：五南出版社。

治喪會，2000，〈鄒文海先生傳略〉，楊日青編，《鄒文海先生逝世三十年紀

29　1955 年浦薛鳳引薦已卸任一年的台灣省民政廳副廳長項昌權前來政大政治學系任教，同時並約請友人集送恭賀喬遷之禮金 2 萬 2 千元給當時經濟困難的項昌權，協助解決其居住問題（浦薛鳳 2009c, 106）。

念文集》：57-61，台北：國立政治大學政治學系。

周異斌、羅志淵，1947，《中國憲政發展史》，上海：大東書局。

周淑清，1998，〈邱昌渭先生傳略〉，國史館主編，《國史館現藏民國人物傳記史料彙編第十七輯》：180-184，台北：國史館。

高準，2011，〈由沈乃正教授回憶在臺大政治系時的一些情況〉，《傳記文學》，99（5）：137-138。

浦薛鳳，1953，《西洋近代政治思潮》，台北：中華文化出版事業委員會。

浦薛鳳，1955，《政治論叢》，台北：正中書局。

浦薛鳳，1963，《現代西洋政治思潮》，台北：正中書局。

浦薛鳳，1981a，〈中華民族對於政治學之貢獻〉，浦薛鳳，《政治文集》：1-13，台北：臺灣商務印書館。

浦薛鳳，1981b，〈研究政治學五十餘年所積愚見綱要〉，浦薛鳳，《政治文集》：14-20，台北：臺灣商務印書館。

浦薛鳳，2009a，《浦薛鳳回憶錄（上）萬里家山一夢中》，合肥：黃山書社。

浦薛鳳，2009b，《浦薛鳳回憶錄（中）太虛空里一游塵》，合肥：黃山書社。

浦薛鳳，2009c，《浦薛鳳回憶錄（下）相見時難別亦難》，合肥：黃山書社。

馬伯倫、雷遠隆，2010，〈毀家紓難奉獻學府——中央大學法學院院長馬洗繁先生〉，中央大學南京校友會、中央大學校友文選編纂委員會編，《南雍驪珠：中央大學名師傳略再續》：85-91，南京：南京大學出版社。

孫宏云，2005，《中國現代政治學的展開：清華政治學系的早期發展（1926至1937）》，北京：三聯書店。

國立政治大學校史編纂委員會編，1989，《國立政治大學校史稿》，台北：國立政治大學。

張小勁、李春峰，2011，〈徘徊於政學之間的沈乃正〉，《傳記文學》，99（3）：78-85。

張佛泉，1955，《自由與人權》，香港：亞洲出版社。

張洪彬，2010，〈張佛泉的生平與思想簡述〉，《政治思想史》，1（3）：162-171。

陳義彥，2000，〈追悼鄒師景蘇：從課堂上的講學說起〉，楊日青主編，《鄒文海先生逝世三十年紀念文集》：141-145，台北：國立政治大學政治學系。

項昌權，1971，《臺灣地方選舉之分析與檢討》，台北：臺灣商務印書館。

項昌權，1972，《臺灣地方議會與地方政府之權責與其相互關係之檢討》，台北：臺灣商務印書館。

項潔主編，2005，《國立臺灣大學校史稿》，台北：國立臺灣大學。

鄒文海，1955，《代議政治》，台北：中華文化出版事業委員會。

鄒文海，1957，《政治科學與政府》，台北：作者自印。

鄒文海，1961，《各國政府及政治》，台北：正中書局。

鄒文海，1962，〈懷念薩本棟校長〉，《傳記文學》，1（3）：21-22。

鄒文海，1966，《比較憲法》，台北：三民書局。

鄒文海，1967，《鄒文海先生政治科學論文集》，台北：三民書局。

鄒文海，1972，《西洋政治思想史稿》，台北：鄒文海先生獎學基金會。

鄒文海，1973a，《台灣省地方選舉的研究》，台北：寰宇出版社。

鄒文海，1973b，《大工業與文化》，台北：寰宇出版社。

萬仲文，2009，《萬仲文文集（下）》，北京：華夏出版社。

楊幼炯，1957，《各國政府與政治》，台北：台灣中華書局。

楊幼炯、符彪，1936，《各國政治制度》，上海：中華書局。

劉求南，1962，《各國政府及政治》，台北：政工幹部學校。

歐素瑛，2006，《傳承與創新：戰後初期臺灣大學的再出發（1945-1950）》，台北：台灣古籍。

錢穎一、李強、張小勁、彭凱平，2011，《老清華的社會科學》，北京：清華大學出版社。

蕭公權，1972，《問學諫往錄》，台北：傳記文學雜誌社。

蕭高彥，2012，〈張佛泉自由主義中的民主與憲政〉，《政治與社會哲學評論》，42：1-38。

魏鏞，1992，〈中國政治學會之成立及其初期學術活動──紀念中國政治學會成立六十周年〉，《政治學報》，20：1-28。

羅志淵，1944，《中國地方行政制度》，重慶：獨立出版社。

羅志淵，1953，《美國的國會》，台北：中央文物供應社。

羅志淵，1956，《日本國會制度》，台北：正中書局。

羅志淵，1958，《論責任內閣制》，台北：中華文化出版事業委員會。

羅志淵，1959，《各國地方政府》，台北：正中書局。

羅志淵，1961，《美國國會立法程序研究》，台北：正中書局。

羅志淵，1962，《英國政府及政治》，台北：正中書局。

羅志淵，1964，《立法程序與立法技術》，台北：正中書局。

羅志淵，1964，《美國政府及政治》，台北：正中書局。

羅志淵，1965，《法國政府及政治》，台北：正中書局。

羅志淵，1968，《中國憲法釋論》，台北：台灣商務。

羅志淵，1971，《西德政府及政治》，台北：作者自印。

羅志淵，1974a，《戰後英德法政治發展評論》，台北：臺灣商務印書館。

羅志淵，1974b，《學海飄萍》，台北：中山文化基金會。

羅志淵，1976，《中國憲法與政府》，台北：國立編譯館。

顧立三，2000，〈敬悼景師〉，楊日青編，《鄒文海先生逝世三十年紀念文集》：27-36，台北：國立政治大學政治學系。

Chiu, Chang-wei. 1928. *The Speaker of the House of Representatives since 1896*. New York, NY: Columbia University Press.

Finer, Herman. 1932. *Theory and Practice of Modern Government*. Westport, CT: Greenwood Press.

Laski, Harold J. 1928. *The British Cabinet: A Study of its Personnel, 1801-1924*. London, UK: Fabian Society.

Laski, Harold J. 1940. *The American Presidency: An Interpretation*. London, UK: Harper.

開疆闢土的研究典範：
易君博的方法論著作

郭秋永
中央研究院人文社會科學研究中心兼任研究員

壹、引言

在政治學方法論的研究領域中，易君博（1921-2013）撰寫的《政治理論與研究方法》一書，不但是華文世界中一本開疆闢土的開山大作，而且更是後繼學子奉為圭臬的一本研究典範。

《政治理論與研究方法》一書原名為《政治學論文集：理論與方法》，1975 年由「台灣省教育會」出版，其後更改成現今書名，並轉由「三民書局」印行。從其原來書名便可得知，此書乃是易君博特別分從歷年發表的論文中篩選集成。除了 2 篇論文外（第九、十章），其餘 8 篇（第一至第八章）皆是政治學方法論上析理入微的精緻論文。若以每年發表一篇論文來估算，《政治理論與研究方法》一書雖然問世於 1975 年，但是易君博埋首鑽研政治學方法論的時期，應該約在 1960 年代。

大體而言，1960 年代的台灣政治學術界，幾乎完全專注於中西政治制度、中西政治思想、中國政府、各國政府、國際關係、行政組織、國際法、行政法、憲法等研究領域；有志於探究政治學方法論的學者，可以說是少如鳳毛麟角，而其中鑽研有成而又能發表論文者，則唯有易君博一人而已。然而，在約略相同時期的美國政治學術界中，努力探究政治學方法論的呼籲，正在響徹雲霄。兩位美國政治學史的專家曾經指出，「政治學必須重視方法論」的見解，乃是 1950、1960 年代美國政治學者之間的一大共識（Somit and Tanenhaus 1967, 179）。

對照 1960 年代的台灣與美國政治學界來說，大多數美國政治學者

已經認定政治學方法論乃是政治研究的基礎學問，從而掀起一波又一波的探究風潮，而台灣政治學者則甚少聞問這一基礎學問，遑論深入探討了。因此，易君博在 1960 年代陸續撰成的政治學方法論著作，就成為台灣政治學界中獨領風騷的開山大作。台灣政治學界的學術著作，向來遙遙領先其他華文政治學界，因而《政治理論與研究方法》一書，也就成為華文世界中政治學方法論研究領域的開山大作了。顯而易見的，在華文世界中毫無前輩論著可供參考之下，易君博自成一家之言的方法論著作，雖然展現出洞燭機先的高瞻遠矚，但是也隱含著篳路藍縷的艱辛過程。誠然，易君博在政治學方法論研究領域中千山獨行，披荊斬棘地開創出一片新天地，確實彌足珍貴而值得高聲喝采。

這本開山大作，隨著易君博歷年在各校的叫座講授，更為一代又一代的後繼學子奉為研究圭臬。早在 1964 年，易君博便於政治大學政治學系首開風氣之先，開創「政治學方法論」課程。自此之後，易君博於 1964-1974 年在政大政治學系開設「政治學方法論」，於 1971-1979 年、1982-1990 年，在政大政治研究所博士班開設「研究方法論」，於 1975 年、1977 年在政大政治研究所碩士班開設「思想方法研究」。除此之外，易君博也曾在東吳大學政治學系（1971-1973）、文化大學大陸研究所（1974-1977）、中山大學中山學術研究所（1980-1981）、文化大學政治學研究所（1987-1995），開設「政治學方法論」課程。

不論在政治學系或在政治研究所，也不管在政大或在其他大學，易君博的講課情況，可以說是盛極一時。雖然滿口鄉音，但是一支粉筆、數張講授綱要卡片，便深深吸引著莘莘學子聚精會神暨耳聆聽，遊目騁懷於學術殿堂中。更值得注意的是，由於授課風采十分引人、授課內容十分充實、授課教材十分新穎，因此政大政治學系、所的方法論課程，十分吸引政大其他系、所學生以及臺大的一些有志學生，不辭辛勞地趕來選修或旁聽。根據政大名譽教授陳義彥的回憶（2013, 47），當時政大外交系與公共行政系都在易君博的上課時段，盡量不排課程，以便學生能夠選修或旁聽易君博的「政治學方法論」課程。

　　隨著易君博引人入勝的授課風采，《政治理論與研究方法》也就成為代代傳頌的一本研究典範。這一本專書，雖然印行於 1975 年，但是迄今已經重印 6 版 2 刷，我們甚至可說，40 年來政治學系、所的相關師生，幾乎人手一本、爭相傳閱。臺大哲學系教授苑舉正曾經慎重指出（2007），它是「這個研究途徑中最完整也最深入的一本論文集」。時至今日，雖然另有相關專書陸續問世，例如呂亞力（1979）、袁頌西（2003）、郭秋永（1988; 2010），但是這本專書仍然獨領風騷，而廣為政治學子樂頌。

　　依據筆者的淺見，促成《政治理論與研究方法》歷久常新的原因，固然是多方多面，但是本著「寬廣的經驗主義」的立場而析理論述，則是其中一個主要因素。這就是說，若以「科學化目標」來做區別判準，那麼政治研究可以區分成「經驗性研究」與「規範性研究」。前者在概念製作、假設檢定、定律建立、理論建構等研究階段上，試圖運用一些相同於自然科學的原則或方法，促使政治研究也成為一門成熟的經驗科學；後者則無此種研究目標。從事「經驗性研究」的政治學者，可以稱為「經驗主義者」，或贊成「經驗主義」的研究者。進一步說，若以完全否定傳統政治哲學的知識或理論，作為一個區別標準，那麼「經驗主義者」又可區分成為「狹隘的經驗主義者」與「寬廣的經驗主義者」，或者，「經驗主義」又可區分成為「狹隘的經驗主義」與「寬廣的經驗主義」。前者完全否定傳統政治哲學的知識或理論，後者則未持全然否定的立場。

　　易君博主張政治研究的目標，端在於達成「充分的科學化」，因而乃是一位道道地地的「經驗主義者」。值得注意的是，時下的「經驗主義」，通常潛藏著「狹隘的經驗主義」。易君博雖是一位「經驗主義者」，但是絕非一位「狹隘的經驗主義者」，而是一位「寬廣的經驗主義者」。因此，易君博撰寫的《政治理論與研究方法》，方能歷久不衰而代代相傳。本文企圖根據這一個淺見，分就「科學理論與意識型態」、「事實與事件」、「事實判斷與價值判斷」、以及「概念製作與意義理解」等

幾個部分，來論述易君博在方法論上的真知灼見。

貳、科學理論與意識型態

　　政治研究是否達到了充分科學化的水準呢？或者，政治學是否已經成為一門成熟的經驗科學呢？這一大問題，乃是《政治理論與研究方法》一書的首要問題意識。易君博說（2006, 1）：

> 政治研究是否達到了充分科學化的水準？或者政治學是否已經成為經驗科學的一種？……一切成熟的科學都是理論的，科學化的問題即是一個理論化的問題。任何研究，只要它的歷程符合經驗理論的建構原則，便屬於科學的研究。因此，政治研究是否已經科學化的問題，或者政治研究如何科學化的問題，必須依據理論建構的原則，才可能做比較有效的回答。

　　從上述這段引文，我們便可清楚得知，易君博乃是一位「經驗主義者」，主張政治研究的目標，端在於達到「充分科學化」。那麼，政治研究是否達到了充分科學化的水準呢？或者，政治學是否已經成為一門成熟的經驗科學呢？即使我們不必斤斤計較「充分科學化」的意義，答案依然是否定的。因此，隨之而來的關鍵課題，便是政治研究如何達到充分科學化的目標呢？或者，政治學如何成為一門成熟的經驗科學呢？去回答這一關鍵課題，當然先要釐清目前的政治研究現況，在邁向「充分科學化」目標的道路上，到底處在哪一個階段上？或者，當前的政治學，究竟距離成熟的經驗科學有多遠？因此，指出政治研究通往「充分科學化」的主要努力方向，以及評估政治研究的現況，便構成《政治理論與研究方法》一書的論述主軸。在鞭辟入裡的論述中，易君博呈現出「寬廣的經驗主義」的立場，從而遠離時下通常潛藏的「狹隘的經驗主義」。

　　既然「科學化的問題即是一個理論化的問題」，而「理論的組成分

子是一套陳述或類似定律的通則」（易君博 2006, 3），那麼易君博的「寬廣的經驗主義」，便逐一顯現在理論建構、概念製作、陳述（或通則）建立、建構類型、科學解釋等論述文字中，以及呈現在政治研究現況的評述與建議之上。

易君博曾經依據「建造『理論』」的方式，而將古今各式各樣的政治研究，分成三個類型：神學的政治研究（the theological study of politics）、玄學的政治研究（the metaphysical study of politics）、經驗的政治研究（the empirical study of politics）（易君博 2006, 11）。這三個政治研究類型，十分類似法國著名學者 Auguste Comte（1798-1857）的三個階段之說：神學的階段（the theological stage，西元 1300 年以前）、玄學的階段（the metaphysical stage, 1300-1800）、實證的階段（the positive stage，1800 年以後）（Almond 1996, 61-62）。

易君博指出，其所提出之政治研究的三個類型，多多少少受到 Comte 的啟示，但性質上有別於 Comte 的三階段之說。易君博說（2006, 12, 註 9）：「關於知識發展的階段，孔德（Comte）曾提出所謂『三階段定律』（the law of three stages）之說，他認為一切知識的成長，都必然通過神學的階段、玄學的階段及實證的階段。本文關於政治研究的分類多少受到孔德之說的啟示，但在性質上並不一樣。孔德強調時間順序，本文只注重獲取知識的方式。」顯而易見的，這兩種分類形式十分雷同，甚至三個階段的名稱也幾乎一樣，但是誠如易君博所說，「兩者性質不同」：Comte 強調「時間順序」，易君博則著重「獲取知識的方式」。實際上，我們甚至可以進一步推論出，在這樣分類的意義上，Comte 近似一位「狹隘的經驗主義者」，易君博則是一位「寬廣的經驗主義者」。

根據 Comte 人類知識三個發展階段的說法，在「神學的階段」上，人類全然依循「上帝」旨意而行，一切的知識，完全憑藉「上帝」。時至「玄學的階段」，人類運用「自然」與「自然法則」來取代「上帝」，從而使得「哲學」知識，取代了「宗教」知識。Comte 自詡其

本人開啟了人類知識發展史上的第三個階段，也是最後的「實證的階段」。在「實證的階段」上，人類知識建立在五官感覺的觀察之上，而不是奠基在信仰或哲學之上，因此「科學」知識取代了「宗教」知識與「哲學」知識。值得注意的是，Comte 堅持社會科學應該如同物理學與生物學一樣地進行科學研究，也就是說，我們應該運用相同於自然科學的研究方法，去研究社會現象。Comte 創造「實證主義」（positivism）一詞，來形容第三階段上科學化的主張。

顯而易見的，Comte 既然認為人類知識的發展，逐一通過「神學的階段」、「玄學的階段」、「實證的階段」等三個階段，而這三個階段基本上就是「時間順序」的序列，那麼前一階段的知識，對於後一階段來說，乃是過眼雲煙之物。這就是說，對於「玄學的階段」而言，「宗教」知識乃是過眼雲煙之物，唯有「哲學」知識才是當令的知識；而對「實證的階段」來說，「宗教」知識與「哲學」知識，都是已經棄之如敝屣的過眼雲煙之物；唯有「科學」知識恆長存有，而毫無「宗教」知識與「哲學」知識的容身餘地。根據本文的區別標準，由於 Comte 完全否定哲學知識，而其所謂的哲學知識，當然包含傳統政治哲學知識，因此 Comte 便是一位「狹隘的經驗主義者」。

在晚近的政治研究上，類似 Comte 主張的政治學家，莫過於美國政治學會第 62 任會長（1966-1967）Robert Dahl（1915-2014）。約在易君博鑽研並撰寫方法論論文的年代，著名政治學家 Dahl 曾經流露出「狹隘的經驗主義」的激烈言論，從而大聲呼籲政治學者必須毅然決然地完全拋棄政治哲學，轉而專心致力於真實世界中經驗事實的科學探究。

Dahl（1958）指出，傳統政治哲學家（或當代號稱的「政治理論家」）所建構的政治理論，泰半充滿著玄學語句與價值語句，基本上只不過徒具兩種不具認知意義的「非學術性功能」，因而完全缺乏認知意義的「學術性功能」。第一種不具認知意義的「非學術性功能」，乃是「合理化」既有的或潛在的政治秩序。第二種不具認知意義的「非學術

性功能」，則在於滿足個體的心理需求。

　　Dahl 進一步指出，滿足個體心理需求的第二種「非學術性功能」，可以再細分為規範性的、投射性的、及認識性的等三種次級功能。就規範性功能而言，傳統政治哲學理論可為個體提供一種「延展的超我」，藉以區別善良與邪惡；就投射性功能而言，傳統政治哲學理論容許個體將其「內在問題」，透過堂皇的理論體系而投射到外在世界；就認識性功能而言，一般個體總是渴望一團混亂的情境、可以爬梳成有條不紊的圖案，而傳統政治哲學理論的「偉構」、正可滿足個體的圖案需求。

　　Dahl（1955）更進一步指出，當代所謂的「政治理論家」，不是忙於詮釋政治思想史上一個又一個都是「放諸四海而皆準」的理論偉構，就是埋首於探究政治思想史上的一些斷簡殘篇以期彰顯其中「隱含的精義」，因此是一種道道地地的「歷史家」，但卻號稱為「理論家」，名實之間相去實在太遠。不過，最能凸顯「狹隘的經驗主義」的辛辣言詞，則是 Dahl（1958, 89）對於傳統政治哲學理論的斷然宣判：

> 它在英語系世界中已經死亡，在共產國家中業被監禁，在別處
> 則氣息奄奄。

　　在說明政治研究的三個類型上，易君博雖然不肯定傳統政治哲學，但是並未如同著名學者 Comte 與 Dahl 一樣地顯現出全盤否定政治哲學的見解。易君博（2006, 11-19, 38-39）指出，一切神學的與玄學的政治研究，都具有下述三個共同特點：「基本概念缺乏經驗指涉」、「價值陳述與事實陳述的互為推論前提」、「抽象概念的具體化」。

　　就「基本概念缺乏經驗指涉」特點來說，奧古斯丁的「上帝」、黑格爾的「絕對」、盧梭的「公意志」、柏里的「自我超越」等等，都是一些無法瞭解的名詞，而唯物史觀、唯心史觀、型態史觀，則從毫無經驗意義的基礎上，去籠統解釋一切政治現象。

　　就「價值陳述與事實陳述的互為推論前提」特點來說，價值陳述的性質，根本不同於事實陳述，兩者不能互作推論前提，但是神學類型與

玄學類型的政治研究者，卻都認為這兩者之間具有邏輯的演繹關係，從而進行互作前提的推論。例如，黑格爾的名言，「凡是存在的即是合理的，凡是合理的即是存在的」，便是肯定價值陳述與事實陳述可以互為推論前提的典型例子。

就「抽象概念的具體化」特點來說，「上帝」、「國家」、「歷史」等等的名詞，原先都是抽象概念，但是神學家與玄學家卻都認為它們是具體存在，如同一個東西的具體存在，甚至像一個活人。例如，一些哲學家往往不將「歷史」視為「事物透過時間的變化歷程」，卻將之當作「一個巨大權力可以支配人類命運的化身」，從而便有「歷史的意志」與「歷史的幽靈」的語詞。再如「國家是上帝在大地上的存在」這一黑格爾的名言，也是將「國家」與「上帝」兩個抽象概念加以具體化的著名例子。

值得注意的是，易君博區別政治研究三個類型的標準，乃是「建造『理論』的方式」，而這一區別標準中的「理論」語詞，易君博運用了引號。據此而言，區別標準中「理論」語詞的引號用法，實在具有特別意義。這個特別意義就是，在「神學的政治研究」與「玄學的政治研究」中，甚至在「經驗的政治研究」中，神學家與哲學家所在號稱的「理論」，根本不是理論，只不過是一種「意識型態」或「政治思想」。這種帶有貶抑味道的「意識型態」或「政治思想」，摻雜著「價值判斷」與「事實判斷」，因而完全有別於帶有讚許味道的「理論」。易君博指出：

> 神學或玄學的「理論」，在理論建構的原則衡量之下，根本不是理論。有的人認為這些神學或玄學的「理論」，應該改稱為意識型態（ideology），以免與科學理論混淆，便是這個道理。（易君博 2006, 15）

> 神學的政治研究及玄學的政治研究，根本沒有從事理論化的工作；它們所建造出來的「理論」，只是與經驗科學的理論同用一個名詞，並不屬於經驗理論的範圍。它們的「理論」改稱意

識型態，也許更為適當。（易君博 2006, 18）

政治研究的整個歷史中，過去已出現了不少的政治理論。可是，這些理論，大部分都是規範性的理論（normative theories），既沒有事實的印證性，也缺乏邏輯的推演性。根據科學理論的建構原則加以衡量，這些理論稱之為意識型態（ideology）或政治思想，是更為適當的。（易君博 2006, 305）

所謂意識型態，簡單說來，是價值判斷與事實判斷或規範性陳述與描述性陳述的一種混和物。它把一套價值的信仰系統與某些解釋事實的描述性命題羼雜在一起。（易君博 2006, 219）

至於「經驗的政治研究」的類型，則具有下述三個顯著特點：強調經驗調查、重視概念澄清、趨向經驗通則的建立。一般而言，在彰顯這三大特點上，此一類型的政治研究，依據理論化的準則（亦即經驗的印證與邏輯的推理），已經建立出一些「理論」，例如「投票理論」、「組織理論」、「決策理論」。這些依據理論化準則而建立起來的「理論」，雖然尚不足以跟自然科學理論並駕齊驅，但是代表政治學極具進步意義的發展，而可稱為「準理論」（quasi-theory）。

如此說來，在《政治理論與研究方法》一書中，「理論」是指「科學理論」或「經驗理論」，而其正式界說乃是：「凡是一套陳述或某些類似定律的通則，其相互間具有系統上的關連性及經驗上的可證性，便是一個理論」（易君博 2006, 3, 72）。因此，科學理論的組成元素，便是概念、陳述、定律。在一個獨立學科中，當整合了一切形式的個別理論之後，便有了足以涵蓋整個學科範圍的「統一理論」（united theory）、或「一般理論」（general theory）、或「系統理論」（systematic theory）。因此，科學理論的理論建構，就包含下述幾個層級：概念製作、陳述建立、建造理論、理論整合、統一理論。

值得注意的是，「神學的政治研究」、「玄學的政治研究」以及「經

驗的政治研究」之間的區別，乃是「類型」式的區別，而不是必須滿足
互斥特性與窮盡特性之「分類」式的區別。因此，易君博雖然不肯定神
學與玄學的研究，或者，雖然不肯定傳統政治哲學（或政治思想）的研
究，但是並未採取全盤否定的見解。

　　在不肯定傳統政治哲學上，易君博十分感嘆現代政治研究者竟然
還要浪費寶貴的時間與精力，去埋首在古人的故紙書堆中，去搬動汗牛
充棟的無窮資料。更加不堪的是，易君博指出，一個現代的政治學者，
雖然窮盡了畢生之力，也許還不能瞭解一位古代大師巨著之精義所在。
反觀自然科學的現代研究者，可在研究成果早已頗具累積性之下，完全
脫離古人的故紙書堆，從而站在最前端的研究基點上，去做更進一步的
科學研究。時至今日，現代政治學者仍有閱讀亞里斯多德之政治學的沈
重負荷，但是現代物理學者完全不必理會亞里斯多的物理學。易君博說
（2006, 9-10）：

> 每一個研究者必須要浪費時間和精力，來了解所有前人的研究
> 結果。此種所謂研究，不是停滯在前人的故紙堆中，便是忙碌
> 於螞蟻似的資料搬動中……現代物理學的學習者，沒有必要的
> 理由去看亞里斯多德的物理學，可是現代政治學的學習者，對
> 亞里斯多德的政治學，似乎仍有一讀的必要……在一個沒有累
> 積性的學科中，一個研究者可能窮畢生之力，也許還不能瞭解
> 一個古代大師的精義所在，往往徒勞無功。

　　進一步說，易君博雖然不肯定傳統政治哲學，或者，雖然不苟同
神學性質與玄學性質的政治研究，但是並未全盤否定傳統政治哲學。因
此，易君博一方面十分感嘆現代的政治學者，窮盡畢生之力也許還不能
瞭解一位古代大師巨著之精義所在，另一方面則讚許古代大師亞里斯多
德在撰寫《政治論》上，努力進行的經驗政治研究，也稱讚古代大師馬
志衛尼在創作《君王論》上，竭力擺脫倫理及宗教的束縛，而勇敢進行
經驗研究。易君博說（2006, 11-12）：

比例上說，古代的政治研究屬於神學及玄學的成分多，經驗的成分少。現代的政治研究則屬於經驗的成分多，而玄學及神學的成分少。換言之，古代也有經驗的政治研究，例如亞里斯多德（Aristotle），他寫「政治論」一書，就曾調查過一百五十八個不同的政體……又如文藝復興時代，馬志衛尼（N. Machiavelli）的「君王論」，就是竭力避免倫理及宗教的束縛，而勇敢的採取了純經驗分析的另一個古典例子。

綜合上述，易君博雖然不肯定傳統政治哲學，而將之稱為一種帶有貶抑味道的「意識型態」或「政治思想」，但是並未全盤加以否定，因此確實不是一位「狹隘的經驗主義者」，而是一位「寬廣的經驗主義者」。

參、事實與事件

易君博曾經指出（2006, 63）：「所謂的政治研究，乃是根據科學方法對政治事實作研究。政治研究的過程中，關於政治事實的觀察，不但是基本的而且也是很重要的。如果沒有政治事實的根據，其他問題的發現，假設的證明，理論的建立，當然更談不到了。」[1] 從這一段引言中，我們可以清楚知道，在政治研究中，「事實」的意義、「事實」的觀察、以及「事實」的印證，占據一個不可或缺的關鍵地位。

在《政治理論與研究方法》一書中，易君博經常提及「事實」，有時則談到「政治事實」、「社會事實」、「自然事實」、「歷史事實」等。依據筆者的解讀，當易君博特別論及政治研究時，便將「事實」稱為「政

1　在《政治理論與研究方法》一書中，易君博雖然並未正式界定「科學方法」的意義，但從各章節的論述看來，「科學方法」應該泛指概念製作、陳述製定、定律建立、理論建構上的各種原則或方法。

治事實」，當談到社會研究、自然研究、歷史研究時，則改稱為「社會事實」、「自然事實」、「歷史事實」。從易君博的論述理路看來，將「事實」改稱為「政治事實」或「社會事實」或「歷史事實」或「自然事實」，都不會改變其所要論述的整個旨趣，亦即都不會改變政治研究「充分科學化」的整個旨趣。

　　長久以來，在政治研究的領域中，似乎存在一個邁向「充分科學化」的基本原則。這個似乎存在的基本原則，就是「只問事實的真偽，不論價值的高低」。美國政治學會第 4 任會長（1907-1908）James Bryce（1880-1920）就曾基於這樣的原則，在其會長就職演說詞中，頻頻迄向會員推薦一個號稱「放諸四海而皆準」的研究格言：「首要之事，即是事實……把握事實，將之弄得一清二楚；擦亮它，直到像鑽石般地閃爍為止……緊緊把握各種事實，永不迷失在抽象之中，永不妄想一個普遍命題會比所概括的諸事實還具更多意義，直到已經檢視了『所有』事實之前，不能斷定任何相干與否。」（Bryce 1909, 4, 8, 10）於 1924 年，Bryce 又在其專書《現代民主政治》中再次揭櫫這個格言：「研究所需要的第一是事實，第二是事實，第三還是事實。只要事實一經到手，我們任何人都會從事作推論。」（轉引自易君博 2006, 169）

　　Bryce 雖然並未明確拒斥傳統政治哲學，但從其所揭櫫的研究格言看來，尤其「直到已經檢視了『所有』事實之前，不能斷定任何相干與否」的見解，他應該是一位漠視傳統政治哲學的「狹隘的經驗主義者」。美國政治學家 Lewis Dexter（1916-1995）則將 Bryce 的研究格言，批評為「粗略的經驗主義」。Dexter 指出，在「粗略的經驗主義」之下，政治研究者被視作為四處溜達而等待「事實」突降之人；這就是說，按照 Bryce 的見解，在冥冥之中似有一隻「不可見之手」，自然而然地引導政治研究者去「不將不迎地攝取真實世界」，正如一隻「不可見之手」去將追逐私利的資本家，自然而然地轉成造福桑梓的慈善家一樣（Dexter, 1946, 295-296）。美國政治學會第 51 任會長（1955-1956）Harold Lasswell（1902-1978）則指出，「粗略的經驗主義」乃指研究

者「在沒有一個對應的、用心構成的假設之下，而去蒐集『事實』。」（Lasswell and Kaplan 1950, ix-x）

易君博則分從科學解釋與事實蒐集兩個角度，將 Bryce 的見解，批評為「事實主義」（factualism）與「誇大的事實主義」（hyperfactualism）。「事實主義者」不但會將科學解釋看成「折枝反掌」的容易之事，而且可能造成錯誤解釋或「假解釋」。易君博說（2006, 169）：「他所說的『推論』即等於解釋的意義。其實解釋是一切經驗科學很重要的一個目標。從事解釋也不如浦萊士所想像的那麼容易。對一個事物從事解釋，不僅要以既存的通則及相關的先在條件作為解釋前提，而且還要去檢查解釋是否可能及解釋前提是不是具有經驗的內容。不如此，便會鑄成錯誤或者成為假解釋（pseudo explanation）。」「誇大的事實主義者」則以為事實即是知識。易君博說（2006, 20）：「如果沒有需要證明的假設，事實的蒐集便失卻了目的，等於沒有意義。盲目的蒐集事實，沒有理論建構作為背景的蒐集事實，甚至以為事實即是知識……即是誇大的事實主義。」

易君博進一步指出，如果研究者想要遵照 Bryce 的研究格言去檢視「所有事實」，那麼勢需等到世界末日，才有可能等到「所有事實」。退一步說，縱然所要檢視的「所有事實」僅止於目前為止的「所有事實」，也會由於數目無限與種類無窮，而成為緣木求魚之舉。易君博說（2006, 64）：「任何政治事實可能牽涉到無窮的因素，因素與因素之間又可能形成極為錯綜複雜的關係，如果沒有簡單而集中的建構類型作為指引的工具，其調查便不知如何著手。」

據此而言，在「事實」意義的見解上，易君博顯然不是一位「狹隘的經驗主義」，也不是 Dexter 與 Lasswell 所謂的「粗略的經驗主義者」。實際上，易君博有關「事實」意義的論述，基本上參考美國政治學會第 64 任會長（1968-1969）David Easton（1917-2014）的一些評述，從而顯現出固有的「寬廣的經驗主義」。

Easton 曾將 Bryce 之類的「事實」見解，批評為「誇大的事實主

義」（易君博 2006, 20；Farr 1995, 213），從而嘆說：「政治學的主要缺點之所在，乃是對於事實與政治理論之間的關係以及理論在此一關係中的重要地位，未能充分的加以了解。」（轉引自易君博 2006, 19）顯而易見的，自 Easton 看來，20 世紀初期某些熱中政治研究「科學化」的政治學者，根本不瞭解「事實與政治理論之間的真正關係」，從而誤以為科學化的本質，端在於脫離理論而「本著極大熱誠去累積事實」（Easton 1971, 4, 65）。Easton 曾經舉出「交通警察開紅單」的例子，藉以說明「事實」的理論成分，從而斷定「毫無純粹的事實」。

　　依據 Easton（1971, 53-58）的說明，若將真實世界中所發生的現象，看成「事件」（event），並把「事實」視為那些組成「事件」的「面向」（aspect），則「事實」即是「事件」的次級類別，並且「事件」乃是「無法完全描述」，甚至也無法「完全描述其部分」。這就是說，即使是發生在十分有限時空上的「事件」，依然具有無限的面向與細節，因此，不論所作的描述，多麼細緻、多麼細長，研究者總是無法完全描述它，甚至也無法「完全描述其部分」。例如，對於交通警察開出一張罰單給闖紅燈者這一「事件」，研究者既不能「完全描述它」，甚至也無法「完全描述其部分」。若要完全描述它，則是否要描述雙方的衣著、雙方的健康狀況、雙方的表情、雙方之間的距離、路邊行人的多寡、天空雲彩的變化、交通警察的書寫文具、及空氣汙染的程度……等等？若要完全描述其部分，例如單要完全描述雙方的衣著，則是否要描述雙方衣著的廠牌、尺寸、重量、厚薄、式樣、扣子、及化學成分……等等呢？Easton 指出，顯而易見的，研究者既不能「完全描述其全體」，又無法「完全描述其部分」，研究者只能「不完全地描述其部分」。

　　研究者既然只能「不完全地描述其部分」，那麼研究者如何進行「不完全地描述其部分」呢？Easton 指出，研究者只能根據「指涉架構」（a frame of reference），從「事件」中選出「事實」來加以描述或解釋。這種固定事實秩序與相干性的「指涉架構」，在政治研究領域上，即指「有關政治性質的理論」或「理論旨趣」或「概念架構」

（conceptual framework）。在這樣的見解下，「事實」的界說，便如下述：

> 事實乃是根據理論興趣對於真實所做的一個特殊安排。
> （Easton 1971, 53，轉引自易君博 2006, 20, 166-167）。

據此而言，政治研究中所謂的「事實」，完全不是「純粹的事實」（pure fact）、或完全不是「非理論興趣的事實」（non-theoretical-interest fact）、或完全不是「非概念架構的事實」（non-conceptual-framework fact）、或完全不是「非理論的事實」（non-theoretical fact），而是「裝載理論興趣的事實」（theoretical-interest-laden fact）、或「裝載概念架構的事實」（conceptual-framework-laden fact）、或「裝載理論的事實」（theory-laden fact）。

在上述「事實」界說中的「理論興趣」，究竟意指什麼呢？根據易君博的進一步說明（2006, 125），所謂的「理論興趣」，「即是指研究的結果企圖解釋什麼現象，或說明什麼現象。」實際上，在《政治理論與研究方法》一書中，易君博先後提到「理論興趣」之類的相關語詞，約略計有理論興趣、理論建構、假設、理論、建構類型等。值得注意的是，易君博所說的建構類型，雖然大多指涉當代學者的建構類型，但有時也包含傳統政治哲學家的建構類型，例如古希臘哲學家柏拉圖的「理想政體」（2006, 54），從而固守著「寬廣的經驗主義」的立場。

無論如何，在說明「事實」的意義上，易君博乃是一位「寬廣的經驗主義者」，既非一位「粗略的經驗主義者」，也非一位「狹隘的經驗主義者」，更非一位「事實主義者」或「跨大的事實主義者」。

進一步說，「事實」既然裝載著「理論興趣」或「概念架構」或「理論」，那麼「事實」的觀察，或「事實」資料的收集，就無法離開「理論興趣」或「概念架構」或「理論」了。實際上，在《政治系統》一書中，Easton 所謂「理論興趣」之類的語詞，包含十分廣泛的指涉範圍，可從任務、猜測、興趣、期待、價值、問題、觀點等一般性語詞

的指涉範圍，直到假設、概念架構、理論建構、既有定律、既有理論、建構類型等專門性語詞的指涉範圍。因此，所謂憑藉「理論興趣」之類的觀察，也可以指涉多種多樣的觀察，以致於否定了「純粹的直接觀察」。這就是說，即使是單純的直接觀察，仍須預設描述詞、相似性、分類、任務、興趣、或價值判斷等等，絕無「純粹的直接觀察」。「理論興趣」包含非常廣泛範圍、從而意涵「絕無純粹直接觀察」的見解，十分契合當代著名方法論家 Karl Popper（1902-1994）曾經提出的兩個例子解說（Popper 1969, 46-47）。

　　依據第一個例子，一隻飢腸轆轆的動物，會將環境事物分成「可食」與「不可食」，而一隻急於逃竄的動物，會把環境分成「藏身之處」與「奔馳之道」。Popper 指出，同樣的，科學家也根據理論興趣、或價值判斷、或問題意識、或猜測與期望等來分類對象，因而在正式進行觀察之先，已經預定了觀察對象與觀察方向。第二個例子乃是 Popper 本身的實例。當他在維也納大學教書時，某天曾向課堂學生指示說：「拿起紙筆來，仔細觀察，然後記下觀察結果」。然而，這班學生聞訊後，個個茫茫然而無所適從。究竟要報告教室內的人數？或是要記下課堂中的狐疑氣氛？還是要記錄教室窗外飄過的一朵雲？或者……？顯然的，一連串的問號，彰顯出「觀察總是具有選擇性」；事先需要明確的任務、或興趣、或觀點、或問題、或假設、或理論，才能進行觀察。Popper（1972, 107n）鄭重指出：「現在，我認為應於此處特別強調一個觀點……觀察、觀察述句、以及實驗結果的陳述，乃是根據理論而來進行詮釋」。

　　既然「觀察總是具有選擇性」，那麼在「觀察」上，「政治事實」同於「自然事實」嗎？依據易君博的見解（2006, 63），「政治事實」不同於「自然事實」；自然事實「比較上容易做直接的觀察，並且還可通過控制的實驗從事反覆的觀察」，政治事實則「很少能做直接觀察，有時根本不知其存在」。

　　由於「政治事實」難做直接觀察，當代政治研究者便在「既存理

論」或「概念架構」的背景之下，運用「田野調查」以及問卷法、訪問法、投射技術等「調查方法」去做間接觀察。易君博指出（2006, 63-64），即使經過政治學專門訓練的人，如果對於「權威人格」、「民主人格」、「開放的心靈」、「封閉的心靈」、「部落的政治文化」、「臣屬的政治文化」、「參預的政治文化」等概念一無所知，「也一樣的會面對著政治人格或政治文化而不能作任何有意義的觀察。」

易君博進一步指出，調查方法或田野調查之類的間接觀察，大體上「不能不依賴建構類型」。易君博說（2006, 65）：「使用建構類型去觀察或蒐集政治事實……不論研究現在的政治現象或過去的政治現象，細微的政治現象或巨型的政治現象，都可先從這些現象中抽離某些因素，透過理解及理論的興趣，塑造研究者自己所需要的類型。然後再根據此一建構類型回轉去觀察真實的對象。」例如，美國政治學會第 70 任會長（1974-1975）Austin Ranney（1920-2006），就曾塑造出「民主與獨裁」的建構模型，從而指出此種模型雖在真實世界中並不存在，但卻可用來觀察真實世界中的各個政府，進而可以將它們分成下述類別：民主政府模型、民主政府、近似民主政府、近似獨裁政府、獨裁政府、獨裁政府模型等「光譜式的分類」（易君博 2006, 70）。值得注意的是，依據建構類型所做的政府分類，可以避免那按照「民主」與「獨裁」特性所做之一般分類的固有困難。例如依據「民主」的一般特性，民主政府即是「依照人民主權、政治平等、大眾討論及多數統治四個原則而組成的政府」，可是若以此特性去做分類，那麼「從古至今，恐怕沒有一個真實的政府完全符合民主政治的基本原則。」（易君博 2006, 68）[2]

誠然，除了本身塑造之外，政治研究者也可藉助既有的建構類型，

2　易君博指出（2006, 68-69），古代雅典乃是一個具有奴隸制度的社會，而現代英國則是一個仍有皇家特權的國家，古今兩個號稱「老牌民主」的社會或國家，竟然毫無「政治平等」可言。進一步說，當代許多所謂民主國家之領導人的當選得票數，例如當選美國總統的得票數，每因參與投票人數總是遠遠少於整個人口數量，從而不符和「多數統治」的原則。

尤其是傳統政治哲學家所建立的建構類型，例如古希臘政治哲學家柏拉圖的「理想政體」。易君博說（2006, 54）：

> 著名哲學家柏拉圖（Plato），先擬想一個理想的政體，以作為分析其他政體的標準，也可以說是此一方法在古代使用的範型。

顯而易見的，在「事實」的觀察上，易君博非但並未完全否定傳統政治哲學，反而將柏拉圖的「理想政體」稱讚為一個研究「範型」，因此十足展現出「寬廣的經驗主義」。

進一步說，Bryce 之所以揭櫫上述的研究格言，基本上乃在特別強調一種不受「理論」影響、從而能夠直接關連到真實世界的「純粹事實」或「堅硬事實」，以期奠定科學知識的客觀基礎。乍看之下，Bryce 的研究格言，似乎言之成理。其似乎言之成理之處，端在於任何科學陳述、科學定律、以及科學理論，最終都是奠基在堅硬的「事實」之上；若乏堅硬「事實」的支撐，則無任何科學陳述、科學定律、以及科學理論。易君博也曾說（2006, 63）：「如果沒有政治事實的根據，其他問題的發現，假設的證明，理論的建立，當然更談不到了。」

然而，假使一切「事實」或「事實觀察」都是「裝載理論」而未能獨立在「理論」之外，那麼便會產生一些不易克服的問題。例如，研究者如何進行理論的檢定工作，而不致於陷入循環論證呢？這就是說，一旦「事實」印證了「理論」，這是否因為「事實」原本就是「裝載理論」而觀察得來，所以自然而然當會如同「套招」一樣地印證了「理論」呢？或者，由於「事實」或「事實觀察」裝載著「理論」，所以「理論」立於永不失敗之地呢？再如，假使一切「事實」都裝載著「理論」，那麼不同「理論」各自含有其本身固有的、不同於其他「理論」的「事實」，從而意涵各種理論之間乃是「不可共量的」（incommensurable）嗎？（Braybrooke and Rosenberg 1972, 821）。

易君博也曾十分明確指出，「理論決定事實」與「理論依賴事實」

之間的課題，類似「雞與蛋」誰先誰後的古老問題。易君博說（2006,
167）：「一面肯定理論決定事實，一面又不得不承認一切經驗科學的理
論必須依賴事實才可能建立，其中存在著一個問題：究竟是誰先決定
誰？這個問題是很難答覆的，類似雞與蛋的先後問題。普通稱為科學研
究過程中的循環。」

　　在處理這種「科學研究過程中的循環問題」上，易君博時常引述的
Popper 與 Carl Hempel（1905-1997），曾經分別提出不盡相同的對策。
Popper 提出「否證說」（falsificationism），Hempel 則著重於「事實」證
據的數量、「事實」證據的種類、「新事實」證據的出現、「事實」證據
的更加精確度等增加「理論」之印證程度的判準。（參見郭秋永 1988,
45-120; 2010, 72-78）。易君博處理此一循環問題的策略，則是強調「理
論」永遠處於「工作假設」的地位，不論「事實」如何強烈印證了「理
論」，易君博說：

> 任何一個學科……不可能得到最後的理論。理論永遠有其被修
> 正及擴充的可能。從一個長遠的時間看，理論永遠處於工作假
> 設的地位，瀰漫在整個科學研究的過程中。研究產生理論，理
> 論又是推進研究的工具。（易君博 2006, 3）

> 理論在選擇事實的過程上所扮演的角色只是一個假設的地位，
> 有時選到的新事實可用來支持既存理論的發展，有時選到的新
> 事實卻否定了既存的理論。（2006, 167）

　　這就是說，「事實」的印證力量，需在「事實印證與理論形成之間
的關係」中來加以定位。在這種關係之中，「事實」的印證，即使強烈
支撐著「理論」，但是「理論」仍然處於「工作假設」的地位。

　　在政治研究的領域上，「理論」既然「永遠處於工作假設的地位」，
那麼我們或許可以做出下述推論：依據易君博的見解，某些傳統政治
哲學理論，例如古希臘政治哲學家柏拉圖的「理想政體論」，或如當代

政治哲學家 John Rawls（1921-2002）的「正義理論」，都可充當政治研究的「工作假設」，那麼在「事實印證與理論形成之間的關係」的說明上，易君博並未完全否定傳統政治哲學理論，從而不是一位「狹隘的經驗主義者」。

　　總而言之，在「事實」的意義、「事實」的觀察、以及「事實」的印證等論述上，易君博或強或弱地呈現出「寬廣的經驗主義」。

肆、事實判斷與價值判斷

　　在社會科學的研究領域中，「事實判斷」與「價值判斷」（或「事實」與「價值」）之間千絲萬縷的糾纏關係，以及其中引伸出來的「價值中立」（value neutrality or value freedom），[3] 正是歷時久遠的、層出不窮的爭論議題，直到至 21 世紀，依然爭論不休，甚至連當今一些入門的教科書，仍然各說各話而毫無定論（參見郭秋永 2010, 155-156）。由於此一爭論課題牽連廣泛而又深入的探討範圍，因此本節僅從《政治理論與研究方法》一書中提及的幾個課題，來解析易君博的「寬廣的經驗主義」。

　　著名政治學家 Easton 曾經大聲宣稱，社會科學界全都認定「價值僅是情緒反應」而已。Easton（1971, 221）說：「為了避免任何可能引起的懷疑，我必須詳述我的工作假定……這個工作假定正是今日社會科學界普遍採行的一個假定；它指出，價值在終極上可被化約成情緒反應……在邏輯上，價值與事實是異質的。」

　　既然「價值」終究屬於情緒反應，從而使得「價值」在邏輯上異於「事實」，那麼追尋或探討許多價值課題的傳統政治哲學理論，基本上就淪為傳統政治哲學家個人的情緒反應。Easton 所謂社會科學界普遍採取

3　易君博（2006, 326）曾將「價值中立」這一專門術語的另一個形式語詞「value free」，翻譯為「免除價值」。

的這個工作假定，顯然含有全然放棄傳統政治哲學理論的尖銳意涵，從而可以歸屬於「狹隘的經驗主義」。

　　在方法論的解析上，易君博雖然時常引述 Easton 的見解，但並未採用 Easton 的「價值僅是情緒反應」的宣稱，從而也不全然否定傳統政治哲學理論。值得注意的是，易君博非但不全盤否定傳統政治哲學理論，反而讚揚傳統政治哲學家的高瞻遠矚，甚至將古雅典政治哲學家柏拉圖的「理想國」研究，稱為一個「研究典範」。易君博說（2006, 137）：

> 柏拉圖（Plato）認為人性中有理性、勇氣及慾望三種基本成分。當其一個國家中理性成分強的人居於統治階級的地位，勇氣成分強的人居於輔助階級的地位，慾望成分強的人居於生產階級的地位，各適其所，則這個國家便是一個理想的國家。此種以人性分析作為基礎，對政治問題從事較具系統性的研究，可以說是使用心理研究法從事政治生活的分析之最早的範型。

　　顯而易見的，易君博否定「價值僅是情緒反應」的宣稱，從而不是一位「狹隘的經驗主義」，而是一位「寬廣的經驗主義者」。

　　進一步說，在「事實」意義上的說明，易君博雖然引用 Easton 的界說，但關於「價值」意義的解析，則特別推崇人類學家 Clyde Kluckhohn（1902-1978）的研究（易君博 2006, 189-190, 327）。依據 Kluckhohn（1951, 395）的界定，「價值乃是一種可欲的概念，既可以是外顯的，也可以是內隱的；它傳達出個體或團體的特徵，從而影響了其行為方式、行為手段、以及行為目標的選擇。」據此而言，「價值」既然不是一種「情緒反應」，而是一種「可欲概念」，那麼易君博便不會完全排斥傳統上包含許多價值論述的政治哲學理論了。

　　然而，易君博雖然贊成「價值乃是一種可欲概念」，但卻明白指出，政治研究者千萬不可將「事實判斷」與「價值判斷」混淆在一起。易君博說（2006, 13）：

神學或玄學的政治研究，有另外一個極普遍的共同傾向。那就
是事實判斷與價值判斷的混為一談。事實判斷是一個真假或對
錯的問題，可以藉客觀的事物來印證。價值判斷是一個善惡或
美醜的問題，常隨主觀的願望及情緒而變動。

在這段文字中，易君博界定了「事實判斷」與「價值判斷」的定
義。這兩個定義中的「判斷」字彙，應該是指「認識活動」，因此「事
實判斷」乃指有關事實的「認識活動」，而「價值判斷」則指有關價
值的「認識活動」。一般而言，「語句」（sentence）是指表達完整思想
的一組語言，包含述句（statement，易君博翻譯為「陳述」）、疑問
句、祈使句、及感嘆句等；「述句」乃指具有真偽可言的語句；「命題」
（proposition）係指述句所含的內容；「判斷」（judgment）則指認識活
動。「述句」、「命題」、「判斷」，分別指涉不同層面的思想表達，因此，
「事實判斷」有時也稱為「事實命題」或「事實語句」或「事實述句」
（或「事實陳述」），而「價值判斷」有時也稱為「價值命題」或「價值
語句」或「價值述句」（或「價值陳述」）。

「價值判斷」既然就是有關「可欲概念」的判斷，從而涉及那「常
隨主觀的願望及情緒而變動」的「善惡或美醜」判斷，那麼政治研究
者便應該在研究過程中排除各色各樣的「價值判斷」，以免破壞科學研
究的客觀性；這就是說，政治研究者應該在研究過程中保持「價值中
立」。

值得注意的是，易君博雖然高舉「充分科學化」的大旗，但卻明確
指出，政治研究者在研究過程中不可能保持「價值中立」。一般而言，
自有爭論以來，研究者在研究過程中不可能保持「價值中立」之各色各
樣的種種論述，大體上可以濃縮合併成為「研究者的個人價值」、「科學
的預設價值」、以及「社會的既有價值」等三個層面上的論述（參見郭
秋永 1981, 125-180; 1988, 316-377; 2010, 94-100, 108-113）。

研究者無法免除「研究者的個人價值」，乃指研究者在研究題材的

選擇、研究現象之重要性或相干性的判斷、研究變項的篩選、及研究資料的收集等方面，皆會受到研究者個人價值的影響，因而不能維持價值中立。研究者無法去除「科學的預設價值」，則指科學研究本身必須預設某些價值判斷，例如「真理值得追求」、「真偽之辨是有價值的」、「科學應該造福人類」、「研究資源應做適當分配」、「言論自由」、及「研究自由」等。研究者皆會受到「社會的既有價值」的影響，乃指研究者皆在社會的價值架構內進行實證研究，無形之中便接受了社會的主流價值，通常不會針對這些價值前提進行深刻的省察或提出尖銳的挑戰，從而培養出一種社會保守主義的意識型態。

易君博主張政治研究者不可能保持「價值中立」的論點，泰半集中在研究者的題材選擇上，從而指出研究者的題材選擇，可能受到研究者的人生觀、價值觀、社會壓力、政治使命感、個人偏見、實用價值、社會情勢、社會信仰、社會文化、既有理論等影響（易君博 2006, 105-106, 165-166, 190-192）。值得注意的是，其中所謂影響題材選擇的既有理論，包含傳統政治哲學理論。易君博在說明「功能分析的背景與發展」中明確指出（易君博 2006, 200）：

> 由於亞里斯多德在生物學上的貢獻，近代生物學的功能解釋或多或少可能接受了目的論的影響。在科學史上，某些科學理論的確是從形上學的理論通過削減或化約而出現的。因此，我們仍可接受目的論是現代功能論的古老背景之一。

不過，最值得注意的是，在研究題材受到價值判斷影響之下，如何確保科學知識的客觀性呢？

有些政治學者主張「自我澄清」的坦白方式，以期確保其研究成果的客觀性。依據這種方式，研究者本人在其論著中公開表明個人的價值前提，以資作為經驗研究的「價值前奏」。這種方式的基本設想乃是，若研究者不能排除價值前提，則應在其論著的「前言」中，明文陳述本身的價值前提以供公開評估其可能產生的後果，然後再於論著的「正

文」中，敘述事實命題的檢定結果。

然而，這種純屬形式要求的坦白方式，雖然有其優點，但卻奠基在下述一個未必成立的、或未必契合實際的假定之上：研究者通曉本身的價值前提。實際上，研究者通常不太能夠精確掌握本身之價值前提的精義；價值前提之精義的準確掌握，並非一件「折枝反掌」的輕易之事，而需某種程度的創造力與長期的深入研究。

在回答「研究題材受到價值判斷影響之下，如何確保科學知識的客觀性呢？」此一重要問題上，易君博並未訴諸「自我澄清」的坦承方式，而是指出我們可以憑藉「一個最低限度的客觀標準」，以期避免價值判斷的影響。易君博說（2006, 190-191）：

> 不可否認的，在任何研究中，題材的選擇……的確很難免除研究者價值觀念之影響。尤其題材的選擇上，就是自然科學的研究者也難於擺脫價值觀念的影響……不過，選擇題材雖受到研究者個人的或社會的價值判斷之影響，但並未因之否定了知識的客觀校準……理論既可或多或少的決定選擇題材的範圍，那麼題材的選擇無論如何也有一個最低限度的客觀標準。

然而，在這段引言中，「一個最低限度的客觀標準」究竟意指什麼呢？雖然易君博並未明確指明，但是根據《政治理論與研究方法》一書的基本論述理路，應指易君博一再強調的「經驗檢定」與「邏輯考驗」，或「經驗的印證性」與「邏輯的推演性」。

依據「經驗主義」的主張，科學的研究活動，可以區分為二：其一為「發現脈絡」（context of discovery），另一為「驗證脈絡」（context of justification）。（Salmon 1963, 10-14; Kaplan 1964, 13-17）「發現脈絡」基本上關切研究者如何選擇研究題材、如何挑選概念架構、如何想出良好假設、如何構思良好理論等；「驗證脈絡」主要上關切假設或理論的保留或拒斥。

在「發現脈絡」中，研究者如何選擇研究題材、如何挑選概念

架構、如何想出良好假設、如何構思良好理論等，幾乎毫無「定則可尋」；它可能來自上帝的啟示、或別人的沈思結晶、或個人的偶現靈感等等。在「驗證脈絡」中，假設或理論的保留或拒斥，則有「定則可尋」；這種不隨價值判斷而任意變動的可尋定則，就是「經驗檢定」與「邏輯考驗」，或「經驗的印證性」與「邏輯的推演性」。

　　顯而易見的，經驗主義者區別這兩種脈絡的主要目的，乃在將研究題材的選擇、概念架構的挑選、假設的產生、理論的發現等活動，排除在科學研究範圍之外，從而將其注意焦點，集中在研究結果的評估活動上。據此而言，易君博指出的「一個最低限度的客觀標準」，應指「驗證脈絡」中的「經驗檢定」與「邏輯考驗」，也就是易君博一再強調的「經驗的印證性」與「邏輯的推演性」。易君博所謂的「一個最低限度的客觀標準」，既指「經驗檢定」與「邏輯考驗」，那麼研究題材是否受到價值判斷左右而影響研究成果的客觀性問題，便在科學研究範圍之外，而無庸研究者費盡心思去加以排除或採納了。

　　進一步說，在事實判斷與價值判斷的討論上，尚有一種常被學者運用、但不太意識到的判斷。這種判斷就是價值判斷的「引號用法」。例如，「張三說：『昨天應該下雨』」這一判斷，便是價值判斷的「引號用法」，而為一種「價值性的事實」（value-fact）（Hare 1952, 111-126）。乍看之下，它似乎是一個價值判斷，但實際上乃是一個事實判斷。當張三說「昨天應該下雨」時，就張三而言，他正在陳述心目中的一個價值，但就探討張三心目中之價值的研究者來說，這是有關張三之價值觀念的一項經驗事實。簡單說，「昨天應該下雨」雖是一個價值判斷，但「張三說：『昨天應該下雨』」則是一個事實判斷，或者，張三是否說過「昨天應該下雨」乃是一件可以判定真偽的經驗事實。

　　在處理價值問題上，「引號用法」的價值判斷，正是易君博用來排憂解惑的一種判斷。在面對紛擾的價值問題上，易君博一方面十分正視科學處理價值問題的重要性，另一方面則不時擔憂科學研究價值問題的可能性。易君博說：

政治行為是一種含有價值取向的行為，如缺乏價值問題的探
討，便無法深入到政治生活的核心。（易君博 2006, 81）

總之，研究人類的行為就非研究價值問題不可，也許是無法抗
拒的定論。（易君博 2006, 327）

在決策研究法的使用上，可能想像得到的各種困難中最嚴重
的一種，即是價值問題之科學處理的可能性。（易君博 2006,
109）

在十分擔憂科學研究價值問題的可能性之下，「引號用法」的價值
判斷，便順理成章地成為易君博的分析重點。依據易君博的論述理路，
其所提出之「決策型模」中的價值判斷，即是「引號用法」的價值判
斷。易君博指出（2006, 87），不論簡單的決策或複雜的決策，決定過程
中絕對脫離不了三個方面的判斷：價值判斷、事實判斷、後果判斷。易
君博曾舉司馬光打破水缸的例子來說明。在司馬光「毀缸救友」的決策
過程中，「司馬光決定救友的目的」即是司馬光作了價值判斷。司馬光
所做的這個價值判斷，乃是司馬光本人所作而非研究者或記述者的價值
判斷。對研究者或記述者來說，司馬光所作的這個價值判斷，便是「引
號用法」的價值判斷，而為一種事實判斷。進一步說，「司馬光根據環
境條件去衡量各種可能救友方式，然後選擇用石毀缸」，乃是司馬光作
了許多事實判斷。至於「如果跑回家去找成人幫忙，可能尚未返回，朋
友便已氣絕」之類的判斷，則是司馬光所作的後果判斷。

值得注意的是，易君博指出，影響決策者之價值判斷的因素，包
含決策者的信仰系統、知識程度、文化環境、人格系統等。在這些影響
因素中，知識程度、信仰系統、以及文化環境，都跟傳統政治哲學理論
具有密切關係，從而蘊含研究者不可漠視傳統政治哲學理論。易君博說
（2006, 94）：

價值判斷的形成，雖難於作客觀的科學分析，無論如何，一個

決策者的價值判斷，其可能的相關變數，不外乎是他的信仰系統，人格系統，知識程度，個人的特殊經驗以及他所處的文化環境。政治的研究者，若從這方面去分析，可能帶來一個極新的範圍。

再進一步說，在價值判斷的解析上，有些學者企圖透過一連串「目的與手段」之鏈的體系論述，以期能將價值判斷引入的客觀分析。依據這種的體系論述，日常生活中的許多價值判斷，都可化成一種「工具性的價值判斷」（instrumental judgment of value），或者，都可化成一連串「手段與目的」連鎖關係中的一種「手段」或「居間目的」（intermediate end），從而使得原先的價值判斷，具有「延伸的認知意義」（extended cognitive meaning），以期裨益於經驗研究。

這就是說，當我們說「甲是好的」或「甲是有價值的」時，我們十分可能是相對於「乙是好的」或「乙是有價值的」而下的價值判斷；當我們說「乙是好的」或「乙是有價值的」時，我們十分可能是相對於「丙是好的」或「丙是有價值的」而下的價值判斷……如此一直追究下去，以致於達到最後的（或最高的、或絕對的）「終極價值」（ultimate value）。「甲是好的」或「甲是有價值的」，因為甲可以達成「乙是好的」或「乙是有價值的」；「乙是好的」或「乙是有價值的」，因為乙可以達成「丙是好的」或「丙是有價值的」……。例如，一張椅子是有價值的，因為可以坐著；坐著是有價值的，因為可以休息；休息是有價值的，因為可以保持健康；保持健康是有價值的，因為可享高壽……等。

達成一個目的，總是有用於另外一個目的，因而導致一系列的「目的層級」或「手段與目的之鏈」：相對於低一層次來說，每一層次都可以視作「目的」；相對於高一層次來說，每一層次都可看作「手段」；但最高一層的目的，則為「終極目的」（ultimate end）；「終極目的」本身的價值，稱為「終極價值」，而其判斷則稱為「範疇性的價值判斷」（categorical judgment of value）或「絕對性的價值判斷」（absolute judgment of value）。

　　透過如此的轉化後，可以縮減價值判斷的指涉範圍，從而擴展科學研究的經驗領域。如此一來，科學研究者雖然不能判定我們所在追求目的之好壞或價值，或者，科學知識雖然不能告訴我們應該追求何種目的，但當各個價值判斷可以轉成一連串「手段與目的之鏈」後，我們便可分就「目的」與「手段」，進行各式各樣的經驗研究了。這就是說，研究者可以科學處理下述許多價值問題：

　　一、在目的上：

　　（一）可以指明人們正在追求的目的。

　　（二）可以指明其所追求的下一步的目的，或再下一步的目的等等。

　　（三）可以指明人們抱持某一目的的各種因素。

　　（四）可以指明同一個人在同一時間或不同時間內，其所追求的各種目的是否相互衝突。

　　（五）可以指明人們放棄某一目的，轉而追求另一目的之因素或原因。

　　（六）當人們所追求的各種目的，彼此之間發生衝突時，可以指明人們對這些相互衝突的目的，所排列的先後順序。

　　（七）假使某人總是追求某一目的，則可稱此目的為某人的終極目的。在這種情形下，研究者可以指明其終極目的之意含。

　　二、在手段上：

　　（一）可以指明手段可能帶來的各種後果。

　　（二）可以指明手段達成目的的概然性。

　　（三）可以指明是否尚有其他手段，會比所要採取的手段，更有效率。

　　（四）可以指明人們選擇某一手段的因素。

　　就是基於這樣的理路，易君博曾將「價值」區分成「目的價值」與「工具價值」，進而指出「工具價值」可作客觀的科學分析。易君博說

（2006, 93）：

> 目的的決定是目的價值（goal value）的選擇，這一類價值判
> 斷是基於決策者主觀願望的成分多，難於作客觀的科學分析。
> 計畫的選擇是工具價值（instrumental value）的選擇，這一類
> 價值判斷是在確定的目的下衡量手段對目的的適合程度，原則
> 上是可以從事科學分析的。

　　如此說來，即使傳統政治哲學理論包含許許多多的價值判斷，仍然
可以透過「目的與手段之鏈」的連鎖關係，將它們將引入科學分析。顯
而易見的，易君博不會全盤否定傳統政治哲學。

　　總而言之，本節分從研究過程中的價值判斷、價值判斷的引號用
法、目的價值與工具價值等層面，逐一解析易君博的「經驗主義」，不
是「狹隘的經驗主義」，而是「寬廣的經驗主義」。

伍、概念製作與意義理解

　　在任何科學研究中，「概念」乃是研究的基石。沒有健全的「概
念」，便無健全的陳述或定律或理論，正如沒有健全的磚石，就無健全
的樓房一樣。那麼，現代政治研究是否已有「健全的」概念呢？易君博
說（2006, 29）：

> 政治研究企圖達到科學化的水準，雖然歷時已久，可是此種企
> 圖迄今仍未實現。其所以如此，原因固然是多方面的，無論如
> 何，在製定及使用概念方面未能契合科學方法的準則，是重要
> 的原因之一。

　　這就是說，現代政治研究依然欠缺「健全的」概念，因而乃是政
治研究尚未達到「科學化」水準的一個重要原因。然而，究竟何種「概
念」才能算是一種「健全的」概念呢？或者，到底何種「概念」才是現

代政治研究者所要致力製作的概念呢？依據上述引言，易君博認為概念的製作與使用，必須契合「科學方法的準則」。

　　大體而言，在社會科學中，關於「健全的」概念的標準或條件，歷來就是一個見仁見智的重要議題。依據美國方法論家 Maurice Natanson（1924-1996）的看法，我們可將歷年來見仁見智的各種不同意見，區分成「自然學派」（naturalistic position）與「現象學派」（phenomenologist position）兩個類別（Nantanson 1963）。

　　「自然學派」主張，自然世界（或自然現象）與社會世界（或社會現象）之間並無任何「實質的差異」，因此社會科學家的概念製作，如同自然科學家，除了符合科學方法的準則之外，並不要求其他的任何程序。「現象學派」則主張，社會世界（或社會現象）乃是一個「意義世界」，根本不同於自然世界（或自然現象），因而概念製作的首要程序，端在於「理解」（verstehen）。

　　按照這一種區別，易君博屬於「自然學派」。易君博雖然主張社會現象（或「人理現象」）不同於自然現象（或「物理現象」），但其所謂的「不同」，不是「實質的差異」，因此方才認為兩者都在運用相同科學方法去建立科學知識。易君博說（2006, 171）：

> 人理科學（以研究人和人的社會為對象，如歷史研究，社會研究都歸屬此類）及物理科學（以研究自然為對象）都是經驗科學的次類。二者研究的對象雖然不同，但他們企圖根據科學方法以建立科學知識並無二致……人理現象之適合應用經驗科學的基本方法與物理現象並無不同。

　　既然社會科學家與自然科學家都在運用「相同的科學方法」，那麼在概念製作上究竟使用何種「相同的科學方法」呢？依據「自然學派」的主張，一個「健全的」科學概念，至少必須滿足兩個條件；按照易君博的用語，則是至少必須契合「科學方法的兩個準則」。這兩個必須滿足的條件或必須契合的準則，就是著名方法論家 Hempel 所說

的、易君博經常引述的「經驗意含」（empirical import）與「理論意含」（theoretical import）（或「系統意含」systematical import）。

所謂一個具有「經驗意含」的科學概念，乃指該概念「必須關連著經驗世界，不得與之隔絕」（Hempel 1970, 691）。那麼，科學概念如何「關連著經驗世界而不得與之隔絕」呢？我們或可根據著名政治學方法論家 Giovanni Sartori（1924- ）的提示（Sartori 1984, 23），運用「語詞」、「意義」、以及「指涉項」之間的關係，來加以說明。

「語詞」是指概念的符號；它雖然常跟「字彙」互換使用，但不包含諸如連接詞、介系詞、及感嘆詞等的字彙。在一般的研究中，須要明白界定的語詞，通常是抽象程度較高而為研究設計中的重要語詞。不過，無論抽象程度的高低，「語詞」皆是概念的符號。例如，「政治功效感」這個語詞，就是代表政治功效感概念的一個符號。「意義」是指語詞所傳遞的內容，包含著概念的性質，有時稱為概念的「內涵」。例如，政治功效感的「意義」，乃指「政治功效感」這一語詞所傳遞的內容。「指涉項」乃是特定語詞在真實世界中的對應部分，而為概念所指的對象、實體、或過程，有時稱為概念的「外延」。例如，「政治或有關政府的事情，有時顯得太複雜，以致於像我這樣的人不能真正了解」，乃是「政治功效感」這一語詞在真實世界中的一個「指涉項」。顯而易見的，從這三個部分，我們至少可以注意到兩個基本的問題。第一，「意義」如何關連到「語詞」？第二，「意義」如何關連到「指涉項」？

「語詞」與「意義」之間的關係，大體上是依靠「概念界說」（conceptual definition）或「理論界說」（theoretical definition）或易君博所講的「名相界說」（nominal definition）來加以連結。概念界說中的「被界定項」，就是所要界定的「語詞」，例如「政治功效感」，通常屬於較為抽象的語詞而需進一步加以說明。概念界說中的「界定項」，相較於「被界定項」來說，通常是由較低抽象程度而較易瞭解的文字所組成，例如「公民能夠影響政府決策的感覺」。據此而言，政治功效感的一個概念界說（亦即「政治功效感乃是公民能夠影響政府決策的感

覺」），便將政治功效感的「語詞」與「意義」，連結在一起。

可是，一個適當的概念界說，在我們早已瞭解其「界定項」中諸抽象語詞的假定下，雖能釐清該概念的意義，但它所傳遞的內涵，仍然不易付諸「觀察或測量」，從而難以運用於經驗研究中。為了便於進行經驗研究，研究者必須指出一些「可觀察」或「可測量」的特徵，藉以反映特定概念的「意義」，從而裨益於描述現象或檢定假設的工作。這些反映特定概念之「意義」的「可觀察」或「可測量」的特徵，一般稱為特定概念的指標（indicators）、或量標（measures）、或項目（items）、或指涉項（referents）、或觀察變項（observed variables）。一個概念的各個指標，有時也總稱為變項（variable）；或者，一個變項乃是一個已被量化的概念。

進一步說，研究者指出一些「可觀察」（或「可測量」）特徵、藉以反映特定概念的「意義」，乃是透過「運作界說」（operational definition），從而使得概念的「意義」可以連結到其「指涉項」。易君博指出（2006, 39）：

> 運作界說是製定科學概念最有效的方法，無論自然科學或社會
> 科學中都已廣泛的採用。

可是，「運作界說」的特色，端在於「運作」，而在政治研究上，研究者往往不能執行所須的「運作」。例如，化學家可在實驗室中運作化學元素，但政治家卻無從運作政治行為者。因此，社會科學家所謂的「運作界說」，實際上並不侷限於嚴格的試驗程序，而是泛指測量程序。[4]在這種寬鬆的見解下，所謂的「運作界說」，便是「藉提出一組表明如何進行測量的指令，而來界定概念」（Jones 1984, 33; Smith et

---

4　在當代社會科學的研究領域中，「運作界說」的哲學基礎，已經不是「原初運作論」（original operationism），而是「再建運作論」（reconstructed operationism）（參見郭秋永 2010, 90-95）。

al. 1976, 98; McGaw and Watson 1976, 125）。例如，運用「像我這樣的人，對於政府的所作所為，無法說些什麼」、「像我這樣的人，在選舉時去參加投票，乃是對於政府如何施政能夠說些什麼的唯一方式」、「政治或有關政府的事情，有時顯得太複雜，以致於像我這樣的人不能真正瞭解」、「我不認為政府官員十分關心像我這樣人的想法」等四個問卷題目來測量的「指令」，便是政治功效感概念的「運作界說」，而這四個問卷題目，則為政治功效感概念的四個「指涉項」。[5]

　　綜合上述，我們可在「經驗意含」的條件（或準則）上，掌握到「自然學派」的概念製作程序：一個特定概念的「語詞」，透過其概念界說，傳達出一些豐富的「意義」；這些豐富的「意義」，經由其運作界說的引介，連接到經驗世界中的一些「指涉項」。顯而易見的，概念界說所在傳達的「意義」，一方面反映「語詞」的含意，另一面提示運作界說中所要列舉的「指涉項」。

　　至於科學概念的「系統意含」，則指該概念必須有助於理論或定律的製作，而不能脫離理論思維之外，因此「系統意含」又稱為「理論意含」。Hempel（1965, 146）說：「一個概念要成為科學上有用的概念，它必須有助於普遍定律或理論原理的製作。這種普遍定律（或理論原理）反映出研究題材的齊一性，從而奠定了解釋、預測、及一般科學理解的基礎。一套科學概念的這種面向，將稱為它的『系統意含』，因為它透過定律（或理論）而有助於特定領域中知識的系統化。」據此而言，假使一個科學概念有助於「定律」或「理論」的建構，那麼它便具有「理論意含」或「系統意含」。

5　「政治功效感」的量表，原本設計五個問卷題目，其後改成四個問卷題目，從而稱為「標準的功效量表」；再後更將「政治功效感」分成「內在功效感」與「外在功效感」，並分別使用四個與三個問卷題目（共計七個），進而稱為「修正的功效量表」。問卷題目的一連串更動，除了彰顯「意義」提示「指涉項」的根本作用之外，特別展現出經驗資料與理論思維之間的交互效用（參見郭秋永 2012, 222-244）。

在科學概念的「系統意含」的說明上，易君博（2006, 34-36）別出心裁地將之再區分成為兩種：「內在的系統意含」與「外在的系統意含」；前者「乃指概念透過抽象的層次而演生出來的」，後者則指「一個概念與所屬學科中的陳述、通則及理論之間的密切關係」。易君博透過「內在的系統意含」與「外在的系統意含」之間的分別，十分正確地斷定，「一個科學概念不是孤立的」，因為它通過「內在的系統意含」與「外在的系統意含」，密切關連到其他各種科學概念。易君博說（2006, 36）：「其他概念的修正及捨棄，可能影響到它的意義；而它的修正或改變，也可能影響到其他的概念，甚至整個的理論系統。」

誠然，不論是否必須將「系統意含」再次分成「內在的系統意含」與「外在的系統意含」，就「自然學派」來說，「經驗意含」與「系統意含」乃是任何「健全的」科學概念必須滿足的兩大條件。

依據「現象學派」的基本見解，人類行動乃是組成社會世界的基本要素，而原子、分子、電子之類的物質運動，則是構成自然世界的基本要素。值得注意的是，此處所謂的人類「行動」（action），乃指人類的「有意義的行為」（meaningful behavior），而非人類的「運動」（movement）或人類的「身體運動」（physical movement）或人類的「反射運動」（reflex movement）。這就是說，「人類行動」是由「行動者本身的觀念與自我瞭解」所構成，從而是「人類行為」的次級類別；「人類行為」包含「無意義的動物行為」與「有意義的人類行為」；而「有意義的人類行為」便是「人類行動」（Gerring and Yesnowitz 2006, 122; Johnson and Reynolds 2005, 40, 47）例如，某位商人開立支票的一個社會行動，雖從自然世界看來，乃是一個有機體的一些「筋肉運動」（一個有機體在一張長方形紙張上圖畫了一些記號），但從社會世界看來，這一「筋肉運動」卻蘊含更重要之金融體系的社會意義。顯然的，自「現象學派」看來，「意義」（或「有意義」）正是劃分「行動」與「運動」的關鍵所在，從而在社會科學與自然科學之間構築了一個無法跨越的鴻溝，或者，形成了一道排斥自然科學之概念製作方式的天然屏障。

　　社會世界的基本組成要素，既然是「人類的有意義行為」或「人類行動」，那麼社會世界便是一種「意義世界」。[6] 這就是說，對於生於斯、長於斯、思於斯的社會行動者而言，社會世界早已具有各種複雜的「意義網絡」。這種充滿複雜意義的社會世界，存在於社會行動者誕生之先，早為其前人所瞭解，目前則為社會行動者所瞭解。社會行動者瞭解社會行動的方式，因而是「預先的」或「類型的」瞭解：大部分早已受到父母、朋友、師長、思想家、制度、規則等「預先瞭解」的影響，而成為「類型的」瞭解，小部分則受到私人經驗的左右。因此，社會科學的概念製作，首在於理解「社會行動的意義」，而非在於測量「社會行動的意義」。「現象學派」的這個基本見解，充分展現在一個常被傳誦的格言中：

　　意義不能被測量，只能被理解（Bhaskar 1998, 46）。

　　依據當代一位方法論家 Martin Hollis（1938-1998）的分析，「現象學派」所謂的「意義」或「行動意義」，雖然有時候也指涉行動者本人的特定意圖、目的、情緒、觀念、評價等純屬「個體性」的主觀心理作用，但大部分則指涉「社會性」或「公共性」，因而現象學派方才斷定，「意義」或「行動意義」乃是社會世界的特有範疇（Hollis 1994, 144-145, 160-162）。那麼，研究者如何掌握行動者的「行動意義」呢？依據現象學派的主張，研究者應該運用一種迥異於自然科學、而為社會科學不可或缺的獨特方法。這種獨特的方法，就是「理解」的方法。

　　當行動意義指涉「個體性」時，這種「理解」，有時被稱為「內省方法」或「神入的理解方法」（method of empathetic understanding，或譯「設身處地的理解方法」）（Gibbons 2006, 563; King et al. 1994, 36-37）。所謂的「神入的理解方法」，乃指研究者透過想像力，去設身

6　關於現象學派與自然學派之「意義」的各種解析，參見郭秋永（2010, 第 7 章）。

處地的忖度行動者在特定行動情境中的「主觀意圖」或「行動理由」。這就是說，研究者發揮想像力，努力想像其本身就是處於特定情境中的行動者，然後想像他在特定情境中將會基於何種理由（或動機或意圖）去採取特定的行動。根據這樣的設身處地的想像，研究者便可理解行動者的行動理由或「主觀意圖」了。著名學者 Robin Collingwood（1889-1943）就曾力主，歷史家與社會科學家的工作，端在於「再生」（re-live）歷史行動者的思想（cited by Moon 1975, 180）。

當行動意義指涉「公共性」或「社會性」時，所謂的「理解」，則指掌握「社會規則或制度行為」。那麼，現象學派所謂的「社會規則或制度行為」，究竟意指什麼呢？

當代著名哲學家 John Searle（1932- ）曾將「規則」區分成「構成規則」（constitutive rule）與「調整規則」（regulative rule）（Searle 1969a, 185-186; 1969b, 131-133）。「調整規則」乃在調整先前存在的各種行動方式，或者，乃在調整那些獨立存在的各種行動方式。例如，「在進餐時不可狼吞虎嚥」的禮儀規則，調整了進餐行動，但進餐行動則獨立在此一禮儀規則之外。這就是說，「調整規則」所調整的各種進餐方式，在邏輯上，獨立在「調整規則」之外。縱然缺乏「在進餐時不可狼吞虎嚥」的禮儀規則，仍可採取進餐行動。

「構成規則」乃是界定（或創設）行動方式的規定。Searle 指出，「構成規則」即指社會制度或社會規則。在「構成規則」之內所發生的事實，乃是「制度事實」（institutional fact），不預設「構成規則」而發生的事實，則為「粗略事實」（brute fact）。例如，張三在特定的時空中於一張特定紙張上蓋上一個印記，乃是張三所做的一些「粗略事實」；唯在預設選舉制度之下，張三的這些「粗略事實」，才可成為一種「制度事實」，從而才會被描述為「張三在投票」。同樣的，李四擁有一張彩色長方形紙張的「粗略事實」，唯在預設貨幣制度下，才可成為一種「制度事實」，從而被描述為「李四擁有一千元」。

如此說來，當行動意義指涉「公共性」或「社會性」時，所謂

的「理解」，乃指掌握「社會規則或制度行為」，從而乃在掌握「構成規則」或「在系絡甲中，乙可當作丙」的規則形式。誠如政治學方法論家 J. Donald Moon 指出：「去依據規則而行動，乃預設一個意義脈絡（context of meaning）；規則需被安置在意義脈絡內……在社會環境中，社會的構成意義（constitutive meaning），提供了這種意義脈絡。」（Moon 1975, 168）

　　值得注意的是，不論「社會行動的意義」一詞中的「意義」字彙，究竟是指涉「個體性」的主觀心理作用、還是指涉「公共性」的構成規則或社會制度，我們可以根據「現象學派」的主張，認定如下的一個基本論點：在一個特定的社會中，某一社會行動的「行動意義」，通常都會表現在該社會的普通常識或日常用語中。例如，某位商人開立支票的一個社會行動，雖從自然世界看來，乃是一個有機體的一些「筋肉運動」（一個有機體在一張長方形紙張上圖畫了一些記號），但從社會世界看來，這一「筋肉運動」卻蘊含更重要之金融體系的社會意義，從而包含在普通常識中，或表現在「開支票」的日常用語中。

　　在掌握「自然學派」與「現象學派」的基本要旨之後，我們可以根據著名社會科學方法論家 Alfred Schutz（1898-1959）的見解，將概念製作的整個程序，分成先、後兩個製作層次：第一層次的概念製作，容納「現象學派」的觀點，第二層次的概念製作，則接納「自然學派」的主張，從而使得它們成為相輔相成、而非彼此對峙的兩個學派。（Schutz 1963）

　　概念製作的第一個建構層次，乃指研究者在研究之始，便需考察特定概念在普通常識或日常用語中的意義，以期掌握其中的「意義世界」。當甲社會研究者試圖去研究甲社會時，甲社會研究者在研究之始，通常多少理解那些表現在普通常識或日常用語中特定社會行動的「行動意義」。當甲社會研究者試圖去研究乙社會時，甲社會研究者可能需要透過各種方法（例如參與觀察法）去理解乙社會中特定社會行動的「行動意義」。值得注意的是，當某些傳統政治哲學理論廣被流傳時，這

些理論中的一些重要概念，可能已經融入普通常識或日常用語中，例如
「正義」或「公民不服從」，從而也是研究者在研究之始便需加以考察。
因此，即使屬於「自然學派」的易君博，仍然十分重視傳統政治哲學理
論在「意義世界」中的重角色，甚至宣稱普通常識正是科學研究的起
點。易君博說：

> 柏拉圖強調政治領袖及一般公民的教育問題，亞里斯多德重
> 視人民性格類型與政體類型之間的相應關係，布丹（J. Bodin）
> 曾指出幼年人敬畏父母及上帝的習慣與他服從政府的習慣之間
> 的因果關連，都充分顯示出來他們已經發現到：人的政治行為
> 與他早年的生活經驗及教育具有不可分的密切關係。（易君博
> 2006, 111）

> 一般科學家都承認，最高的科學理論的最早起點依然是常識。
> （易君博 2006, 167）

　　據此而言，在概念製作的第一個建構層次上，「自然學派」應該可
以接受「現象學派」的基本見解：社會行動意義的理解，乃是首要的研
究工作。或者，我們甚至可說，「理解社會行動意義」的基本見解，非
但不會抵觸「自然學派」的重要主張，反而可以收到相得益彰的效果。

　　然而，普通常識或日常用語中的概念，尤其抽象程度較高的概念，
例如政治哲學中常見的「正義」、「自由」、「民主」、「平等」、及「公民
不服從」等，大體上呈現出豐富但不太精確的意義，從而使得各個社會
行動者之間容易呈現出不太一致的瞭解程度。對社會科學家來說，當一
個重要概念每隨不同個體（或團體）而展現出不盡相同的意義時，該概
念就不足以充當嚴謹的學術論述之用。因此，社會科學家的概念製作，
雖然必須植基在日常用語或普通常識之上，但是仍須在概念製作的第二
個建構層次上，依據「經驗意含」與「系統意含」兩大條件，去執行更
進一步的精緻製作。易君博說（2006, 47）：

現代政治研究在製定及使用概念上力求科學化的趨勢，歸納起來說，它表現三個方面：第一方面是舊概念的澄清，第二方面是新概念的引介，第三方面是建構語言的發展。

在上述引言中，易君博所說的「舊概念的澄清」，不但包含某些日常用語的概念澄清，而且包括傳統政治哲學中各種重要概念的釐清，例如「正義」、「自由」、「民主」、「平等」、及「公民不服從」等，因此易君博慎重呼籲，任何時代的政治研究者，皆應「虛心領悟與闡微」兩千餘年來的傳統政治哲學理論。易君博說（2006, 78）：

僅就西方而論，從柏拉圖的「共和國」到穆勒的「自由論」，這兩千餘年裏，曾先後出現過不少有關政治思想的著述。這些經過時間淘汰而流傳至今的大量著述中，當然可能蘊藏著某些偉大的政治觀念，值得任何時代從事政治現象的研究者去虛心的領悟與闡微。

誠如易君博所說，傳統政治哲學理論確實值得現代政治研究者去「虛心領悟與闡微」。依據筆者所知，在台灣政治學界中，最近有一個研究團隊的一個研究實例，確實實踐了易君博的諄諄教誨。這個研究團隊的研究實例，便是政大選研中心與中研院政治思想專題中心最近合作進行的「公民不服從」的民意調查研究。「公民不服從」的民意調查研究，首先在於理解台灣社會中相關的常識或用語，例如「太陽花運動」及其伴隨而起的各種語詞，進而依據政治哲學家 Rawls 的理論，提出「公民不服從」的概念界說，再據以構成一個運作界說，從而形成「公民不服從」的四個指涉項（張福建、蔡佳泓 2015, 3）。

綜合上述，在概念製作上，易君博雖然如同「自然學派」，主張「經驗意含」與「系統意含」兩個科學準則，但並不排斥「現象學派」之「意義世界」的基本論點，從而不會拒斥傳統政治哲學理論，因此乃是一位「寬廣的經驗主義者」，而不會是一位「狹隘的經驗主義者」。

陸、結語

易君博曾說（2006, 98）：「方法論就是關於研究過程的分析工作，或者對方法及研究法的批判工作。」據此而言，這種分析工作或批判工作的旨趣，乃在於教導或引導研究者如何進行良好的實際研究，因此方法論學者向來一直標榜著一個巨大的學科效益。這個巨大的方法論學科效益，就是「方法論的理論性探討，確實已經大幅推進了實際的經驗性研究」，或者，「漠視方法論的理論性探討，便會阻礙經驗研究的科學進展」。

然而，在學術研究的領域內，曾經流行著一則諷刺方法論家的寓言。依據這則嘲諷性的寓言，某一天，一位方法論學者向一隻百足蟲問道：「閣下擁有無數多隻的腳，當您舉足爬行時，首先跨出去的，究竟是那一隻腳呢？隨後跟進的，又是那些腳呢？」出乎意料之外的，經此一問，這隻健步如飛的百足蟲，不但立即陷入苦思之中而無從回答，並且在百思不得其解的焦慮下竟然永遠喪失了舉足爬行的能力（Lazarsfeld and Rosenberg 1972, 1）。

按照此一嘲諷性的寓言，各種方法論的專論或專書，應在見證「百足蟲」喪失行動能力之下而難以問世，至於幸運出版的專論或專書，也應早被訴諸高閣而乏人問津了。誠然，這一則寓言的主旨，端在於諷刺方法論家的論述，如同「空談妄言」，從而使得已經進行過許多實際研究工作的經驗研究者，在領受方法論家的引導後，竟然頓感手足無措。依據筆者的淺見，即使這一則寓言不是空穴來風而是言之有物，它依然完全不能適用於易君博的《政治理論與研究方法》。我們或可運用英國著名學者 Francis Bacon（1561-1626）的一個生動比喻（培根 1971, 90-91），來說明易君博遠遠超越這一諷刺性寓言之外的根本道理。

Bacon 曾經運用螞蟻、蜘蛛、蜜蜂三種動物，來比喻三種科學研究者。只重實驗的研究者，如同螞蟻，整天東奔西跑，忙於把外面食物不斷搬進窩裡。僅好推論的研究者，如同蜘蛛，整天躲在一個角落裡，忙

於憑藉自身材料吐絲織網。執兩用中的研究者，如同蜜蜂，不但飛舞百花叢中收集花粉，並且透過本身內在消化而釀造出芬芳甜美的蜂蜜。在研究工作的比喻上，螞蟻是外在資料的收集搬運者，蜘蛛是本身材料的編織者，蜜蜂則是轉化資源的創造者。對照本文的區別，「狹隘的經驗主義者」如同螞蟻，整天不斷蒐集搬運經驗資料，雖能堆積起如山如海的經驗資料，但常迷失或沈溺其中，而有「經驗資料充血、理論建構貧血」的缺憾。「規範性研究者」如同蜘蛛，整天埋首故紙書堆中，雖能編織成一個自詡為天衣無縫的哲學體系，但常失諸空泛，而有「理論建構充血、經驗資料貧血」的遺憾。「寬廣的經驗主義者」如同蜜蜂，既勤於收集經驗資料、又妙於轉化經驗資料、並精於開創理論，而可收「理論建構與經驗資料相輔相成」的效用。

　　筆者深信，《政治理論與研究方法》雖然問世 40 餘年，但至今仍為後繼學子奉為圭臬的主要理由，端在於易君博乃是一位高瞻遠矚的「寬廣的經驗主義者」，而非目光如豆的「狹隘的經驗主義者」。本著這一信念，筆者分就「科學理論與意識型態」、「事實的意義」、「事實的觀察」、「事實的印證」、「研究過程中的價值判斷」、「價值判斷的引號用法」、「目的價值與工具價值」、「概念製作與意義理解」等層面，逐一解析易君博的真知灼見。希望本文的解析，能夠充分彰顯易君博在方法論上的巨大貢獻。

參考文獻

呂亞力，1979，《政治學方法論》，台北：三民書局。

易君博，2006，《政治理論與研究方法》，第 6 版，台北：三民書局。

苑舉正，2007，〈台灣五十年社會科學哲學研究報告〉，林正弘編，《台灣地區近五十年來之哲學學門研究成果計畫》：1-90，台北：國科會人文學研究中心。

培根，1971，《新工具》，關琪桐譯，台北：臺灣商務印書館。

袁頌西，2003，《當代政治研究：方法與理論探微》，台北：時英出版社。

郭秋永，1981，《政治科學中的價值問題：方法論上的分析》，台北：中研院三民所。

郭秋永，1988，《政治學方法論研究專集》，台北：臺灣商務印書館。

郭秋永，2010，《社會科學方法論》，台北：五南出版社。

陳義彥，2013，〈如沐春風憶恩師〉，蘇文流、林鍾沂、張福建編，《即之也溫：易君博教授追思錄》：47-48，未公開發行。

張福建、蔡佳泓，2015，《「公民意識與公民不服從」問卷》，台北：中研院人社中心政治思想研究專題中心。

Almond, Gabriel. 1996. "Political Science: The History of the Discipline." In *A New Handbook of Political Science*, eds. Robert Goodin and Hans-Dieter Klingemann. New York, NY: Oxford University Press.

Bhaskar, Roy. 1998. *The Possibility of Naturalism: A Philosophical Critique of the Contemporary Human Sciences*, Third edition. London and New York: Rountledge.

Braybrooke, David, and Alexander Rosenberg. 1972. "Getting the War News Straight: The Actual Situation in the Philosophy of Science." *American Political Science Review* 66 (3): 818-826.

Bryce, James. 1909. "The Relations of Political Science to History and to Practice." *American Political Science Review* 3 (1): 1-19.

Dahl, Robert. 1955. "The Science of Politics: New and Old." *World Politics* 7 (3): 479-489.

Dahl, Robert. 1958. "Political Theory: Truth and Consequences." *World Politics* 11 (1): 89-102.

Dexter, Lewis. 1946. "Political Processes and Judgments of Value." *American Political Science Review* 40 (2): 294-301.

Easton, David. 1971. *The Political System: An Inquiry into the State of Political Science*, Second edition. New York, NY: Knopf.

Farr, James.1995. "Remembering the Revolution: Behaviorism in American Political Science." In *Political Science in History: Research Programs and Political Traditions*, eds. John Dryzek, James Farr, and Stephen Leonard. New York, NY: Cambridge University Press.

Gerring, John, and Joshua Yesnowitz. 2006. "A Normative Turn in Political Science." *Polity* 38 (1): 101-133.

Gibbons, Michael. 2006. "Hermeneutics, Political Inquiry, and Practical Reason: An Evolving Challenge to Political Science." *American Political Science Review* 100 (4): 563-571.

Hare, Richard. 1952. *The Language of Morals*. Oxford, UK: Clarendon Press.

Hempel, Carl. 1965. *Aspects of Scientific Explanation; and Other Essays in the Philosophy of Science*. New York, NY: The Free Press.

Hempel, Carl. 1970. "Fundamentals of Concept Formation in Empirical Science." In *Foundations of Unity of Science: Toward an International Encyclopedia of Unified Science*, ed. Otto Neurath, Rudolf Carnap, and Charles F. W. Morris. Chicago, IL: The University of Chicago Press.

Hollis, Martin. 1994. *The Philosophy of Social Science: an Introduction*. Cambridge, UK: Cambridge University Press.

Johnson, Janet Buttolph, and H. T. Reynolds. 2005. *Political Science Research Methods*, Fifth edition. Washington, D. C.: CQ Press.

Jones, Terrence. 1984. *Conducting Political Research*. New York, NY: Harper and Row.

Kaplan, Abraham. 1964. *The Conduct of Inquiry: Methodology for Behavioral Science*. San Francisco, CA: Chandler Publishing Company.

King, Gary, Robert Keohane, and Sidney Verba. 1994. *Designing Social Inquiry: Scientific Inference in Qualitative Research*. Princeton, NJ: Princeton University Press.

Kluckhohn, Clyd. 1951. "Values and Value-Orientations in the Theory of Action: An Exploration in Definition and Classification." In *Toward a General Theory of Action*, eds. Talcott Parsons and Edward Shils. Cambridge, MA: Harvard University Press.

Lasswell, Harold, and Abraham Kaplan. 1950. *Power and Society: A Framework for Political Inquiry*. New Haven, CT: Yale University Press.

Lazarsfeld, Paul, and Morris Rosenberg. 1972. "From the Language of Social Research." In *Continuities in the Language of Social Research*, eds. Paul Lazarsfeld, Ann Pasanella, and Morris Rosenberg. New York, NY: The

Free Press.

McGaw, Dickinson, and George Watson. 1976. *Political and Social Inquiry*. New York, NY: John Wiley and Sons, Inc.

Moon, J. Donald. 1975. "The Logic of Political Inquiry: A Synthesis of Opposed Perspectives." In *Handbook of Political Science: Political Science-Scope and Theory Volume. 1*, eds. Fred Greenstein and Nelson Polsby. Reading, MA: Addison-Wesley Educational Publishers Inc.

Natanson, Maurice. 1963. "A Study in Philosophy and the Social Sciences." In *Philosophy of the Social Sciences: a Reader*, ed. Maurice Natanson. New York, NY: Random House.

Popper, Karl. 1969. *Conjectures and Refutation: The Growth of Scientific Knowledge*, Third edition. London, UK: Routledge and Kegan Paul.

Popper, Karl. 1972. *The Logic of Scientific Discovery*, Sixth printing. London, UK: Hutchinson.

Salmon, Wesley. 1963. *Logic*. Englewood Cliffs, NJ: Prentice-Hall.

Sartori, Giovanni. 1984. "Guidelines for Concept Analysis." In *Social Science Concepts: A Systematic Analysis*, ed. Giovanni Sartori. Beverly Hills, CA: Sage.

Schutz, Alfred. 1963. "Concept and Theory Formation in the Social Sciences." In *Philosophy of the Social Sciences: A Reader*, ed. Maurice Natanson. New York, NY: Random House.

Searle, John. 1969a. *Speech Act: An Essay in the Philosophy of Language*. Cambridge, UK: Cambridge University Press.

Searle, John. 1969b . "How to Derive 'Ought' from 'Is.' In *The Is-Ought Question: A Collection of Papers on the Central Problem in Moral Philosophy*, eds. W. D. Hudson. New York, NY: St. Martin's Press.

Smith, Barbara L., Karl F. Johnson, David W. Paulsen, and Frances Shocket. 1976. *Political Research Methods: Foundations and Techniques*. Boston, MA: Houghton Mifflin Co.

Somit, Albert, and Joseph Tanenhaus. 1967. *The Development of American Political Science: from Burgess to Behavioralism*. Boston, MA: Allyn & Bacon.

衡諸西典以利東用：
初探指南山下的憲政思維

翁燕菁
政治大學政治學系助理教授

壹、前言

　　知識史研究長期存在方法論之爭（Skinner 1969）。其中，應以
著作文本為標的，或以時空背景為必須，兩者分別構成文本主義
（textualism）與脈絡主義（contextualism）的核心。[1] 對劍橋學派的
Skinner 而言，文本研究中，至要者係「作者在文本中如是說，意指
為何？」[2] 此處接受的假設是：作者的發言是一種行動，而不僅為陳述
或單純意義的指涉（梁裕康 2009, 147）。例如 Austin 便主張（梁裕康
2009, 143），發言皆為執行行動或促使採取行動之行動，承載並傳遞語
言本身指涉之外之力量或驅使力。[3] 回到 Skinner（1972, 406）和梁裕康
（2006, 107）的論點，為理解作者於文本中用語的意圖，即須掌握主導
該文本相關議題或主題的常規（conventions）。

　　而對文本性（textuality / textualité）感認最基進的表述（Cornell
1995, 57），或為 Derrida（1967a, 227）所聲稱之「沒有文本以外的東
西」（il n'y a pas de hors-texte）。Derrida 談的固然不限於知識史分析，[4]

1　英漢譯文參見：黃俊傑（2012）。

2　"What does the writer mean by what he says in this work?" 或是 "[T]o what the writer
　may have meant by using that particular phrase." ，引自 Skinner（1972, 397）；同時參
　見：梁裕康（2006, 102-103）。

3　引述 Austin（1975, 106）提出的 illocutionary force 概念。

4　而是挑戰 Ferdinand de Saussure 的結構論（structuralisme），拆解能指（signifiant）

然其於訪談錄中的一段舉例說明，對知識史的挖掘饒富意義：一部出版
品的出版，不可能盡棄「外於文本者」（hors-texte）；出版品之所以能出
版，係編輯、出版、監督等機制所允許（Derrida 1992, 36）。Derrida 顯
然並不認為作者的意圖足以占滿文字意旨。研究亦指出，Skinner 似乎
頗認同 Derrida 之見，認為文字可能承載作者意圖之外的意義，即便兩
者對於作者意圖似乎仍抱持不同的評價（梁裕康 2009, 159）。

　　本文緣於國立政治大學政治學系在台復系 60 週年之慶，旨在向諸
位曾服務於斯之先進學者致敬，進行知識史的撰寫，因而必須開宗明
義確立研究路徑。首先，之所以選擇以項昌權（1903-2000）與荊知仁
（1927-1998）兩位教授為標的，乃因兩位前輩皆具公法專長，同時皆曾
積極參與實務，構成台灣整體民主思維與實務的一部分，故同時以兩位
前輩的知識傳遞為研究中心。其次，本文並不擬循訪談或報摘等方式，
嚴謹採史學方法重建其生平與時代背景；相反地，本文將以其著述為研
究對象，嘗試綜合上開 Skinner 與 Derrida 所揭示之發言行動論，從文
本中挖掘兩位前輩發言的意圖與行動，嘗試從文本中確立兩位前輩所欲
「驅動」的對話。

　　題旨所謂憲政思維不限於狹義之憲法學，而及於憲政秩序安排。例
如項先生專長為市政，於台灣省政府民政廳服務之餘，亦曾於 1950 至
1951 年間短暫代理台北市長；[5]學術上除對土地改革（項昌權 1966；成
書年不詳）、兵役制度（項昌權 1960）留下多項研究成果外，尤對台灣
早年地方選舉制度與選舉爭訟多所出版。而荊先生碩士論文雖鑽研中國
政治思想（荊知仁 1966），然此後著述則以憲法為中心，曾赴美研究，
更曾當選國大代表參與修憲。惟限於篇幅，本文將捨棄兩位先生自刊之

<hr>

　　與所指（signifié）之間的直接關聯，只有能指之間無止無盡的「延異」
　　（différance）。參見 Derrida（1967b）和沈清楷（2006）。
5　資料來源：台北市政府官方網站（2015）：「因吳三連市長辭市長一職參選第一屆
　　臺北市長，由其代理之，至 40 年 1 月 31 日代理屆滿後重返臺灣省政府民政廳副
　　廳長工作。」。

研究報告。項先生部分專研其選舉、行政法、地方治理與戶政研究，而對荊先生僅擇其對美國憲法以及本土憲改之見解，體現先生所處時代意義。而即便相差約一個世代，兩位先生著述中同時浮現一個先決命題：當初為民國中國而設計的憲法與法律，其中諸多繼受外來規範，又如何在台灣施行？在動員戡亂背景下，需要引介什麼樣的制度，又需要什麼樣的學術對話？

如同 Skinner（1969, 31）強調，盲目鑽研文本的危險在於瑣碎而失去意義，本文並無意對所有相關圖書出版品進行流水帳式的解析。反之，本文將循著上開問題意識，在兩個不同作者的文本中進行挖掘。為向項先生這位留法先驅致敬，以下將採取法式法學論文的兩段式對仗編排章節，並依年代序，第一部分主述項先生，第二部分再論荊先生。

貳、比較制度與地方治理：項昌權先生篇

進入文本分析之前，必須先釐清一個「語境」的問題：項昌權先生留學法國時，正值二次戰前的第三共和，就讀於尚未「分家」[6]的巴黎大學。項先生負笈海外，最高學歷記載為「巴黎大學市政學院」（Institut d'urbanisme de l'université de Paris），[7] 今日更名為巴黎市政學院（Institut d'urbanisme de Paris, UPEC），1972 年起改隸東巴黎大學（Université Paris-Est Créteil Val-de-Marne）。依據學者考證（Chevalier 2000），巴黎大學市政學院於 1924 年代由高等市政學學院（École des hautes études urbaines, 1919-1924）改制而成，附設於巴黎大學法學院（faculté de droit），為一跨學門之專門學校，結合歷史、地理、法律、

6　巴黎大學（Université de Paris, 1896-1968）乃於 1968 年學運後，方依 1896 成立之諸「學院」（facultés）分別獨立為今日的諸多綜合大學體系。此揭大學除「編號」外，正式名稱中經常保留當年學院的名號，例如當年巴黎西郊的 Nanterre 學院，即改制擴充為今日的巴黎第十大學，正式名稱為 Université Paris X Nantherre。

7　一般華語文獻記載皆未附原文，加以校名顯屬舊制，此原文為筆者自行考證者。

經濟與社會等專門智識（Coudroy 2002）。在此之前，公立大學並無相關科系（Chevalier 2000, 98）。

推測時間，[8]先生理當是在上述創校初期入學就讀。巴黎市政學院校史中亦提及，1920 至 1930 年代，該校曾招收為數可觀之外籍學生，奠定該校對國際市政發展的影響力（Coudroy 2002, 2）。如當年市政學院般的公立大學附設學院，在管理與教學上享有一定程度的自治權。然即便如此，1930 年代間，法學仍曾大幅主導該學院之教學（Coudroy 2002, 1）。惟須強調，直至二戰前法國公法學領域幾無專門之憲法研究，而僅以行政法為要（Stone Sweet 2007, 70-72）。終究，法國至第五共和方設合憲性審查，並遲至 1970 年代方啟動基本權利之憲法保障。[9] 嚴格而論，法國的法治國原則（État de droit），原本僅為「依法律治國」（État légal），[10] 亦即遵循大革命遺留的公民總意志（volonté générale）至高原則，不允許任何「法律的裁判」（juge de la loi）存在（de Lacharrière 1991, 143），僅由中央行政法院（Conseil d'État）監督行政權之執法。而項先生對地方治理之遺作，亦透露其行政法訓練背景，而非憲法學。以下將依序綜合分析其遺作如何引介歐美制度比較，以及如何面對動員戡亂時期與台灣民主初步課題。

一、各國制度比較與法律分析

本節將以項先生於著作中引介之「外國體制」，分別就選舉業務與行政訴訟兩部分，嘗試研析先生對制度繼受之立場與手法。

---

8 張順良（2006, 348）引述昔日文獻記載之 1928 年前後於巴黎進行之黨國組織工作，提及項先生。
9 始於憲法委員會（Conseil constitutionnel）首度就憲法保障之自由為由，判決法律違憲，是為著名之結社自由判決（Cons. const., déc. n° 71-44 DC du 16 juillet 1971）。
10 語出 Carré de Malberg，參見 Chevallier（2010, 29）；Maulin（2002）；Loiselle（1994, 193）。

（一）民主選舉與行政行為

　　選舉研究當屬項先生出版著作中最具分量者，[11] 似乎也最能彰顯渠對民主體制的信仰。就民主政治之義，先生曾引述 Bryce 之說，「用投票表示主權意志的全民統治」，並指其與孫中山先生之「民權」為「異字同義」；復引 1776 年美國獨立宣言與 1789 年法國人權宣言之自由平等原則，對照中山先生之平等自由民權論，大有驗證中國民權思維與西方民主理論共行大道之意（項昌權 1971a, 2）。[12] 先生並引述譯著一段關於 1961 年美國總統大選以 0.16% 的些微票數造就政黨輪替之語，「說明神聖一票，決定政權所屬」，對主權在民深有寄寓（項昌權 1971a, 10-11）。孺慕民主之餘，先生更曾藉著作一角疾呼：「過去韓國越南的政變慘劇，均導源於選舉的不公平。所以民主國家，認為辦理選舉是一件有關國家安危的大事，都是戒慎戒懼的要辦好選舉！」（項昌權 1971a, 48）

　　關於其學術與實務背景在選舉議題上的匯流，氏著中的一小段文字可茲參詳，同時也揭示其慣常之制度比較手法：

> 各國大都以辦理戶籍的地方官吏，負編造選舉人名冊的責任，因為他們熟知人民各種情況如年齡，居住期間等。但編造的方法，則因國而殊，有按期造報的方法，如美國各邦逐年編定新冊；有取隨時訂正的方法，法德地方官吏即不斷將喪失選舉權的人除名，而將新獲選舉權的人加入；有採選舉期前編造的方法，如我國各種選舉法的規定。（項昌權 1954a, 69）

　　在規範比較的鋪陳上，如同早年自海外引進學說之先進，先生亦習於進行教科書式的類型介紹。例如，將投票年齡限制分為三類：一如

11　從各類論文資料庫中，引先生之名且正式出版之學術論文凡 12 篇，以選舉為題並引述氏著者占 7 篇。

12　本書亦為目前學術著作最常引用者。

英國當年選舉年齡同於私法之成年，同於我國憲法第 130 條規定與民法成年之 20 歲；二如日本舊制，選舉年齡曾高於私法成年門檻；三如德國威瑪憲法，選舉年齡 20 歲，私法成年則為 21。另舉男女差異選舉年齡如 1928 年以前的英國（項昌權 1954a, 3-4）。就被選舉人資格要件，則例舉如美國對因歸化而取得國籍者設有年限。有趣的是，關於公職候選人是否應經考試以提高素質之爭，先生甚至舉出二次大戰前的南斯拉夫，為法律設立公職候選人考試制度之例（項昌權 1954a, 14）。

　　選制利弊分析方面，先生進行了教科書式的整理，雖然譯詞選擇不同，然顯為早年選舉理論奠定基礎，茲整理如下表：

表 1　項先生引介之選舉類型（含今日通稱對照）

類型及其子類型		
多數代表法	單記多數代表法／小選舉區制（單一選區相對多數決制）	
	連記多數代表法／大選舉區連記法（領先者當選制）	比較多數法（相對多數決）
		絕對多數法（絕對多數決）
		第二次投票（兩輪決選制）
	選擇投票（偏好投票制）	Preferential ballot（偏好投票制）
		Alternative vote（選擇投票制）
少數代表法	有限投票（限制投票）	有限連記投票（限制連記投票）
	累積投票（複數選區累積投票制）	
	遞減投票（複數選區遞減連記投票制）	
	大選舉區單記投票法（複數選區不可讓渡投票制）	

比例代表法	當選票數一定	固定式當選商數法
		變動式當選商數（最大餘數法或最高均數法） 　赫爾計算法（Hare） 　德路布計算法（Droop） 　頓特計算法（D'hondt） 　哈根巴黑計算法（Hagen bach Bischoff）
		名單聯結 　同區名單聯結 　異區名單聯結
	餘票及廢票可以轉讓於別人（可讓渡投票制）	單記比例代表法（單記可讓渡投票制）
		名單比例代表法（名單比例代表制） 絕對拘束名單（固定名單） 自由選擇的名單（開放式名單／混合連記投票） 相對拘束的名單（半開放名單）

資料來源：項昌權（1954a, 45-55）。

除了制度現況，先生也介紹制度演變史。例如財產與性別限制之廢除，先生便曾以英國議會為例，說明其目的原為王權為增稅而召集議會行使同意權，使資產階級原本對出席議會興致低落；嗣而議會任務擴及法律議決而具有監督行政之權，資產階級一度欲獨攬政權，因而有限制選舉的出現（項昌權 1954a, 21; 1971a, 6-7）。而就投票權之普及，先生則舉出法國 1848 年率先取消財產限制後，英美皆歷經 19 至 20 世紀之長年改革（項昌權 1971a, 7），比利時 1921 年修正前的 1893 年憲法、以及普魯士的三級選舉制度，說明以納稅、財產、學歷等為據之投票加成制，強調業已廢除，與我國同採一人一票、票票等值之制（項昌權 1954a, 22）。另就性別差別待遇，先生指出，最初承認婦女選舉權者為 1890 年之美國 Wyoming 州，並為各州追隨，[13] 而歐洲婦女平等參政則

13　事實上 Wyoming 是 1869 年賦予婦女投票權（Larson 1965, 57），另外經過考證，最初賦予婦女投票權並曾持續者，恐怕還要更早，例如 1720 至 1870 年代的瑞典（Karlsson Sjogren 2009），另如法國國會也曾於 1898 年通過法律，賦予婦女參與商事法庭成員選舉之投票權（Andolfatto 1993, 32）。

主要於 20 世紀陸續出現（項昌權 1971a, 7-8; 1954a, 21）。

　　同樣以制度史鋪陳利弊，尚見於議員免責權議題。如英國 14 至 16 世紀議員動輒因言論或提案，遭認定為有害王權而起訴，嗣有 1689 年權利章典保障議員於議會內言論免責；並且從較為薄弱的議事祕密，轉為今日理解之議會主權與自律（項昌權 1972, 135-137）。此書於 1972 年出版，1947 年德意志聯邦共和國基本法應已於台灣出版，先生也首見棄威瑪共和舊制之例，而引述現制，強調二次大戰前，各國憲法並無 1947 年基本法第 46 條第 1 項之類似規定：聯邦議會議員享言論免責權保障，惟誹謗不在此限。先生認為，此制值得研究（項昌權 1972, 136），而事實上此制基於我國憲政繼受德國故，也確實出現相關研究（陳春生 1995；陳愛娥 1997；黃俊杰 1998；李建良 2000；陳正根 2010）。

　　綜言之，先生對制度設計，常客觀並陳利弊兩方之說，同時引進其他民主國家在選擇制度上的考量，藉以鋪陳我國體制之選擇。另如就組織選舉團之職業代表制，先生亦以「世界經濟」與人員移動、認同的改變為背景，引出職業代表制正反雙方之考量（項昌權 1954a, 26-27）。此外，就自由投票與強制投票，先生也分別在對稱的兩個段落中，說明台灣省各縣市自由投票下的獎勵競賽，終究不妨礙自由投票原則，與瑞士、比利時等國實施的強制投票與罰鍰不同，二者各有目的正當性依據，手段亦符合比例原則（項昌權 1954a, 25）。

（二）行政訴訟與選舉訴訟

　　民國對法國行政法之認識，雖至少得溯及 1912 年於上海出版之譯註（裴德垿彌 1912），而法國行政法又是歐陸行政訴訟制度之起源（項昌權 1960, 177；李建良 2007, 262-263），理應在我國整體上繼受大陸法的體系中，早有論述發展。先生曾於專文中說明，「我國行政爭訟制度仿自戰前之日本，而戰前日本之行政爭訟制度，則仿自德國」（項昌權

1960, 179）。[14] 法國既為行政法母國，理應受到學說重視。不過，先生似乎是這段時期少見主張直接繼受法國行政訴訟體制者。

　　先生於早年以中國行政訴訟為題之專著中，引介歐洲行政訴訟制度，區分為英美制與大陸制，亦以相當篇幅介紹人民權利受行政機關侵害時之救濟，包括英美越權之訴、撤銷之訴、非常救濟以及司法解釋等制度（項昌權 1960, 175-77）。先生同時引介法國行政訴訟體系及其歷史背景，以其為歐洲多國典範故（項昌權 1960, 177）。不過，先生引介資料雖發表於 1960 年，或因資訊不發達，與法國新制略有脫節。事實上法國當時已經完成初次行政司法改革，於 1953 年取代先生所云設於地方行政公署（Préfecture）之訴願機制，另成立行政法院（tribunaux administratifs）取代之，[15] 使行政訴訟正式出現初審與終審二級結構。[16] 整體而言，先生肯定行政訴訟制度之益，既能「保護人民的權利，又得增加行政效率」，因官吏只要依法行政，便得無懼賠償責任，人民則可透過行政訴訟，嚇阻官吏違法失職（項昌權 1960, 179）。[17]

　　先生對我國行政訴訟體制有獨到見解。渠指法國革命黨人創設行政法院，乃欲使行政權脫離司法權而獨立，[18] 避免重蹈王權體制覆轍，任由保守的高等法院（Parlements）利用法律備案權限阻礙法律生效。行政法院嗣自行政權獨立，元首不得參與（項昌權 1960, 177-178）。先生顯然認為，此背景造就行政法院之權力正當性。就我國行政法院逕為

14　按戰前台灣就曾直接受到日本《訴願法》管轄，但未及施行《行政裁判法》，因此，國民政府來台後，也同時間接引進無緣適用的行政訴訟制度（李建良 2007, 266-271）。

15　Décret n°53-934 du 30 septembre 1953 portant réforme du contentieux administratifs, *J.O.R.F.* du 1 octobre 1953, p. 8593.

16　今日法國行政司法體系已完成三級三審制，1987 年另創上訴行政法院（tribunaux administratifs d'appel），除特定訴訟（如省或行政省級選舉），中央行政法院訴訟部門（section contentieux）成為終審法院。

17　另關於今日法國行政訴訟制度的特色，參見王必芳（2012）。

18　另參見如李建良（2007, 262-263）。

變更判決一事，先生便指出：法國行政爭訟制度中，之所以有所謂全權
訴訟，乃因中央行政法院非屬司法權，熟知行政之專門與技術，因此
得變更行政處分。反之，我國行政法院因隸屬司法院，「似宜僅有消極
的監察功能之撤銷權，不應有積極的督導作用之變更權」（項昌權 1960,
204）。針對我國行政法院歸於司法權，先生因此主張：

> 我國行政法院之地位，頗為特殊，所掌理者，雖為行政事件之
> 訴訟，然在系統上則為隸屬於司法院之機關，與法德諸國法例
> 均不相同，而近於瑞士之法例（……）揆諸依分權原理設置行
> 政法院之理論，似有未合，故將來修改憲法時（憲法第七十七
> 條），行政法院是否仍應隸司法院，抑應直隸總統府，似有研
> 究之餘地。（項昌權 1960, 194）

本文或為後見之明，不過，法國行政法院自第三共和起，穩定
自「國王還諸人民的公道」（justice rendue）演變為「國家授權的裁判」
（justice déléguée），為國會通過的法律把關，杜絕行政權之違法越權
（Pacteau 2003; Mestre 1985）。是否如同先生所云，乃中央行政法院因屬
行政權，故比司法權更適合處理行政違法或疏失，並裁決國家賠償（項
昌權 1960, 178-179），非謂無虞。尤其，從今日法國行政司法體系改革
的趨勢觀察，其地位只有日趨司法化，[19] 然而全權訴訟的權限只有擴大
沒有縮減（du Marais 2009）。按先生之論，若欲行政法官熟稔行政智
識，問題或許不在於其機構隸屬，而在於訓練或徵才方式，如同今日普
通法院之智慧財產權法官。

最後，如先生所云，我國選舉爭訟乃仿英制，由一般法院審理（項
昌權 1971b, 2）。該文發表於 1971 年，不過其中引述的法國制度（只有

19　至少中央行政法院以政府任命「文官」為成員的設計，終究靠著實務運作方式
　　的保障，通過了歐洲人權法院「獨立司法機關」的檢驗：Eur. Court HR, *Sacilor
　　Lormines v. France*, no. 65411/01, 9 November 2006, ECHR 2006-XIII.

議會自身有權審理選舉舞弊）為 1958 年前之舊制，[20] 因此未能得知先生是否亦傾向由行政法受理地方選舉訴訟的現制。然自先生對選舉訴訟實務的檢討，可知先生對民主選舉與司法獨立的願景：其一，對法官實際上皆參加政黨活動一事，先生曾願大法官會議明確解釋憲法第 80 條之法官須「超出黨派」，以杜絕黨派成見影響選舉裁判公信力（項昌權 1971b, 2-3）。[21] 其二，先生似乎深受法國早年公民總意志至上思維影響，認為法規限制遭宣判當選無效者，不得參與補選，導致候選人推出「替身」競選並當選。對此先生直言：「我想請重視民意不可侮的法則。」（項昌權 1971b, 20）

二、台灣地方治理經驗與動員戡亂

本節討論之地方治理與動員戡亂，前者以地方選務與政治文化之形成為中心，後者則以先生對戶政之見解為主軸，以下依序分述之。

（一）地方選務與政治文化

諸部選舉相關著作中，先生隱約透露對於過去中國選舉經驗的不滿（項昌權 1971a, 34-37, 49-50）。相對於考量中國國情而「隔空」揣摩台灣省選務，先生顯然採取較為務實之立場守護僅有之民主制度，一則透過行政裁量除弊以收立即取信之效，二則自台灣省辦理選務之新生弊端中再思改革。

關於以行政管制補救規範可能之弊，當年刑法褫奪公權與選舉罷免法規的矛盾可為一例。相關選罷法阻卻選舉人資格諸款要件中，列有「一、犯刑法內亂外患罪經判決確定者；二、曾服公務而有貪汙行為經判決確定者；三、褫奪公權尚未復權者；及六、吸用鴉片或其代用品

20　Article 8 de la Constitution du 27 octobre 1946 ; Article 10 de la loi constitutionnelle du 16 juillet 1875.

21　惜先生未及見到 2010 年公布施行的法官法第 15 條，業已明文禁止法官參政。

者。」先生憂其中一、二及六等三款與刑法褫奪公權產生矛盾，「不獨
執行發生困難，有人依法提出權利主張，更無法答復」（項昌權 1954a,
8），同時指出褫奪公權應由法院而非行政機關宣告之，並質疑行政機
關無權就「曾犯內亂外患罪經判決而執行期滿者」造冊，送請法院再宣
告褫奪公權終身（項昌權 1954a, 9）。至於「吸用鴉片或其代用品者」，
應加上「經判決確定」，否則舉發而未及查證前，仍得剝奪其選舉權？
先生隨即提到「所以在台灣省各縣市實施地方自治綱要立法規定公民資
格時，把上述三種三款歸於褫奪公權尚未復權者之一條款，簡實易行」
（項昌權 1954a, 9）。同理，在宣告禁治產之限制要件上，關於「有精
神病者」之規定，亦於前揭綱要中略為「受禁治產之宣告尚未撤銷者」
（項昌權 1954a, 11）。

　　而對選舉制度與程序如何徵得公信，先生並不隱藏其實務經驗之
「成就感」。例如肯定台灣省各級選舉之「當眾開票」，認為相較於國大
代表的「集中開票」更易杜絕弊端，加以投票結束後改置開票所開放
當事人與民眾參觀，「當眾唱記數票互相牽制監察，一掃過去換票、加
票、減票、偷票之積弊，開票結果自然正確，人民亦深信而無疑」（項
昌權 1954a, 82-83）。甚至，以台灣省辦理選務之經驗，間接駁斥部分全
國性選制設計。例如就台灣省臨時省議會議員選舉僅採區域代表制而捨
棄職業代表制一事，即揭露其偏好單一制立場（項昌權 1954a, 31-32）。
雷同的實務檢證，也出現在應以「選舉權證」或以身分證換取選票兩種
選項上。先生指出，國大與立委選舉採選舉權證，「無持證人之照片，
無法鑑定持證人是否本人」，勢必發生弊端。反之，台灣選舉採出示身
分證並簽章或按捺指紋，反倒「可以杜弊」（項昌權 1954a, 82）。

　　對台灣選務經驗中已知之弊端，先生有諸多務實建言。如選舉法
規原採選民連署推薦候選人（立法委員、國大代表），然台灣選舉實務
上，每位選民只能替一名候選人背書，重複無效者須刪除，並另於限期
內補足法定數額。校對繁重易生錯誤，可能致使候選人橫遭法院宣告當
選無效。甚至，實務上出現選區選民全數被邀集連署特定候選人，導致

他人無法取得有效連署，構成妨害他人競選。因此法規修正後，改自由
申請登記制（項昌權 1971a, 44）。復就無效票認定標準 1964 年後之增
列諸項，規定必須以「製備之圈選工具」圈選，僅得圈上一圈，且領
得選票應立即圈選等，先生即痛陳：「顯無法學常識，應該刪除，免得
製造無效票，侵害人民的投票權利」。甚至規定沾上印泥指模與破票皆
無效，先生也直陳此制將徒增選務人員製造無效票的機會。鑑於高雄、
彰化兩件舞弊爭議，「雖無積極證據，可資證明，難免使人懷疑魔手顯
靈。」（項昌權 1971a, 54）

　　關於「選舉亂象」，先生曾指出，1948 年中央選舉與 1950 年台灣
省縣市議長議會選舉過程中，「很多利用金錢和地方勢力來操縱選舉的
事實。」（項昌權 1954a, 14）就先生之觀察，台灣省選舉過程約有四項
「情弊」，包括藉選舉斂財之「選舉販仔」橫行、選舉廣告如同印刷品競
賽而有礙觀瞻、車隊結隊遊行製造噪音且妨礙交通，以及「利用地方特
殊勢力操縱把持選舉」（項昌權 1954a, 91）。其中就競選宣傳手法之批
評，似乎略帶主觀保守，不過先生亦同意，嗣後改革管制過於嚴苛，乃
至旋即又考量民情改採折衷限制方案。此外，值得留意的是，先生並未
從言論自由、集會結社自由等角度討論制度選擇，即使動員戡亂時期臨
時條款始終未明文凍結或部分損抑（derogate）憲法第二章之諸項基本
權利，而僅依位階較低之戒嚴法限制之。先生固曾謂：

> 在選舉制度下，人民沒有意見的自由與結社的自由，則選舉只
> 是形式。人民的生活方式被桎梏，則對選舉便不發生興趣。而
> 當選者不論由何種力量的支持而產生，亦必不能獲得人民的信
> 任。特別是反對黨的意見，為促進民生生活活力所不可缺乏的
> 因素。（項昌權 1971a, 17）

然而，渠亦似難以擺脫如 1952 年司法院大法官所倡議之「五權

分治，平等相維」，[22] 在上開文字後，僅就反對黨應具有之「建設性」以倡議民主，而未引進法國奠定於第三共和時期之諸項「公眾自由」（libertés publiques），包括出版自由、[23] 集會自由、[24] 結社自由[25] 等。若先生未及得悉 1971 年法國憲法委員會對結社自由之里程碑判決，[26] 則 1956 年中央行政法院以 1946 年憲法與共和國法律長期平等保障結社自由為由，撤銷內政部長決定之判決，[27] 先生或曾有所聽聞？先生曾舉第 3 屆台中縣長選舉開票的停電爭議為例，礙於有滲票換票之嫌，「經人揭發，不敢再仿行」（項昌權 1971a, 40）。另亦曾批評間接選舉「結果並不良好，利用金錢買收選票，人言嘖嘖，不為無因」（項昌權 1954a, 23），此謂「人言嘖嘖」，正是言論自由的力量。先生或許瞭然於心？

先生在許多政黨政治與民主選舉相關之片段中，非但強調選制應保障少數黨，[28] 甚至直指各類選舉監察制度「完全受國民黨的控制」（項昌權 1971a, 56-57）：

〔選舉監察〕機構的組成分子國民黨人占絕對多數，而每次競選的候選人國民黨也占絕對多數，對這些人的違法競選，難免要認為『自己人』過得去就縱容算了，沒有人檢舉就可閉眼放過，有人檢舉去查證時又得放他一關。（……）況且（其）成員，都是透過黨的組織提出聘派的，如果對『自己人』執行制裁，乃是違紀，黨一樣照紀律制裁解聘撤派。雖然不能公開袒

22　司法院大法官釋字第 3 號解釋文，段 4。

23　Loi du 29 juillet 1881 sur la liberté de la presse, *J.O.R.F.* du 30 juillet 1881, p. 4201.

24　廢許可制改報備制：Loi du 30 juin 1881 sur la liberté de reunion, *Recueil Duvergier*, pp. 379-390.

25　Loi du 1er juillet 1901 relative au contrat d'association, *J.O.R.F.* du 2 juillet 1901, p. 4025.

26　參見前註 9。

27　CE, Ass., 11 juillet 1956, *Amicale de Annamites de Paris*, req. n°26638, Rec. p. 317.

28　如全部連記投票是「便宜多數黨，欺負小數黨」（項昌權 1954a, 26）。

護「自己人」暗中照顧乃是免不了的。（項昌權 1971a, 58-59）

　　先生分析國民黨「大者益大」，認為其對小黨的排斥態度，使人「為生存就業計，都不敢加入民、青兩黨。」（項昌權 1971a, 75）。尤有甚之，先生亦直陳台灣地方派系與國民黨之淵源，說明台灣各地皆有敵對派系，為保持實力故盡皆加入國民黨，而國民黨亦兼而容之。對地方勢力而言，若不入國民黨而維持「社會賢達身分」還有「受國民黨的垂青」的機會，反之一旦加入他黨，則「可能會被加入國民黨的一派，利用國民黨的政治力量所消滅」（項昌權 1971a, 75）。政黨政治與地方派系，更透過先生對各地方議會的第一手觀察揭露：縣市黨部主委以來賓身分參加議員就職典禮，隨之正副議長投票時，「並不退席，坐在投票匭正前方，看各議員投票，各有黨籍的議員將選票未入匭前，向這位來賓亮一亮票，表明他並未違紀。」此外，即使有「黨紀」為依，買票之禮若不夠厚，「常有落選的紀錄，每屆都有」（項昌權 1972, 81-82）。

　　除了選務防弊技術、選舉文化與政黨政治問題，先生亦曾進行初步選舉實證研究。例如就「誰實際去投票？」先生曾簡單調查並發現：「一、本省籍公民投票率比外省籍公民高。二、鄉村投票率比都市投票率高。（……）三、文化低的地區投票率高（……）四、智識程度低的投票率比智識程度高的投票率高。」（項昌權 1971a, 79）此外，尚有方法不明的選舉觀察，認為「台灣選民投票的意向，大都基於感情的好惡不是基於理智的選擇。」隨即以「語系」為例，指出「客家投客家、閩南投閩南」，建議在這些地區，公職人員要有「妥善的安排，縣長是說客話的，議長就得要說閩語的。否則選舉就要出問題。」（項昌權 1971a, 81）最後是個案觀察，如討論高玉樹競選第五屆台北市長時，「黨報（……）對高玉樹猛施攻擊」，而高氏「就利用同情弱者的心理，把這些『莫須有』的攻擊資料向人民申訴，激起群眾的憤慨情緒，人民在投票行為表現發洩了。」（項昌權 1971a, 83）

（二）戶政稽查與動員戡亂

　　項先生為市政專家，對戶政甚為關切。1954 年發表一文（項昌權 1954b），即以國民政府在台推行之「戶警合一」為主題：一部引進自民國中國的戶籍法（修正後於 1946 年公布施行）與動員戡亂時期嚴密監控台灣人口之實際。先生指出，日治時期實施保甲控制戶口，授警察以大權，而不適用日本戶籍法，亦未如日本本土般由地方自治機關辦理戶政（項昌權 1954b, 4）。台灣總督以警察專責戶政事務，而戰後民國戶籍法雖已廢除保甲，並責付地方政府民政機關辦理業務，惟基於動員戡亂之需，警察機關並未退居輔佐地位（郭詠華 2015）。對此，項先生僅以數語點出問題：

> 光復之初，因接管之便，戶籍由警察機關接辦，歷時數月，卒因法制、人員等種種困難，頗形紊亂。卅五年春循民意機關要求改制，將戶籍劃歸民政機關主辦，警察協助。但警察機關仍繼續辦理查記，實則警察機關所需查察之對象在特種人口而已，特種人口之特徵、言行均宜採用間接調查方式，密予註記，以供公安參考，不若戶政機關所辦理者，應經申請義務人之申請，有公證作用，兩者性質不同……。（項昌權 1954b, 4）

　　事實上，1948 年台灣省實施戶警聯合辦公，並陸續頒行台灣省各縣市戶政機關與警察機關辦理戶口查記聯繫辦法、台灣省各縣市戶政機關與警察機關聯合辦公辦法（陳宜安 2010, 44），實質上透過行政命令架空戶籍法下由民政單位主管戶籍業務之規定。1949 年的戶政一元化，更是直接合併民政與警務科股，隸屬警務系統（陳宜安 2010, 44-45）。惟項先生並未直接以法律保留提出警告，僅憂心戶政雙軌中兩機構「囿于門戶之見，各自為政」（項昌權 1954b, 4）而失其效率之弊。惟先生主張，警察每日專事查察，不僅流於形式更是擾民，建議僅依治安所需採取機動旁證（項昌權 1954b, 6）。反之，人口遽增下，戶政機關人反因力緊縮而捉襟見肘，是文官體系在戶政中的弱點，而本省外省

溝通不良，更使錯誤易生（項昌權 1954b, 3）。

效率與便民的訴求，似乎才是先生關心的問題。於引述 1952 年總統年度施政計畫綱要時（項昌權 1954b, 4），先生非但避免將動員戡亂之肅清解讀為戶警合一的終極目標，更於文中倡議地方政府戶籍行政由文官體系主導的原則，專以台灣在地行政建置為慮。又如引述王寵惠先生對憲法「為各方所不盡滿意，故能為各方所接受」之註解（項昌權 1954b, 6）。考量戶政爭議：「戶籍行政既如上述重要，客觀環境又如此複雜」，經驗上或曾出現執法不妥之例，然往後若認為執法有任何窒礙難行之處，至少應事前提出擬定辦法，而非自定標準恣意裁量（項昌權 1954b, 6）。可惜的是，嗣後於 1969 年試辦、1973 年修正戶籍法第 7 條第 2 項之戶警合一制（郭詠華 2015），並未若先生之期許由戶政機關統一事權，而是使戶政事務所得經行政院核准，隸屬地方警察機關，警察反由備位機關變身為主管機關，直至 1992 年方因動員戡亂時期之終止，恢復戶警分立制度。[29]

參、憲法要義與憲政改革：荊知仁先生篇

荊知仁先生曾任國大代表，參與第二及第三次修憲，均曾領銜提案，並於連任後繼續參與第四次修憲（周良黛 2000），1999 年的國家褒揚令[30] 亦推崇謂「致力修憲大業，迴翔議壇，擘畫功深」。無論是周先生前文引述學生暱稱之「荊大刀」，或是行政院褒揚文所謂之「荊九條」，[31] 荊先生在台灣憲政知識傳承與台灣憲政改革實務上，都留下無可抹滅的足跡。

29　司法院大法官釋字第 575 號解釋理由書，段 2。
30　中華民國 88 年 2 月 5 日華總（二）榮字第 8800026560 號總統令，《總統府公報》第 6260 號，1999 年 2 月 10 日。
31　公告事略稱：「先生致力於修憲，力圖精謹，曾整合提案審查之憲法為九大條，因而獲『荊九條』之美號。」（行政院新聞局 1999）

　　先生為政治大學政治學研究所「嫡系」出身，1958 年獲碩士學位後，即留校任教。1971 年赴美國明尼蘇達大學（University of Minnesota）訪問研究一年（行政院新聞局 1999）。[32] 其多部論著，皆以我國憲法史與美國憲法為中心。另以先生之名搜尋，學術文章引用者族繁不及備載。筆者於 2015 年 5 月分別查詢「臺灣期刊論文索引系統」與「臺灣博碩士論文知識加值系統」：前者就學術類著作之「全文」搜尋，引述先生之名者凡 75 篇，出版年代自 1984 至 2011 年，領域涵蓋法學、社會科學、史地哲學等。後者則選擇「參考文獻」查詢，其中，初版於 1984 年之《美國憲法與憲政》，引用者達 124 部，時間橫跨 1998 至 2014 年；而引用其同年初版之《中國立憲史》者，則自 1998 至 2013 年共 128 部；復單以先生之名查詢，則得 358 筆引用。若謂先生晚年及身後仍持續影響學人與學子，蓋無疑義。除學術領域外，1991 年發行之《憲法論衡》文集更顯示，先生經常投書報刊傳媒或於公開會議發言，影響層面自不限於狹義之學界。

　　前文已提及，荊先生與項先生專長不同，渠畢生以憲法學為研究主軸，雖然兩者學說同樣對憲政實務有所影響。以下將分為兩個子題嘗試分析先生著述，其一為美國憲法理論的繼受，其二則是包含立憲初衷反思之憲政改革。

一、憲法理論之繼受

　　先生引述美國憲政時，大致有兩種取向，一則是與本土民主法治觀念對話，二則是嘗試於基本權利與與國家現實間尋求妥協。以下分述之。

---

[32] 先生留美期間應受益於傅爾布萊特計畫（Fulbright Program），參見台灣傅爾布萊特學術交流基金會（2015）。

（一）美國憲政與法治對話

先生自美國憲法變遷史歸結五種模式：修改憲法、基本立法、行政措施、判例解釋、憲法或政治習慣，認為是研究憲政制度不可或缺者（荊知仁 1980a, 7）。而先生諸多著述中，亦廣就上開五種模式評析。美國憲政是先生觀察台灣的鏡子，例如對民主化，先生即曾評論道：

> 西風東漸，特別是在政府行憲與遷台之後，由於文化交流頻繁，傳統的權威政治文化，雖已日趨淡化，但實際生活行為上的權威人格傾向，仍然相當強烈（……）政治人物的職務行為，或一般成年人的對人處事行為上，都隨處可見而不自知，這乃正是政治文化民主化蛻變難求速效的主要原因，也是應予力求突破的瓶頸。（荊知仁 1987a / 1991, 5）

惟先生強調，民主政治固然是法治政治，但法治政治未必是民主政治，並舉共產極權國家為例（荊知仁 1986b / 1991, 38）。惟先生此論或反映冷戰因素，亦有與東方思維對話之慮。蓋西方法治論述受到基本權利論影響，法治中的「法」同時包含嚴格意義之權力分立與權利保障，尤其就民主國家必須之政治自由而言，號稱民主國家者尚未必臻至理想（O'Donnell 2004），因此無論左傾或右傾，憲法不容少數挑戰之極權國家，尚難謂之「法治」。似乎是為了與當時的輿論對話，先生就「法治」時而混淆使用東西兩種概念：一是滲有中國法家思想的「法治」（狹義的法），另則是作為英語 « rule of law » 譯辭的「法治」（廣義的法）。例如，將 « rule of law » 譯為「法律主治」，而將 « rule by law » 譯為「依法而治」，並指其差別主要在於「法律的產生，和法律的內容與精神」，意指「法律主治」依據的「法」是經由民主議會通過者（荊知仁 1986b / 1991, 37）。先生並藉美國聯邦最高法院 Marbury v. Madison[33] 判決始

33　*Marbury v. Madison*, 5 U.S. 137 (1803).

末及司法違憲審查制度，說明法治之「法」及於憲法（荊知仁 1986b /
1991, 40），倡議「憲治重於法治」（荊知仁 1986a / 1991, 22）。誠然，當
時的台灣更像是法國 1958 年以前的「依法律治國」（État légal），[34] 憲法
至高淪於形式，立法形成空間無限上綱，將所謂「法治」窄化。

　　另就「法統」，先生強調合法不一定合憲（荊知仁 1986a / 1991,
25-27），「在採行違憲立法審查制度的國家，是不承認『惡法亦法』
的」（荊知仁 1985 / 1991, 14）；另方面，則堅持以正當法律程序（due
process of law）作為追求民主的手段：「民主政治文化中另一項基本信
念，乃是強調手段與目的之間的和諧合理關係。」（荊知仁 1987a / 1991,
6）[35] 例如先生倡議政治學說中的公民主動參與，主張積極關心私權與公
益，乃「政治民主化的社會動力泉源」。值得留意的是，先生為此所舉
之例，正可以反映先生對「體制內」抗爭手法的肯定：某研究生因一格
公車月票與台北市公車處進行訴訟，月票購買屬契約行為，市公車處擅
改有效期限事屬違約，嗣經高等法院判決該生勝訴。先生稱許道：「假
設全國多數人民都有這種主動行為和觀念，政府會不民主嗎？」（荊知
仁 1986a / 1991, 32）反之，對「體制外」抗爭行動，先生則堅持司法權
威。例如 1986 年台北地方法院對議員林正杰論以誹謗罪，判處有期徒
刑，林放棄上訴而改採街頭路線，先生即甚表憂心，一則有議員就無關
議事之違法言論不享免責權之司法院解釋在案，[36] 另則是司法救濟遭棄
有辱司法威信（荊知仁 1986c / 1991, 292-294）。

　　先生強調政治學觀點，認為僅針對終局釋憲機關解釋的論述，終
究僅是被動受理憲法解釋爭議者。而聲請憲法解釋者，亦即「適用憲

34　前註 10。

35　不過先生所謂「不合理的脫序現象」，尚泛指社會行為，隱含當時的社會運動。不
　　過，正當法律程序畢竟是約束國家行為的客觀規範，此論尚難謂無虞。

36　指 1945 年司法院院解字第 3012 號解釋、1947 年司法院院解字第 3735 號解釋、
　　1967 年司法院大法官釋字第 122 號解釋，以及 1980 年司法院大法官釋字第 165
　　號解釋（荊知仁 1986c / 1991, 292）。

法的人」,「便可能是解釋憲法的人」,以其聲請前已對憲法抱持既定解釋,並因此與其他適用憲法機關產生矛盾（荊知仁 1978, 98）。然而先生隨即提出者,卻與其所處時代產生矛盾:受憲法權利保障的個人,若欠缺自由權利意識,不懂爭取,則憲法將無從落實。先生進而舉出美國「龐大而受過良好法律學訓練,特別是運用憲法以保障人權訓練的律師群」,主張人民聲請憲法解釋的重要性（荊知仁 1978, 100）。惟當時台灣廣義之言論自由尚為戒嚴法所箝制,而該法本身合憲性尚有疑慮,[37] 人民與訴訟代理人是否因此能勇於主張憲法權利？

（二）國家現實與基本權利

從先生以言論自由為題之諸多論述中,尤得窺知先生並未反對戒嚴體制,並大幅引介美國聯邦最高法院於美國冷戰框架下對言論自由管制之見解為鑒（荊知仁 1984a, 155-338）。如先生曾多次引介美國聯邦最高法院之「明顯而即刻危險原則」[38]（clear and present danger test）（荊知仁 1974; 1983a / 1991; 1984a, 163-83）,然不忘詳盡摘要相關判決之少數意見,強調「若謂言論之意圖顛覆政府者,必待其危險已經發生而後罰之,則國家之自保權,將與政府之傾覆而俱亡」（荊知仁 1983a / 1991, 191）。相較於為美國聯邦最高法院於 1969 年發展至顛峰,[39] 並業已為司法院大法官釋字第 445 及第 644 號解釋採納之明顯而立即危險原則（黃昭元 2013, 221）,先生更傾向於戒嚴狀態下適用「衡平原則」[40]（ad hoc

---

37　不惟因戒嚴時間長達近 40 年,而失去戒嚴體制的「臨時性」,導致其體制長期侵害憲法基本權已生不成比例之虞,且當時司法的積弱也使得基本權利救濟淪於空轉（王泰升 2004）。

38　目前學界通說採「明顯而立即危險原則」之譯（林子儀 2002；許家馨 2011）。

39　*Brandenburg v. Ohio*, 395 U.S. 444 (1969),為學者譽為該原則之集大成詮釋,並為美國內情動盪的年代奠定憲法增補條款第 1 條的高度保障效力（許家馨 2011, 249）。

40　一譯為個案權衡原則（黃國昌 2007, 9）或逐案權衡原則（黃昭元 2013, 224）,先生著作有時引用為 « *ad hoc* balance test »（荊知仁 1983a / 1991, 262; 1985 / 1991, 16）,然較常見者為 « *ad hoc* balancing test »。

balancing test），並特別指出此原則是為了「補救『明顯而即刻危險』原則的缺點，所揭示的一項新的原則」（荊知仁 1983a / 1991, 262）。例如，就戒嚴令爭議，先生主張逐案權衡原則，基於國家安全與個人自由之間「兩例相權取其重，兩害相權取其輕」處理之（荊知仁 1985 / 1991, 18-19）。先生並明言道，當時國家行憲不久便進入非常時期，在言論自由與國家安全之間，取捨雖有難處，然尚需朝野相體，遏制惡言，以期於和諧中推動民主憲政（荊知仁 1984 / 1991, 271）。

先生對戒嚴法與廣義政治權利的見解，於其時似乎獨樹一格。按戒嚴與憲法基本權利保障並行，本身即存矛盾。學者如王泰升（2004, 191; 2007, 23）即以「訓政」形容戒嚴時代之「憲政」，而葉俊榮（2003, 278）則指出當時憲法基本權利救濟機制甚至受立法縮限，又陳新民（2008, 967-969）認為動員戡亂體制其實面對的是承平而非總動員狀態，而李念祖（2008, 4）更謂戒嚴即軍事獨裁，行憲純屬奢想。反之先生則對「戒嚴兼行憲」並無異議，認為兩者可能取得平衡。例如對戒嚴法箝制人民結社自由一事，先生即表示：「目前的黨禁係以戒嚴法為前提，據此來限制人民的集會結社活動。但是事實上，目前戒嚴法的運用是相當具有彈性的，可否在戒嚴令未解除之前，試著再擴大其適用上的彈性，也應該是個值得考慮的問題。」（荊知仁 1986e / 1991, 52）相對地，先生亦就相同議題呼籲政府道：「政府對憲政法統、反共、反台獨的基本原則應予堅持，但在這些原則的範圍內，似應兼顧民主政治中的一項鐵律，即容忍與妥協」（荊知仁 1986e / 1991, 52-53）。

先生引介美國二次戰後 40 餘年間的共黨活動以及相關違憲訴訟，對美國聯邦最高法院諸多見解，歸因於「美國是一個特別重視人民自由權利的國家」（荊知仁 1973, 140），似乎並不認為台灣也適用相同判準原則。例如美國共產黨之所以能於部分爭訟中勝訴，[41] 是「美國社會和法

---

41   指 *Yates v. United States*, 354 U.S. 298 (1957)（美國共產黨員違反 Smith Act 案）；*Brandenburg v. Ohio, supra* note 39（3K 黨公開鼓吹非法活動違反 criminal syndicalism

院重視手段、程序和方法顯現的結果」（荊知仁 1986a / 1991, 33）。而關於反對徵兵或反戰之論[42] 以及鼓吹共產武力革命[43] 涉及之言論自由是否應受憲法言論自由保障，先生便主張國家承平之時自應保障之，而於對敵抗戰而攸關國家安全時，則不容餘地（荊知仁 1984 / 1991, 269）。如對民間社團章程中「台灣獨立」主張違反國安法、刑法及懲治叛亂條例之審酌（荊知仁 1987b / 1991, 274），先生便認為，以「住民自決」主張台獨，係對整體國家生命之「自殘」（荊知仁 1987c / 1991, 278-79），不宜適用明顯而立即危險原則，而應衡酌敵對狀態下脆弱之國家安全，即時防範（荊知仁 1987b / 1991, 277）。

二、憲政改革與憲法增修條文

本節將嘗試自文獻中回顧先生對 1990 年代「憲法時刻」（林子儀、許宗力、葉俊榮 1992）之理念，並略為分述先生對臨時條款與增修條文形式之立場，以及對民主化進程中修憲內涵之主張。

（一）臨時條款與增修條文

前揭諸端以國家安全為要之立場，亦反映在先生對臨時條款的評價中。先生自身亦曾引述道，胡佛教授認為國民大會無權制訂一部凌駕憲法之臨時條款，而李鴻禧教授則認為憲法層級並無特別法優於普通法之謂，兩者皆反對臨時條款優於憲法[44]（荊知仁 1985 / 1991, 15）。反之，

---

statute 案）。

42　*Schenck v. United States*, 249 U.S. 47 (1919).

43　*Dennis v. United States*, 341 U.S. 494 (1951)。值得對照的是，即如當時的學者，亦不認為 *Dennis* 判決的多數意見確實滿足比例原則，Gorfinkel 和 Mack II（1951, 499-500）便主張多數與少數大法官意見之間方存在最適平衡。而後世法律史學家更指出，*Dennis* 判決僅以共產教條理論推定叛亂，而忽視美國共黨成員實際上的微薄力量與不同信念，其認定方式亦非毫無疑問（Wiecek 2001）。

44　不過，廢除動員戡亂臨時條款後應如何重建憲政體制，胡、李兩位教授的立場即出現歧異。參見如李鴻禧（2004, 225-226）、桂宏誠（2008, 5-6）。

先生早年即明確主張，臨時條款自始即為憲法修正案，不同之處僅在於一旦動員戡亂終止，毋須經修憲程序即失其效力（荊知仁 1963, 156）。先生主張臨時條款為動員戡亂之必要，尤其強調「從政治學的觀點來看」，國民大會依修憲程序制定之臨時條款並無違憲疑慮，僅有「用名不當的瑕疵」（荊知仁 1986a / 1991, 29-30）。若能「正名」為動員戡亂時期修憲條款（荊知仁 1986a / 1991, 30），即可兼顧「政治學與憲法學所要求的實用性、合法性及正當性」（荊知仁 1985 / 1991, 16）。

　　歷史現實造就臨時條款的憲法效力，40 年的「生命歷程」，對台灣憲政早已構成憲改雛形（葉俊榮 1998, 48-49），今日憲法增修條文尤與臨時條款修憲模式有類似之處，皆難免未符憲法至高原理之虞，故學者稱之為「憲法的特別法」（黃昭元 1998, 64）。惟就臨時條款之憲法位階問題，先生持肯定觀點（荊知仁 1986d / 1991, 104-105），甚至無須急於調整「動員戡亂時期」之名稱，以尚未確認中共是否放棄武力犯台故（荊知仁 1989b / 1991, 583）。如此觀察，自不難理解先生於 1990 年代修憲時何以同意繼續以此特別形式修憲。先生屢謂「民主以妥協為必要條件」（荊知仁 1980, 5），強調「合乎實用的憲法，則必然是經過妥協而後所產生的憲法，這種經驗的知識，我們是應該尊重的」（荊知仁 1980, 6-7）。先生對制憲之初諸方妥協的評價亦如是（荊知仁 1984b, 453）。

　　不惟如此，先生更期延續制憲之妥協精神（荊知仁 1980, 7），就解嚴後的改革倡議「事緩則圓」（荊知仁 1988a / 1991, 108）。例如關乎人民集會結社自由諸法之制定，抑或國會改造與地方自治等議題，朝野見解大相逕庭，先生即呼籲妥協讓步，僅因民主政治是為「探求一個個政黨都大致可以接受的平衡點，而不是在尋求真理，因為政治中並沒有絕對真理」（荊知仁 1988a / 1991, 110）。而妥協更包含目的與手段的並重、安定與秩序的必需，尤其直指在野黨不應藐視議事規範，甚至「輔以傷害公益之群眾活動」而尋求壯大勢力（荊知仁 1988a / 1991, 111）。如是觀之，無論戒嚴或解嚴，先生堅持體制內發聲手段之立場不移，惟國家安全的考量轉為社會安定的顧慮。畢竟先生推崇者乃美國經歷兩百

年逐步「長成的」憲政體制（荊知仁 1986d／1991, 101），而非循理想建立之大規模改革。

　　職是，先生曾於動員戡亂時期終止前明確主張，如欲就臨時條款進行修訂，除須符合憲法基本精神外，並應「避免踰越應變的必需範圍」（荊知仁 1989b／1991, 579），嗣於出席 1990 年國是會議之發言中，亦奉勸莫以修憲之名行制憲之實（荊知仁 1990a／1991, 591）。先生對修憲原則問題提出三項主張：1.由立法院提出修憲案交由國大複決，並以臨時條款般增列為宜；2.反對公民複決修憲；3.修憲幅度大小當視政黨間妥協而定（荊知仁 1990a／1991, 591）。先生肯定以國大複決立院提案，因為「一般公民普遍缺乏這方面的知識和判斷能力」（荊知仁 1990a／1991, 591）；而立院較常集會，對憲政運作較為瞭然，因此較國大適於提案（荊知仁 1990b／1991, 605-606）。另就第 3 點，先生實則貫徹其妥協之道，更不諱言若「光復統一之業，長期停滯」，而民進黨成長至足以與國民黨分庭抗禮時，「則現行憲法與動員戡亂臨時條款之兩元併行體制，能否繼續保持，不無可疑，亦即修憲甚或另行制憲之議，似難避免」（荊知仁 1990a／1991, 592-593）。

（二）憲政體制的調整

　　若謂先生並不拘泥修憲形式，則其主張內閣制之理念則相對篤定。先生於動員戡亂終止前提出修憲應回歸「憲法基本精神」，早先著作中單指「民主主義」（荊知仁 1984b, 462），嗣而加入「議會政府制」（荊知仁 1989a／1991, 575）或「責任政治」（荊知仁 1989b／1991, 580）。民主主義的內涵既然包含「民治」，且因國家施政必須遵守憲法及法律規範，因此兼含「法治」原則（荊知仁 1984b, 463）。而就責任政治，先生認為憲法本文的修正式內閣制，曾礙於政黨競爭機制不彰以及臨時條款逾越憲法設計而無法落實，惟時局已有所變遷，「相對政黨之競爭日趨有力，政治上的權威領袖亦相繼辭世」，創造回歸憲法之勢（荊知仁 1989a／1991, 575）。

　　正式修憲前，先生曾就臨時條款的「最小修訂」提出意見。首先就回歸憲法第 39 條總統戒嚴權與第 43 條緊急命令程序，取消臨時條款第 1、2 條之緊急處分條款之爭議，先生認為臨時條款下總統雖無主動提請立法院追認相關命令之義務，然立法院仍得依憲法第 57 條第 2 項之覆議規定，移請行政院變更，相關規定並未悖離憲法責任政治基本精神（荊知仁 1989a / 1991, 576; 1989b / 1991, 581-582）。反之，臨時條款第 3 條之總統無限連任規定，則應回歸憲法第 47 條連任一次之限（荊知仁 1989a / 1991, 576; 1989b / 1991, 582）。至於臨時條款第 4、5、6 條之總統擴權條款，先生則指出已嚴重違背憲法本文之責任政治，僅第 6 條之增額民代須改以授權立法院立法規範處理之（荊知仁 1989a / 1991, 576-577; 1989b / 1991, 82）。最後關於國大創制複決權之臨時條款第 7 及 8 條，先生以內閣制為慮意欲刪除之，然期以政黨協商解決（荊知仁 1989a / 1991, 577; 1989b / 1991, 583）。最後關於第 10 條總統動員戡亂之宣告終止權，先生亦本於內閣制精神，建議修正為「由行政院長呈請總統宣告之」（荊知仁 1989b / 1991, 583）。

　　先生支持內閣制，曾提議修憲可以考慮回歸憲法本文後，使立法委員得兼任政務官，並建議刪除覆議制度而增設不信任投票與解散議會機制（荊知仁 1991b, 5）。此外，更明確反對保留臨時條款總統實權[45]而使體制傾向法國第五共和憲法之雙首長體制[46]（荊知仁 1990a / 1991, 590-591; 1990c / 1991, 589; 1991b, 6）。然 1994 年第 3 次修憲後，正副總統改為直選，先生觀察國人將期待總統「必然大權在握」，尤其總統參選人亦紛紛提出政策主張後，對總統與行政院長權限區隔、總統與

45　惟先生並非未意識到臨時條款遺留之總統領導模式，已成慣例（荊知仁 1991b, 4）。

46　我國與英美學者更常以「半總統制」稱之，如吳玉山（2011）、Elgie（2011）。作為對照，除 Duverger（1980）一派外，一般法國公法學者則常稱之為「節制議會制」（parlementarisme rationalisé. Vedel 1997, 109; Avril 1998; Favoreu et al. 2008, 691）。

立法院立場相左之僵局解決問題，表示憂慮（荊知仁 1996, 4），顯對如同法國第五共和總統總理之「行政雙元」或「左右共治」[47] 不表樂觀。不過，嗣後修憲體制發展則顯示，台灣終究與法國走上不同模式。[48] 反之，先生指覆議制將使行政院難以積極作為（荊知仁 1996, 5），則實際發生在 2000 至 2008 年間。例如行政院片面停止執行核四預算之爭與司法院大法官釋字第 520 號解釋之效。[49]

　　最後，就國民大會存廢問題，先生不僅認為有違制憲初衷，更指稱國大若僅為積極行使創制複決兩權而常設化，悖於民主代議理論（荊知仁 1988b／1991, 164-67），對憲政安定並非美事（荊知仁 1996, 4）。而就國民大會每年集會聽取總統國情報告、提供國是建言這項權限，先生亦認為空淪於「政治上的鏡花水月與畫餅」（荊知仁 1996, 4）。先生雖未於行文間強力要求廢除國民大會，然顯不樂見國民大會繼續常設化。幸而 1999 年國民大會「自肥」修憲為司法院大法官釋字第 499 號解釋宣告違憲，繼於 2005 年修憲廢除國民大會，堪得告慰。惟現行憲法增修條文以公民投票取代國民大會為修憲複決機關，雖看似有違先生前述主張，不過若先生尚在人間，目睹台灣民主發展，秉其生前最後遺作仍倡議之修憲「毋我、毋固、毋必」（荊知仁 1998, 49），或許不至於全然反對？

肆、代結語

　　項昌權與荊知仁兩位先生，著述皆有一定重量，且及於諸多議題。本文限於篇幅，終究未能盡訴其衷，例如項先生對土地改革及兵役制

47　法國第五共和史上凡 3 次（1986-1988、1993-1995、1997-2002），法語謂 cohabitation。
48　參見吳玉山（2011, 13, 25）。
49　釋字 520 將立法權自「法律保留」擴張至於「決議保留」（許宗力 2007, 338），當時諸多學者意見彙整，參見吳志中（2003, 123-131）。

度之見（項昌權 1960s; 1966），或如荊先生對人身安全及民代改選之議
（荊知仁 1983b; 1991a, 175-250）。然自上述著作耙梳，亦略能得出兩位
先生畢生學術思想或實務主張之圖像。首先，同具公法學與政治學之素
養，也同樣孺慕民主憲政，兩位先生皆致力於引介歐美思潮或制度，然
並不以其為必師之法，而致力於知識的先導。其次，面對台灣治理實
際，兩位先生也約略能務實看待。不過，面對動員戡亂與戒嚴體制下的
威權體制，若謂項先生對箝制民主之措施時而略有微詞，甚至不惜對政
黨政治加以批判，則荊先生則以外敵武力威脅未懈故，並未質疑體制正
當性，甚至提出戒嚴得與個人自由保障並存之論。此外，項先生受法國
第三共和體制影響，主張較嚴格之權力分立，乃至提出參考法國先例區
分行政司法與普通司法權，反之荊先生則傾向司法院大法官釋字第 3 號
解釋之權力「相維」觀，力主司法解釋言論自由應以國家安全危慮。

　　項先生本其行政法素養，重視行政效率與清廉，並以合理解釋法
律、統一執行法律作為除弊之方。非僅消極「依法律行政」，更強調執
行出現法理瑕疵甚或民主疑慮之立法時，行政、司法應本於基礎公法學
執行之。此一職志尤其體現在先生對選務與戶政辦理工作的主張上。先
生就選務簡便化、透明化之諸多論據與實際可行辦法，尤其構成先生對
實踐民主法治之重要主張，而歷史證明，選舉除弊與爭訟，至今仍然是
台灣選舉實務上的考驗。此外，先生畢竟曾出任地方政府要職，親臨台
灣第一線行政業務，先生於特殊體制下多有考量台灣在地民情之需，充
分屢踐其從政原則：民主制度若無法服眾，將成體制正當性警訊。嚴以
論之，項先生雖較荊先生接觸政治實務為早，然或許基於地方治理之專
長，顯得更為深入思考本土法治挑戰，對如何應對分別繼受二次戰前不
同體制的台灣，更多琢磨。

　　而專攻憲法的荊先生，在學說與治理實際上，亦求務實，惟與項先
生相較，呈現中心考量的差異。荊先生講究「憲法的政治藝術」，至為
強調「毋固」之道，並非典型法律學者。「荊九條」之號，反映先生在
實質參與憲改的過程中，實踐其民主為妥協之道。從先生對臨時條款不

宜盡廢的立場觀察，以增修條文取代憲法本文修訂，甚符先生之見，亦可見其影響深遠。此外，渠對美國憲法的研究，諸端皆與處理台灣戒嚴體制下個人自由與國家安全之衝突有關，尤其引述美國聯邦最高法院判決先例中各項原則之相關辯論，支持以個案衡酌言論自由對國家安全的威脅。此外，面臨台灣憲法時刻，先生則一再以美國憲政形成史強調，大幅修憲並非良方，安定中求取發展方為上策。相對於項先生對台灣本土過往體制的留意，荊先生則更以國際環境與國家非常狀態為慮。先生諸多論點富含保守色彩，對創制、改革等皆抱持疑慮。曾為先生弟子的韋洪武教授曾評述，荊先生面對憲政變遷，選擇了「保守憲政主義」，確為的論。[50]

無論是項先生指陳之選舉弊端，或是荊先生憂心之憲政改革，如今依舊為台灣憲政重大課題。鑑往知今，從兩位先生著述之中，可以窺見台灣民主憲政發展至今的局部面向。本文期於向兩位本系先進致敬之外，也能透過當時兩位先生著書為文與其時空之「對話」，得因此有助於拼湊出台灣憲政發展知識史更完整的圖像。

參考文獻

王必芳，2012，〈行政命令的抽象司法審查——以法國法為中心〉，《中研院法學期刊》，11：129-202。

王泰升，2004，〈自由民主憲政在台灣的實現：一個歷史的巧合〉，《臺灣史研究》，11（1）：167-224。

王泰升，2007，〈台灣近代憲政文化的形成：以文本分析為中心〉，《臺灣大學法學論叢》，36（3）：1-49。

行政院新聞局，1999，〈第 2613 次院會通過褒揚故國大代表荊知仁先生案〉，http://internationalnewsstation.tw/ct.asp?xItem=12232&ctNode=46

50　韋洪武，「政治大學政治學系在台復系 60 周年紀念研討會」與談內容，2015 年 5月 16 日（台北，國立政治大學）。

13，查閱時間：2015/5/10。

吳玉山，2011，〈半總統制：全球發展與研究議程〉，《政治科學論叢》，47：1-32。

吳志中，2003，《憲政秩序與中央政府體制運作之檢討》，台北：行政院研究發展考核委員會。

李念祖，2008，〈逆水行舟的憲政——台灣解嚴二十年回顧憲法來時路〉，《思與言》，46（3）：1-93。

李建良，2000，〈國會議員言論免責權之理論與實務〉，《法令月刊》，51（10）：172-189。

李建良，2007，〈臺灣行政訴訟法制的沿革、演進與發展課題〉，王鵬翔主編，《2006兩岸四地法律發展（上冊）——違憲審查與行政訴訟》：259-336，台北：中研院法律所。

李鴻禧，2004，《李鴻禧憲法教室》，台北：元照出版社。

沈清楷，2006，〈從Aufhebung（棄存揚升）到Différance（延異），《哲學與文化》，33（5）：69-88。

周良黛，2000，〈憶恩師——憲法大師荊知仁教授逝世週年紀念〉，《律師雜誌》，244：113-114。

林子儀，2002，〈言論自由與內亂罪——「明顯而立即危險原則」之闡釋〉，林子儀著，《言論自由與新聞自由》：197-228，台北：元照出版社。

林子儀、許宗力、葉俊榮，1992，〈憲改建言——「憲法時刻」的呼籲〉，《律師通訊》，152：50-63。

桂宏誠，2008，《中華民國立憲理論與1947年的縣政選擇》，台北：秀威資訊。

荊知仁，1963，〈中國憲政制度之成長〉，《國立政治大學學報》，8：151-198。

荊知仁，1966，《韓非子政治思想》，台北：嘉新水泥文化基金會。

荊知仁，1973，〈「史密斯法」於管制共黨活動之適用〉，《憲政思潮》，23：134-141。

荊知仁，1974，〈「明顯而即刻危險」原則與言論自由〉，《憲政思潮》，25：181-193。

荊知仁，1978，〈誰解釋憲法？〉，《憲政思潮》，43：97-100。

荊知仁，1980，〈對我國民主憲政觀念上的認識〉，《憲政思潮》，52：1-14。

荊知仁，1980a，〈憲法變遷與憲政成長〉，荊知仁主編，《憲法變遷與憲政成長——憲政思潮選集之三》：1-10，台北：國民大會憲政研討委員會。

荊知仁，1983a／1991，〈美國法院裁判言論自由訟案之原則〉，荊知仁主編，《憲法論衡》：253-265，台北：東大圖書。（原載於1983，《東方雜誌》，17〔3〕：23-27）

荊知仁，1983b，《美國憲法人身自由條款要義》，台北：臺灣商務印書館。

荊知仁，1984／1991，〈言論自由與國家安全〉，荊知仁主編，《憲法論衡》：266-271，台北：東大圖書。（原發表於1984年8月9日之《台灣日報》）

荊知仁，1984a，《美國憲法與憲政》，台北：三民書局。

荊知仁，1984b，《中國立憲史》，台北：聯經出版社。

荊知仁，1985／1991，〈如何推動民主法治〉，荊知仁著，《憲法論衡》：12-21，台北：東大圖書。（原發表於1985年9月21日之臺灣大學40週年校慶學術研討會法政組引言）

荊知仁，1986a／1991，〈對我國發展民主應有之認識〉，荊知仁著，《憲法論衡》：22-34，台北：東大圖書。（原載於1986，《人事月刊》，2〔1〕）

荊知仁，1986b／1991，〈民主法治與公民教育〉，荊知仁著，《憲法論衡》：35-41，台北：東大圖書。（原載於1986，《中央月刊》：4）

荊知仁，1986c／1991，〈絕對與相對：論議員言論免責權〉，荊知仁著，《憲法論衡》：290-294，台北：東大圖書。（原載於1986年9月23日之《聯合報》）

荊知仁，1986d／1991，〈維護憲政制度的成長〉，荊知仁著，《憲法論衡》：100-107，台北：東大圖書。（原載於1986，《中國論壇》：252）

荊知仁，1986e／1991，〈毋必毋固，實質重於形式——「政治溝通的檢討與展望」系列之二〉，荊知仁著，《憲法論衡》：49-54，台北：東大圖書。（原載於1986年8月15日之《聯合報》）

荊知仁，1987a／1991，〈民主文化基本信念箋識〉，荊知仁著，《憲法論衡》：3-8，台北：東大圖書。（原載於1987年9月16日之《自由日

報》）

荊知仁，1987b / 1991，〈言論自由與主張臺獨平議〉，荊知仁著，《憲法論
　　衡》：272-277，台北：東大圖書。（原載於 1987 年 9 月 22 日之《聯合
　　報》）

荊知仁，1987c / 1991，〈「住民自決」情理兩虧〉，荊知仁著，《憲法論
　　衡》：278-281，台北：東大圖書。（原載於 1987，《雙十園》，123）

荊知仁，1988a / 1991，〈憲政成長事緩則圓〉，荊知仁著，《憲法論衡》：
　　108-112，台北：東大圖書。（原載於 1988 年 1 月 3 日之《中央日報》）

荊知仁，1988b / 1991，〈國大常設化問題分析〉，荊知仁著，《憲法論衡》：
　　163-167，台北：東大圖書。（原載於 1988 年 10 月 8 日之《中央日
　　報》）

荊知仁，1989a / 1991，〈臨時條款應與憲法融為一體〉，荊知仁著，《憲法
　　論衡》：573-578，台北：東大圖書。（原載於 1989 年 4 月 15 日之《自
　　由時報》）

荊知仁，1989b / 1991，〈臨時條款應回歸憲法基本精神〉，荊知仁著，《憲
　　法論衡》：579-584，台北：東大圖書。（原載於 1989 年 6 月 9 日之
　　《聯合報》）

荊知仁，1990a / 1991，〈修憲比制憲可取〉，荊知仁著，《憲法論衡》：
　　590-593，台北：東大圖書。（原發表於 1990 年 6 月 30 日國是會議第
　　三分組發言紀錄）

荊知仁，1990b / 1991，〈修憲意涵與途徑之分析〉，荊知仁著，《憲法論
　　衡》：594-608，台北：東大圖書。（原載於 1990，《理論與政策季
　　刊》，5〔1〕）

荊知仁，1990c / 1991，〈「大憲章」有背權責相維原則〉，荊知仁著，《憲法
　　論衡》：588-589，台北：東大圖書。（原載於 1990 年 6 月 19 日之《聯
　　合晚報》）

荊知仁，1991a，《憲法論衡》，台北：東大圖書。

荊知仁，1991b，〈總統與行政院院長之關係〉，《理論與政策》，6（1）：
　　1-6。

荊知仁，1996，〈憲法修改與憲政改革獻言〉，《政策月刊》，12：2-5。

荊知仁，1998，〈論五權架構與政府體制之調適〉，《憲政時代》，23（3）：
　　43-49。

張順良，2006，〈改組派與國民黨中央海外黨務組織爭奪戰初探（1928-1930）〉，《花蓮教育大學學報》，23：331-356。

梁裕康，2006，〈語言、歷史、哲學——論 Quentin Skinner 之政治思想方法論〉，《政治科學論叢》，28：91-122。

梁裕康，2009，〈歷史研究與語言的轉向——論德希達與史欽納對文本的不同理解〉，《政治與社會哲學評論》，28：139-176。

許宗力，2007，〈權力分立與機關忠誠——以德國聯邦憲法法院裁判為中心〉，許宗力著《法與國家權力（二）》：293-339，台北：元照。

許家馨，2011，〈自由與恐懼——讀「危險年代：戰爭時期的言論自由～從1789年叛亂法到反恐戰爭」〉，《台灣法學雜誌》，183：241-252。

郭詠華，2015，〈日治與國治時期台灣戶政法制的延續性與類似性——從陳澄波戶政檔案相關報導談起〉，《台灣法律史學會》，http://legalhistorytw.blogspot.tw/2015_01_01_archive.html，查閱時間：2015/3/28。

陳正根，2010，〈國會議員之法地位探討——我國法與德國法的觀察與比較〉，《世新法學》，3（2）：140-175。

陳宜安，2010，〈臺灣威權體制與警政發展——以1950年代為範圍〉，《中央警察大學警學叢刊》，40（6）：31-60。

陳春生，1995，〈議員之言論免責與議會自律〉，《東吳法律學報》，8（2）：91-127。

陳愛娥，1997，〈言論免責權、不受逮捕特權及議會自律原則——兼評司法院大法官釋字第四三五號解釋〉，《月旦法學》，31：109-116。

陳新民，2008，《憲法學釋論》，修正6版，台北：三民書局。

項昌權，1954a，《選舉》，台北：新生印刷廠。

項昌權，1954b，〈雙軌一途之戶政新制的形成與展望〉，《中國地方自治》：2（4）：3-6。

項昌權，1960，〈中國行政爭訟制度〉，《國立政治大學學報》，2：175-207。

項昌權，1966，《平均地權與臺灣土地改革》，上、下冊，國家長期發展科學委員會補助研究報告，作者自刊。（筆者按：印刷品上出版年不詳，此為美國芝加哥大學 University of Chicago 圖書館資料庫顯示者）

項昌權，1971a，《臺灣地方選舉之分析與檢討》，台北：臺灣商務印書館。

項昌權，1971b，〈臺灣地方選舉訴訟案件之分析與檢討〉，《憲政思潮》：
　　14：1-26。

項昌權，1972，《台灣地方議會與地方政府之權責與其相互關係之檢討》，
　　台北：臺灣商務印書館。

項昌權，成書年不詳，《私有土地所有權之取得、限制負擔保障及消滅》，
　　國家長期發展科學委員會補助研究報告，作者自刊。

項昌權，約1960s，《中國兵役制度之研究》，國家長期發展科學委員會補助
　　研究報告，作者自刊。

黃俊杰，1998，〈德國國會議員言論免責權之研究〉，《法學叢刊》，43
　　（1）：27-41。

黃俊傑，2012，〈東亞文化交流史中的「去脈絡化」與「再脈絡化」現象及
　　其研究方法論問題〉，《東亞觀念史集刊》，2：55-78。

黃昭元，1998，〈我國修憲程序與方式的檢討與建議〉，《新世紀智庫論
　　壇》，1：59-69。

黃昭元，2013，〈大法官解釋審查標準之發展（1996-2011）：比例原則的繼
　　受與在地化〉，《臺灣大學法學論叢》，42（2）：215-258。

黃國昌，2007，〈美國法上總統之豁免權與秘匿特權〉，《月旦法學雜誌》，
　　140：5-16。

葉俊榮，1998，〈探尋臺灣憲改的模式──從九七憲改談起〉，《新世紀智庫
　　論壇》，1：48-58。

葉俊榮，2003，《民主轉型與憲法變遷》，台北：元照出版社。

裴德垿彌著；張其械、姜漢澄譯，1912，《法國行政法》，上海：商務印書
　　館。

臺北市政府官方網站，2015，〈歷任市長＞省轄市時期市長〉，http://www.
　　sshc.gov.taipei/ct.asp?xItem=94931399&CtNode=5298&mp=100001，查
　　閱時間：2015/4/10。

臺灣傅爾布萊特學術交流基金會，2015，〈臺灣傅爾布萊特學友會簡
　　介〉，http://www.fulbright.org.tw/downloads/cfa_intro.pdf，查閱時間：
　　2015/5/6。

Andolfatto, Dominique. 1993. "Les élections consulaires. Histoire politique et
　　état des lieux." *Politix* 6 (23): 25-43.

Austin, John L. 1975. *How to Do Things with Words*: *The William James*

Lectures Delivered at Harvard University in 1955, Second edition. Oxford, UK: Oxford University Press.

Avril, Pierre. 1998. "Le parlementarisme rationalisé." *Revue du droit public et de la science politique en France et a l'etranger* 5-6: 1507-1515.

Chevalier, Gérard. 2000. "L'entrée de l'urbanisme à l'Université. La création de l'Institut d'urbanisme (1921-1924)." *Genèses* 39: 98-120.

Chevallier, Jacques. 2010. *L'État de droit*, 5é éd. Paris: Montchrestien.

Cornell, Saul. 1995. "Splitting the Difference: Textualism, Contextualism, and Post-Modern History." *American Studies* 36 (1): 57-80.

Coudroy, Laurent. 2002 (1997). "Histoire de l'Institut d'urbanisme de Paris", UPEC. http://urbanisme.u-pec.fr/servlet/com.kportal.pdf. PDFServlet?URL=http%3A//urbanisme.u-pec.fr/presentation/histoire/histoire-de-l-institut-d-urbanisme-de-paris-482928.kjsp (March 30, 2015)

de Lacharriere, René. 1991. "Opinion dissidente." *Pouvoirs* 13: 141-159.

Derrida, Jacques. 1967a. *De la gramatologie*, coll. « Critique ». Paris: Minuit.

Derrida, Jacques. 1967b. *L'écriture et la différence*, coll. « Tel Quel ». Paris: Seuil.

Derrida, Jacques. 1992. *Points de suspension: Entretiens*. Paris: Galilée.

du Marais, Bertrand. 2009. "Avancée significative du plein contentieux dans le domaine des sanctions administratives. Note à propos de l'arrêt ATOM du CE." *Gazette du Palais* 339: 1-4.

Duverger, Maurice. 1980. *Le système politique français: droit constitutionnel et science politique*. Paris: PUF.

Elgie, Robert. 2011. *Semi-Presidentialism: Sub-Types and Democratic Performance*. Oxford, UK: Oxford University Press.

Favoreu, Louis et al. 2008. *Le droit constitutionnel. 11e éd*. Paris: Dalloz.

Gorfinkel, John A., and Mack II, Julian W. 1951. "*Dennis v. United States* and the Clear and Present Danger Rule." *California Law Review* 39 (4): 475-501.

Karlsson Sjogren, Åsa. 2009. "Voting Women Before Women's Suffrage in Sweden 1720-1870." In *Suffrage, Gender and Citizenship: International Perspectives on Parliamentary Reforms*, eds. I. Sulkunen, S.-L. Nevala-

Nurmi and P. Markkola. Newcastle upon Tyne: Cambridge Scholars.

Loiselle, Marc. 1994. "M.-J. Redor, "De l'État légal à l'État de droit. L'évolution des conceptions de la doctrine publiciste française, 1870-1914." *Politix* 7 (27): 193-197.

Maulin, Éric. 2002. "Carré de Malberg et le droit constitutionnel de la Révolution française." *Annales historiques de la Révolution française* 328: 5-25.

Mestre, Jean-Louis. 1985. *Introduction historique au droit administratif français*. Paris: PUF.

O'Donnell, Guillermo A. 2004. "Why the Rule of Law Matters." *Journal of Democracy* 15 (4): 32-46.

Pacteau, Bernard. 2003. *Le Conseil d'État et la fondation de la justice administrative française au XIXe siècle*. Paris: PUF.

Skinner, Quentin. 1969. "Meaning and Understanding in the History of Ideas." *History and Theory* 8 (1): 3-53.

Skinner, Quentin. 1972. "Motives, Intentions, and the Interpretation of Texts." *New Literary History* 3 (2): 393-408.

Stone Sweet, Alec. 2007. "The Politics of Constitutional Review in France and Europe." *I · CON* 5 (1): 69-92.

Larson, T. A. 1965. "Woman Suffrage in Wyoming." *Pacific Northwest Quarterly* 56 (2): 57-66.

Vedel, Georges. 1997. "Variations et cohabitation". *Pouvoirs* 83: 101-129.

Wiecek, William M. 2001. "The Legal Foundations of Domestic Anticommunism: The Background of Dennis v United States." *The Supreme Court Review* 2001: 375-434.

台灣地區中國古代政治制度研究的
回顧與檢討

董立夫
耕莘專校全人教育中心副教授

壹、前言

　　政治大學政治學系為慶祝復系 60 週年而舉行此次「1955-2015 年台灣政治學知識史的回顧與前瞻」研討會，以古人的算法而言，一個世代是 30 年，60 年代表著兩個世代。以發展沿革來看，政大政治學研究所是先於大學部而成立的，這是較為特殊的一點。如果從王雲五、浦薛鳳、張金鑑、鄒文海、薩孟武等先生算起，政治學系應該是歷經了三個世代的努力。在現今的社會環境及教育結構之下，仍能持續發展，實屬不易。前人的開疆闢土，仍有待來者的傳承接續。

　　筆者在就讀碩士班及博士班時，記憶所及，政研所分為四個組：中國憲法與政府、政治思想、比較政治及實證政治理論，新舊並存。中國古代政治制度研究列於中國憲法與政府一組之內，深受第一代學者的影響，迄今猶存，深深地刻劃在政大政研所中國古代政治制度研究，也對後學起著示範作用。例如浦薛鳳先生的政治五因素（浦薛鳳 1978, 43-59），及大陸地區在 2013 年上海古籍出版社出版已故嚴耕望先生的《中國政治制度史綱》，[1] 迄至 2014 年已經三刷。

　　何以稱「中國古代政治制度」？中國的現代學術分工，如果從鴉片戰爭（1840）算起，乃是晚近的事情。以「政治制度」一辭而言，「政

1　該書係嚴先生曩昔授課之講義匯集成帙（嚴耕望 2014）。

治」兩字似由日本學者轉譯而來，中國古人無此現代意涵，差可比擬者有「經濟」一辭，亦即「經國濟世」之義（嚴耕望 2014, 1），而現代的「經濟」已不復為古人之「經濟」。「制度」一辭則古《易》已有之。「政治制度」研究範圍，有廣狹二義。「廣義的政治制度：國家體制、政府組織、人才任用；以及法律、教育、經濟、財政、軍政、社會……等制度均可包括在內。中國古代觀念即如此，如《通典》所包括的範圍。」「狹義的政治制度：只限於國家體制、政府組織與人才任用。中國歷史上，國家制度變化較少，故可講者也較少，目前一般注重在政府組織與人才任用。」（嚴耕望 2014, 2）稱「中國」者而不稱「歷代」者，係為在全球化的趨勢下，標舉其學術特性。稱「古代」者，係以社會結構為時代劃分的判準，鴉片戰爭之前，以農業社會結構為主，絕少外力干擾，如隋唐的佛教、明末清初的西學，對於政治制度僅有枝節性的變化，然而根本未變，有其延續性；鴉片戰爭之後，與西方文化遭遇，為求生存而進行現代化，其後推翻滿清，共和肇作，政治制度發展已斷裂，非復昔時結構與面貌。政大政治所開設的「歷代政治制度研究」課程，名稱雖與此相合，然未若「中國古代政治制度研究」清晰明瞭；稱「中國政治制度（史）」則或含現代部分，與中國古代政治制度研究範圍不盡相同，易與混淆。故稱之「中國古代政治制度」。

貳、回顧：中國古代政治制度研究的發展軌跡與現狀

在 20 世紀 20 年代末、30 年代初，陶希聖先生首先在北京大學政治學系開授「中國政治制度史」，並確定為該系重要基礎課程之一，其目的不外乎是運用「歐美現代政治學理論權衡中國歷代的政制」，對於「歷代的政權建設經驗教訓」，採取歷史的分析態度，除了「批判揚棄」，又要「探索繼承」。其後，「高一涵先生在中央大學、薩孟武先生在中山大學相繼也開出同名課程，並編寫有教材。自此之後，對中國政治制度史的研究，一時蔚成風氣，咸認為它是學術的大課題，經世致用

不可或缺的知識。」（韋慶遠 1991, 138）事實上，其學術研究的範圍乃是以傳統中國古代政治制度為主體，或有提及當代部分，亦非其重點所在，而是現代學術分工之下，運用西方的學理，進行分析與詮釋。演變至今日，中國古代政治制度做為一個教學的科目，屢經波折，目前大陸地區列為政治和行政學專業的基礎課程（徐江虹 2005, 98），在台灣地區大多數的學校列為一個選修的科目，其重要性已有天淵之別。要瞭解台灣地區中國古代政治制度研究的概況，有必要從台海兩岸學術發展歷程之中，來加以說明，方能有整體性的瞭悟。一則出於同源，台灣地區第一代的政治學者來自於大陸地區；另一個原因是交流，尤其是台灣地區相關著作對大陸地區的影響。

迄今為止，依據筆者所蒐集的資料，有關於中國古代政治制度研究的回顧與檢討，總共有六篇專文（薛明揚 1987；白鋼 1989；韋慶遠 1991；白鋼 1996；趙秀玲 1999；張復華 2000）。其中大陸地區有四位作者寫了五篇，台灣地區有一篇。最早的一篇是 1987 年，最晚的一篇是 2000 年，雖然在論述的時間區間皆落在 20 世紀，事實上其論述的時間區間皆從 1949 年開始，迄該專論出版之際。從這些專篇論述之中，大致可以瞭解中國古代政治制度研究的過去與現在，在 2000 年以後的情形，則以筆者個人見聞狗尾續貂，或可提供部分的說明與參考。

在 1949 年以後，由於國共內戰造成台海兩岸的政治對峙，相對地兩岸學術發展亦有顯著的反差。如果以 1978 年鄧小平復出為分水嶺，總體言之，中國古代政治制度研究的情況，大陸地區可以說是由衰而盛，台灣地區則是由盛而衰。兩岸學術界在意識型態干擾、社會價值轉變、學術霸權操控等諸種因素的影響下，中國古代政治制度研究的發展雖有起伏，仍在先輩學者的堅持下賡續進行，以迄今日。

先從 1949 至 1978 年之間的大陸方面說起，由於意識型態因素，大陸地區學術發展受到強烈的扭曲，在校院系科的調整過程中，社會科學可以說是大部分取消了，中國古代政治制度研究亦不免於波及。連僅存的歷史相關系科，也受到政治局勢的左右，文革發端的「海瑞罷官」風

潮就是在這種以階級鬥爭的背景下而出台，至於要進一步研究政治制度則是不可能的事情。當時的情形，薛明揚先生陳述如下：「史學工作者既不敢多談封建政治體制，更不敢討論封建專制主義對現實政治的影響。在歷史專題研究中，一種帶有傾向性的問題就是好談思想，不談制度，如最複雜的宋代官制，至 1976 年以前僅刊出一篇研究文章。應該說，這是一種極不正常的現象。」（薛明揚 1987, 32）。處此景況之下，相關的政治制度研究只能是對政治的服務而存在，例如研究明代經濟制度的名家梁方仲先生所著的《明代糧長制度》，「運用馬克思主義的階級分析方法對糧長的階級分化進行了具體分析，探討了糧長對人民的禍害」（趙秀玲 1999, 15）。在意識型態主導之下，爬梳抉奧之後的結果，只能是極盡其負面的描述，或褒一貶二，以論證「新中國」的統治正當性，其研究成果豈能有持平之論？反觀中國歷代興革之際，新政權對舊體制的論述，如出一轍，如此現象，倒也不令人突兀，仍有待歲月的沈澱及學者的省思。

如果再以 1966 年文革前後，做更進一步的細緻分析比較，直可說是每況愈下。趙秀玲先生指出，在 1966 年以前，「中國大陸有關中國政治制度史研究的論文約有 180 篇，專著約有 10 部。」（趙秀玲 1999, 14）從 1949 年算起，至 1966 年，在 16、17 年之間，不僅論文數量極少，且在「言必稱馬、列」的框架之下，「將中國政治制度史研究過於附靠在意識型態的需要之上，這又必然影響學術研究的健康發展」，從「研究題目即可感到為現實政治服務的傾向。」同時對於政治制度研究的探討，「往往從『史』的角度而不是從政治制度內在特點和運行方式上來探討中國政治制度史，這就限制了中國政治制度史學科的發展。」換言之，「中國政治制度史還沒有確立其學科自身獨立的價值體系及意義。」在 1966 至 1976 年之間，所謂「十年浩劫」的階段，「中國學術事業遭到了嚴重衝擊……，中國政治制度史研究也基本處於停滯狀態。據統計，這段時間，中國政治制度史研究論文僅有 20 多篇，無一部學術專著。就是這 20 多篇論文學術水準也不高。」（趙秀玲 1999, 15）

　　總結 1949 至 1976 年這段期間，大陸地區「一般學者認為對政治制度史的研究是不可輕入的禁區」，除了少數歷史考證的著作，在劃地自限之下，乏善可陳，「對中國政治制度史的研究相當沉寂」（韋慶遠 1991, 139），以致「沒有一部取名中國政治制度史的專著出現。」（白鋼 1989, 63）此階段的研究特點，「是從歷史學的研究角度，對某項典章制度的形成、演變進行考索，並注重它們的階級實質與社會後果的分析，而缺少從政治體制上對各單項典章制度的運行機制加以論證。」（白鋼 1989, 63）雖然此一階段「對中國政治制度史的研究相當沉寂」，然而大批史料的重新整理，花費了大量的人力、物力與時間，例如二十四史的校勘、標點與出版，蓋因中國的正史均以政治為主，對未來的政治制度研究學術發展，創造有利的條件，留下無可磨滅的功蹟，值得在此別提出，以向先輩學者致敬。

　　同時期相對於大陸地區的「沉寂」景況，1949 年在國府遷台之後，部分學者亦隨之來台，雖在顛沛流離之際，學術研究環境與資源均甚匱乏的條件下，仍不忘另起爐灶。民國 43 年（1954）「政大在台復校，設置行政（後於次年改稱政治）研究所，開啟了中國古代政治制度廣泛、深入分析的風氣。」（張復華 2000, 151）在王雲五、蕭一山、浦薛鳳、鄒文海、張金鑑、薩孟武、夏德儀、嚴耕望、黃彰健等大陸來台第一代學者的努力之下，除了教學與研究之外，亦透過指導論文的方式，積極地培育第二代的學者，使得中國古代政治制度研究得以賡續發展。雖然同時期台灣地區的少數幾所大學的政治學系、歷史系亦有部分教師從事中國古代政治制度研究，但是「政治大學政治研究所，則以培養專業研究人員而出名，是研究政制史實力較雄厚的機構。」（薛明揚 1987, 34）

　　除了教學單位之外，中央研究院史語所有部分專任研究人員從事於中國古代政治制度研究，例如黃彰健先生負責主持《明實錄》校勘工作及相關的明清政治制度專題研究，嚴耕望先生的《中國地方行政制度史》，在研究與著述之餘，亦加入政大政治研究所的教學及論文指導。

在當時物資匱乏的年代，中央研究院史語所藏書豐富，吸引第二代學者前去蒐尋資料，亦促成政大政研所與史語所關係密切。以致大陸學者薛明揚先生在 1987 年的專文中指稱：「現今台灣研究中國政治制度史的機構，以中央研究院歷史語言研究所和國立政治大學政治研究所為兩大台柱。」（薛明揚 1987, 34）薛先生在 1987 年對於中研院史語所和政大政研所的台柱之說，以後見之明而言，那時已是強弩之末了。

相對於大陸地區 1949 至 1978 年，受到意識型態的嚴重干擾而每況愈下。台灣地區的中國古代政治制度研究則由初期的鼎盛而漸趨衰微，若以張復華先生所做的政大政研所博士班畢業論文的數量分析可見其端倪。從 1956 至 1969 的 14 年中完成 10 篇論文；從 1970 至 1993 年，24 年間僅有一篇論文。（張復華 2000, 158）由博士論文數量的逐漸變少來看，即代表專業研究人力的短缺，亦埋下後來台灣地區中國古代政治制度研究的式微。在第一代學者的培育下，第二代學者畢業後，大多從事於教職，例如第一位國家博士周道濟及繆全吉等先生任教於臺灣大學，楊樹藩、雷飛龍、傅宗懋、張治安等先生任教於政治大學，持續進行研究發表及出版，仍能維持中國古代政治制度研究一定水準的發展。大陸地區在 1978 年以後所接觸的研究成果，就是以第一、二代學者的著作為主，故而在 1987 年有前述台柱之說。到了第三代已不復斯盛況，陷入困境。行文至此，頗有寫台灣地區中國古代政治制度研究墓誌銘的意味，有些許的無奈與自責。

檢討何以致此困境，張復華先生認為主要有三個原因：一、在行為主義盛行及出路有限之下，使得研究者減少，二、研究成果不受重視，三、研究工作缺乏獎勵與支持。（張復華 2000, 159-161）上述的三個原因，主要是因為「市場規模」（market scale）所造成，再加上社會價值轉變，有以致之。以市場規模而言，台灣地區的學術資源原本不夠充裕，再加上重理工而輕文法的社會價值觀，相對地擠壓無實際效益的學科，難以持續發展下去。如果再對照台灣的經濟發展來看，1970 年代經濟開始起飛，創造了「亞洲四小龍」的經濟奇蹟，重實務的經濟性

格更加深刻，恰好是中國古代政治制度研究專業人力短缺的開始。事實上，資源的稀缺並不足以徹底地造成中國古代政治制度研究的崩盤，反而是「在整個學術風氣（重實用、輕理論）、學術趨向（本土化）難於逆轉的前提下」（張復華 2000, 161），遭受到致命的打擊。如果換個說法，此致命的打擊涉及到學術主體性（academic subjectivity）及國族認同（national identity）兩個問題，後面將有所陳述，暫不贅述。

以研究成果而言，通論性著作大多以第一代學者為主，例如張金鑑先生的《中國政治制度史》，曾繁康先生的《中國政治制度史》，薩孟武先生的《中國社會政治史》。其中薩先生的著作依朝代先後分為 4 冊，通讀二十五史、會要、會典、文集及筆記，花了 22 年寫成。第二代學者則以斷代或專項典章制度為研究焦點，將中國古代政治制度研究予以深化，均有專著及散篇論文，例如周道濟先生的漢唐宰相制度研究，傅宗懋先生的清代軍機處研究，張治安先生的明代內閣制度研究，繆全吉先生的明代胥吏研究，楊樹藩先生一系列有關宋、遼金、元、明、清的中央政治制度專著。第一、二代學者的研究成果，在廣度和深度上有很大的發展，迄今仍有其價值及影響力，以大陸學者韋慶遠先生所言：「深受啟迪」（韋慶遠 1991, 139）。

以治學的特色而言，台灣地區中國古代政治政治制度研究者已從傳統的歷史學專業轉入政治學專業，確立學科自身獨立的價值體系及意義。在轉換的過程中，「創新必先知舊，開拓並不排斥師承」（韋慶遠 1991, 154-58），對於傳統的史學方法仍有所繼承，開拓了新的視角，擴大了研究的範圍，引用了許多新的方法（張復華 2000, 154-158）。「許多學者從蒐集和整理原始資料入手，充分利用公私檔案，潛心深思以進行研究，有一些專題研究顯然具有開拓性而處於領先地位。」（韋慶遠 1991, 139）例如張治安先生在研究明代內閣制度的基礎之上，進一步對廷議、廷推、內閣的「票擬」、閣臣出身經歷及籍貫、閣臣的任用等政治實際運作情形加以闡述，以明其利弊得失，非徒僅做靜態的條章與規制可比擬（張治安 1992）；繆全吉先生在研究明代胥吏問題，從制度面

的編制、役務與人事，進而探討胥吏竊權的主觀與客觀原因，並對胥吏之作用與影響做一綜論，非徒照抄史料而泛泛言之（繆全吉 1969）。

　　從學術的評價而言，自古文人相輕，亦未可多怪，賣瓜自誇，又嫌於諛骨，終究以他山之石為當。由於大陸地區在 1978 年改革開放之前，仍是依循著 1949 年以前的傳統方式進行研究，再加上所謂的「科學的社會主義」的指導，可說是處於停滯，甚至倒退的局面。在改革開放之後，大陸學者在接觸台灣地區的著作，兩者之間的差異，自然會有較為深刻的體認，從其論述當中，可以看出台灣地區的發展特色及成果。茲按大陸學者發表專文的時間先後，臚列如下：

一、薛明揚（1987, 34-35）

　　1. 從已經出版的一些論著看，台灣學者治學注重史料蒐集，力求豐富、翔實，「寧瑣無遺」為其最大的特色。

　　2. 他們探索政治學、行政學、社會學、經濟學與傳統史學的交叉滲透，用統計學、社會學、心理學方法，進行比較、綜合，來重新認識中國政治制度史，並撰寫出一批頗有見地的文章。

二、白鋼（1989, 66）

　　大體上都是沿用了近代西方的新方法來構建框架，而用傳統史學羅列史料的方式鋪陳內容，所用資料，多半出自正史及十通，內容基本上是機構的演化與官制的變遷，甚少從國體與政體角度對各單行制度進行分類研究。

三、韋慶遠（1991, 139）

　　1. 他們的著作中既有政治制度的通史或斷代通史，也有不少研究文官、監察、法制、人事、邊疆、中樞宰輔、督撫以至幕友、書吏專制的專門史。

　　2. 許多學者從蒐集和整理原始資料入手，充分利用公私檔案，潛心

深思以進行研究，有一些專題研究顯然具有開拓性而處於領先地位。

3. 我們更欣喜地感覺到，我們的許多觀點和方法是基本相同或接近的，在另外一些方面，又明顯具有互補的性質。

四、趙秀玲（1999, 16-17）

1949-1966 時期：（相當於針對台灣地區第一代學者評價）

1. 台灣學者對中國政治制度史進行了較宏觀的研究。

2. 這些學者在堅持傳統「史學」方法的同時，較多引用西方政治學原理、方法探討中國歷代政治制度的運行機制，有的還站在中西政治文化和制度比較的角度審視中國歷代政制的利弊得失。

3. 本時期台灣學者對中國政治制度史的研究也存在不少問題，其中最要者有三：一是研究領域比較偏狹，許多領域未能引起充分的重視。二是研究方法的偏執，或對中國傳統的研究方法墨守成規，或對西方的研究方法過於崇拜。三是史料的運用往往比較狹窄。不少台灣學者所用的史料還停留在正史、政書上，較少利用家譜、檔案、出土文獻、方志、筆記等有價值的史料，這不能不說是一大缺憾。

1966-1976 時期：（相當於針對台灣地區第二代學者評價）

1. 綜觀此時期台灣學者的研究，體現了扎實、嚴謹的治學學風，其成就是對十年「文革」中國大陸政治制度史研究的落後狀態的一種補充。

2. 當然，此時期台灣學者的研究也存有明顯的不足，就是過於拘囿細部探討而少宏觀、系統的綜合論述。

　　上述大陸學者的整體評價，基本上是肯定台灣地區中國古代政治制度研究成果，不過從 1949 迄 1987 年的解嚴而開放探親，有將近 40 年的時間處於隔絕的狀態，大陸學者未能清楚地掌握台灣學術社群的生態

及發展趨勢，加上意識型態的框架束縛，乃有誤解之處，且多屬技術性問題，不足深責。以研究方法而言，台灣地區的研究已走出純粹的傳統史學研究方法，以西方的理論與方法為工具，使研究加以深化，提升其專業化程度。在研究題目選擇上，受限於研究人數，平實言之，以台灣地區少數的研究人員支撐「中國古代政治制度研究」這個宏大的課題，而能做出如此的成績，洵屬難得，亦無愧於後人。在史料的運用上，以當時的條件而言，除正史、十通之外，相關文獻仍極其缺乏，不如今日之流通盛況。例如以《中國地方行政制度史》與《唐僕尚丞郎表》建立其學術地位的嚴耕望先生，被批評為「只是勤讀正史」，然而他以正史為基礎，產生了意想不到的成績。（嚴耕望 2011, 23）此點亦可說明台灣地區扎實學風，肯做基本功，不事浮誇炫異。在市場規模與社會價值轉變之下，台灣地區中國古代政治制度研究在 1980 年代以後，漸趨沉寂而呈現停滯的狀態，但是不要誤會「停滯」並不意味著「消失不見」了。

　　相對於 1980 年代以後台灣地區的漸趨沉寂而呈現停滯的狀態，大陸地區自 1978 年以後有著劇烈的變化與發展，改革開放後，恢復了社會科學，再加上市場規模龐大的有利因素，中國古代政治制度研究在數量上飛漲。在 1978 年以前大約僅有論文約 200 篇左右，專著則不到 20 部。（趙秀玲 1999, 14, 16）1978 年以後的 10 年間，依白鋼先生的說法：「散見於國內各報刊的屬於中國政治制度史方面的論文，總計約有一千二百篇，內容涵蓋面頗廣。」（白鋼 1989, 66）趙秀玲先生的說法是：「七八十年代，中國政治制度研究論文約 700 篇，專著約 60 部。」（趙秀玲 1999, 17）

　　從質量來看，以 1990 年為區隔，在此之前的情形，白鋼先生認為：「開始注重過去較少涉足的眾多課題，然而，多角度、分散的闡述，往往多於全面而系統的研究；義憤式的聲討，又多於冷靜的科學分析。絕大多數論文，是運用歷史學的研究方法寫出的，甚少運用政治學的研究方法。」（白鋼 1989, 66）其後白先生在 1996 年又再次很尖銳地

指出：「近 20 年來所發表的屬於政治制度史研究範圍的論文，絕大多數是運用歷史學的研究方法寫出的，史料的發掘、史實的考訂是其主要內容，這對廓清相關專項政治制度的面貌是非常有意義。但是，由於甚少運用政治學的研究方法進行分析，所以對相關專項制度的運行機制語焉不詳。當然，毋庸諱言，這一時期的論文中間，也不乏『炒冷飯』者，這類論文，無論是從資料，還是從觀點上來看，都缺少新意。」（白鋼 1996, 164-165）同時趙秀玲先生亦指出：「本時期的中國政治制度研究仍存在不少問題，最明顯者是知識的普及多於理論的探討，形式化的研究多於個性化的研究，簡單化的移植多於具體分析。比如中國政治制度通史的寫作有千篇一律之感，以教材化的寫作為主，缺乏富有個性和真知灼見的著述，這表現在觀點、體例、結構和語言等的大同小異，學術性不強。又比如對西方新的理論和方法的運用有生搬硬套、不求甚解的弊病。」（趙秀玲 1999, 20）這些質量上的缺失，只能說是一個過程，而不是一個結果，貴能自知而有以改進，因為台灣地區的學術圈也曾發生類似的現象，似乎沒有那麼嚴重。

　　1990 年代以後，隨著意識型態框架的放鬆及對外學術交流的增加，開擴了視野，使得大陸地區中國古代政治制度研究益趨健全，經濟的增長，更提升了學術的自信心，逐漸確立了學術專業性。其中 1996 年白鋼先生主編的十大本的《中國政治制度通史》出版，標誌進一步的發展，2011 年又加以修訂出版。同時大陸學者的研究持續深入，而非人云亦云地炒冷飯。例如閻步克先生於 2009 年第二版的《品位與職位：秦漢魏晉南北朝官階制度研究》針對中國古代官僚政治的解釋提出他的看法：「套用『幹部決定一切』這句老話，不妨說在傳統中國是『官僚決定一切』。這是一個『管理者的政權』。我們當然並不會貿然接受『治水社會』、『亞細亞的停滯』等說法，不過兩千年中專制集權體制和儒生官僚體制的存在及其連續性，確實構成了一個巨大的權重，它使經濟進步所帶來的社會形態『變化率』，相對大為減小了。」（閻步克 2009, 3）閻先生書中不僅引用原典，且參考了中外各家學說觀點，已脫

離了純粹史學研究方式，在引註資料中尚可看到台灣地區第一二代學者張金鑑、楊樹藩等先生大名。目前大陸地區中國古代政治制度研究仍是一個審慎樂觀的進行式。

參、檢討

　　在回顧中國古代政治制度研究發展概況之後，除了台海兩岸之外，國外的研究一直是持續進行的，尤其是日本學者用力頗深，整體的情況非作者本身能力所能論述。[2] 以作者所閱的相關資料，能夠見到的是大陸地區有計畫地翻譯相關論述，提供研究者不同的觀點，或是做為學術點綴之用，其影響力有多少，仍是一個疑問。或是換另一種更為尖銳的問法：這些論述對於這個專業領域的發展是帶來正面的影響，還是負面的影響，很值得進行思索。

　　以社會科學的學術發展而言，科學化是一個可欲的目標。大陸地區以馬克思主義號稱為「科學的社會主義」，欲以西方歷史建構一套理論，加以普遍的解釋與預測，碰到中國的案例，無法解釋，只能當作特例，稱為「東方專制主義」或「亞細亞生產方式」，此一說法純粹是西方意識型態下的建構，是真實的呈現？還是虛構的？值得認真地面對與檢討。日裔美人法蘭西斯・福山（Francis Fukuyama），在 1992 年著有《歷史之終結與最後一人》（*The End of History and the Last Man*），認為人類歷史的前進與意識型態之間的鬥爭正走向「終結」，隨著柏林圍牆倒塌，東西方冷戰的結束，「自由民主」和資本主義被定於一尊，是謂「資本陣營」的勝利。馬克思是 19 世紀的人物，福山是 20 世紀的人物，兩個人相隔百年，對於歷史的想法與論斷不同，但是潛藏的心態卻不謀而合。披掛著科學的外衣，卻蘊含著：西方建構的體制才是科學

2　依白鋼先生的意見：「日本自本世紀三十年代以來，總計發表了三百篇左右屬於中國政治制度史方面的論文……同時還出版了五十餘部專著。」（白鋼 1989, 67）

的，才是真理，其餘一切是落後不進步的，均會註定失敗的。這種學術
霸權心態造成一切的學術均以此所謂的「科學真理」名目為依歸，四處
販售，到處流行。馬克思主義的禍害在大陸地區已是清晰可見，然而將
來的世界會不會再產生？或許正在進行中吧！

　　歷史的發展真的有那麼多的特例？真理向來只有一個：這是一個
多元的世界，僅有所謂強勢、弱勢之分，強勢者有其主體性，對外無所
憑藉，弱勢者逐漸喪失其主體性，好一點則依附強者而存在，差一點則
煙消雲散。學術的主體性亦復如此，如果一國的學術文化僅能依據外來
的價值標準來評斷，那麼也只能說是氣數已盡，所謂的本土化也只能是
一句空話，只能是學術的殖民化。回教徒的「聖戰」（Jihad）其本義為
「掙扎」，[3] 炸彈客被視為恐怖分子，以美國為首的西方國家展開大規模
的反恐行動，欲憑恃武力加以解決。到底炸彈客在「掙扎」什麼？絕對
離不開其文化的主體性。美國學者杭亭頓（Samuel P. Huntington）針對
這種情況著有《文明衝突與世界秩序的重建》（*The Clash of Civilizations
and the Remaking of World Order*）一書，坦白講這本書應該更名為「美
國國家利益戰略指導方針」，也是在保護其主體性的存在。如果再以清
末中國最有名的炸彈客吳樾刺殺清廷五大臣為例，應該會很清楚情況，
不是單純的「恐怖」兩個字，就可以解釋，問題並不是那麼簡單。因此
學術的主體性問題，始終是不能迴避的重要課題，這也是必須深思的課
題。現實政治亦復如此，君不見每次台灣地區總統大選前，候選人絡繹
去美國、日本拜會，試問一國領導人須他國的認同，其主體性何在？興

3　依據維基百科的解釋：聖戰（阿拉伯語：جهاد；英語：Jihad；漢語音譯：傑哈
　　德亦或吉哈德）是伊斯蘭教及穆斯林世界常用的宗教術語，出自阿拉伯語詞根
　　「jahada」，即「作出一切努力」或「竭力奮爭」之意，字面的意思並非「神聖的
　　戰爭」（Holy war），較準確的翻譯應該是「鬥爭、爭鬥」或「奮鬥、努力」。伊斯
　　蘭術語，Jihad 是穆斯林的宗教義務。在阿拉伯語中，這個詞 Jihad 轉化為名詞，
　　意為「掙扎」。Jihad 在「古蘭經」里出現過 41 次，並經常在「古蘭經」中的慣用
　　表達「為神而掙扎」，所以翻譯成「聖戰」是一種擴張解釋的翻譯。

言至此，只有無奈。如果真的有一天是日本人來教我們台灣史，美國人去大陸教中國史，那只能說是一部荒謬的悲劇。

　　除了主體性問題之外，台灣地區的中國古代政治制度研究亦面臨了國族認同問題。先講一個故事，李光耀先生生前的最後一部著作《李光耀觀天下》一書中，提到個有趣的例子：

　　……（新加坡）政府正在考慮是否開放讓免付費電視頻道重新播放方言節目時，有人這麼建議：「華語已在華族社群中奠定了基礎。讓我們恢復方言節目，好讓老人家能收看連續劇。」我反對這麼做，並且指出，當我還是總理的時候，曾經因為壓制方言節目而付出沉重的政治代價，好不容易才讓人們習慣說華語。現在怎麼又來開倒車？一整代華人因為突然發現自己喜愛的方言節目被腰斬而怨我。《麗的呼聲》有個很好的講古大師李大傻，我們就這麼終止了他的節目。為什麼還要讓廣東話或福建話在我們的下一代蔓延開來？只要一恢復方言，老一輩又會開始跟兒孫說方言。方言會捲土重來的，雖緩慢卻肯定。（李光耀 2015, 312）

　　……今日的新加坡，以英語與世界接軌，並吸引跨國機構進駐；同時保留母語為第二語文，讓我們能與中國、印度和印尼保持聯繫。語文政策是個關鍵轉捩點，倘若人們選擇上另一條路，現在的新加坡恐怕只剩下一灘死水。

　　出於情感因素，也出於同中國進行商業貿易往來的需求，我們需要保留華文為第二語文，但肯定不需要方言。我們耗費了那麼多時間、精力和政治資本，把方言從大眾傳媒徹底除去，如今反倒要走回老路，實在非常愚蠢。（李光耀 2015, 313）

　　自 1965 年新加坡獨立後，經過了快半個世紀，刻意精心塑造算計所形成的制度，居然受到挑戰，李光耀的感想是「實在非常愚蠢」。

然而他始終不瞭解「制度不是造成而是須逐漸長成的」道理（浦薛鳳1978, 59），尤其是在一個沒有文化主體性的情況下，如何尋求認同，主要依憑著經濟力量能夠讓國祚綿延下去？值得深思。

新加坡的例子，正如同台灣地區推行國語政策。從 1949 年迄今，台灣地區的國語政策可以算是成功的，在語言溝通方面不存在任何問題。但是在國族認同的問題，從初期壓抑地方文化，摻雜國際勢力的推波助瀾，到目前的明顯呈現「統獨問題」，一連串地現象直接關切到台灣地區中國古代政治制度研究的進展，「去中國化」成為一個現實政治的選項，處境更為艱難，整體的情況已非「島夷索虜」之爭！反觀新加坡會因經濟利益的考量而決定華文等母語列為第二語文，隔了一個海峽的中國大陸，難道我們不需要瞭解嗎？完全斬斷能夠解決問題嗎？真的能夠完全斷絕嗎？這對於台灣地區中國古代政治制度研究發展形成嚴重的危機，如何解決？政治的叫囂及學術的對抗，至今仍處於混沌不明，很值得學者列為課題加以思考，具有實務的意義。

台灣地區的學術極易受到影響，勇於接受新的事物，這是其長處。然而缺乏消化與反思，極易躁動，以為只有接受新的事物，才代表進步，是其弊病所在。近代五四運動就是一個極端的例子，激情勝過理智，打倒一切老舊東西，接受外來的事物，結果只能是老問題沒有解決，新問題又產生。當美國學者詹姆斯・G・馬奇（James G. March）和約翰・P・奧爾森（Johan P. Olsen）提出「新制度主義」（New Institutionalism）時，一時蔚為風潮。筆者從接受行為主義洗禮以來，只能說是頗感訝異，其用意為何？據作者的說法：

> 我們希望能夠探索政治制度，特別是行政制度是如何為政治變革提供秩序並施加影響的。這種制度視角可以視為理性競爭（rational competition）或即時之選（temporal sorting）理論的補充，而且我們也認可這種觀點。但我們努力開展此項研究的出發點還在於，要從更普遍的意義上，把政治制度看做政治的

基本特徵，並剖析政治制度在政治生活中帶來穩定和變革的方式。(馬奇、奧爾森 2011, 17)

同時作者也明述：「我們以民主為思想背景對政治制度進行探討。」(馬奇、奧爾森 2011, 19)如果理解無誤的話，馬奇和奧爾森只是運用美國學界現有的研究方法，將焦點放在「政治制度」，而且明確地說「以民主為思想背景對政治制度進行探討。」形象地用顯微鏡為例加以說明，還是用同樣的鏡頭，只不過這次觀察的標本換了，染劑顯影的顏色也改變了。以經濟理性的框架思考問題，不失為一項有利的研究工具，但並不能夠解決所有的問題，因為工具畢竟只是工具，自有其限制存在。

學術的系統化，在於追求一套定律，浦薛鳳先生給予了肯定的答覆(浦薛鳳 1983, 1)，「政治五因素」提出一個有異於經濟理性的思考框架，雖說老舊但仍適用於中國古代政治制度研究。在新舊研究方法之間，必然有所取捨與補充，而非此是彼非的兩截式思考模式，很多政治制度的安排並非成本效益的觀念所能解釋，僅能見其皮毛，而不知真髓何在？正如同用鎚子來鋸木頭，實在不知怎麼鋸下去，用鎚子鋸久了會出毛病的。這種用鎚子來鋸木頭的情況，讓筆者在看過的部分著作，怎麼看都直覺地感到不對勁，結論只能是中國古人比較愚笨，所以中國會發展落後。在研究中國古代政治制度時，學者應該是設身處境地思考，中國的地域是廣袤的，民族組成是複雜的，以當時的社會條件而言，執政者能夠有的選項畢竟不多，進而塑造出其特色出來，如此方能有持平之論。

這種情形也發生在今日的現實世界，中國大陸共產政權自 1949 年建國以來，有多少不理性的事情發生，大家認為暴政必亡。然而這種一廂情願的想法，無助於解釋既存的現實。中共在冷戰時期遭受美國的圍堵，又與蘇聯鬧翻，加上對內一連串的「倒行逆施」，可說是內憂外患蜂擁而至，但另一方面的現實數據是：中國大陸人口總數由 1952 年的

5.75 億，上升至 1978 年的 9.63 億人，或 1998 年的 12.5 億及 2005 年的 13.1 億人。人均耕地面積由 1952 年的 0.19 公頃，相應分別遞減至 0.10、0.08、0.07 公頃。「誠然，中國僅以占全世界 7% 的耕地，養活占世界 25% 的人口，這本身就絕非易事。」（郭益耀 2010, 173）人口愈來愈多，耕地愈來愈少，在以黨領政，以黨領軍的情況下，政治制度如何安排？憑藉著暴力，訴諸權威，就能夠解決這些問題？以民主為思想背景的新制度主義能夠解釋？共產主義的不合理性，讓蘇聯、東歐共產政權瓦解了，為何中共還不亡呢？世界局勢並不是西方主流理論所想像的那樣！想像畢竟是想像，還是讓我們回到現實中去找答案！

　　鄒讜先生認為「所有國家的政治學研究的問題和結論，都受本國政治、經濟、社會、文化的影響。」（鄒讜 2012, 17）雖然科學的目的在追求普遍的世界性真理，「但是所有社會科學，尤其是政治學研究的出發點總是某一個國家的實際情況，所得出的結論大都有社會的、時代的侷限性。」（鄒讜 2012, 14）以文化的觀點而言，中國古代政治制度研究最終仍是需要由本國人加以努力研究拓展，才能確實地掌握其全部輪廓。如果連自己都不清楚，又需要由外人來評價，那只能說是一國皆愚的悲劇。

　　猶如前所述「市場規模」僅只一個資源的問題，直白言之，就是人力與經費的問題，多少可以解決，尚非重要的事情。第一、二代學者同樣也面臨了人力與資源短缺的情況，能夠解決，現今的情況並不比以前嚴重，如若有心，問題是可以克服的，勢必能夠有所振作。比較麻煩的是學術主體性、國族認同、學術霸權的心理因素，這不是可以用經費解決的，運用浦薛鳳先生的說法：「一個觀念如果流行甚久，深入人心，具有支配人們行為的力量，那末那個『觀念』就已化成了『勢力』。」（浦薛鳳 1978, 53）其影響既深且遠，難以移轉。

肆、前瞻：代結語

　　這次的研討會以「1955-2015年台灣政治學知識史的回顧與前瞻」為名，筆者分配的領域為「中國古代政治制度研究」，如前所述做了一個鳥瞰式的歷史回顧與檢討，那麼就剩下要如何「前瞻」的問題。展望未來當然必先立基於現實，否則徒為空談。除去了意識型態的枷鎖，大陸地區的發展是審慎而樂觀，至於台灣地區的未來，持悲觀者較多。筆者的態度是較為審慎的，畢竟歷史怎麼轉的，出乎人意料之外。以下從現實的研究工作情況來談一談。

　　中國古代政治制度研究畢竟是一門很專門的學術專業，有其困難之處，可以用黃仁宇先生的一個故事說明：美國漢學家費正清（John K. Fairbank）受業於清華大學的蔣廷黻先生，蔣先生曾親口告訴他，我們中國人對歐美的情形非常熟悉，對自己內部的事情反搞不清楚。（黃仁宇 2005, 173）在蔣先生那個年代，美國的歷史不到200年，中國歷史發展在時間的長度，有信史可考者長達三千年，生存空間隨著時間而擴大，相對地民族成分亦相當複雜，藉由文字進行思想交流，以維持一個完整的國族，非如歐美國家通過民族語言，建立族群認同，那麼地一致與單純。這種情況就足以說明研究中國古代政治制度的困難之處，蔣先生的疑惑不足為怪。

　　由於中國古代政治制度研究主要是從史料建構而成，因此其研究過程恰如嚴耕望先生所言：「治史有考史、論史與撰史的不同，而相輔為用。考史要把歷史事實的現象找出來，論史要把事實現象加以評論解釋，然後才能作綜合的撰述工作。」（嚴耕望 2011, 7）先輩學者在開創之時，勢必歷經考史的階段，因為沒有人做過，例如薩孟武先生花22年時間讀二十五史（薩孟武 1985, 1-2），確實令人望而卻步。然而黃仁宇先生在研究明代財政與稅收時，提及：「當時中央研究院翻印《明實錄》，我也買了一套，教書之外，每兩星期看一冊並摘寫筆記，一共一百三十三冊，也花了兩年半的時間讀完。」（黃仁宇 2005, 99）看來

情況也好不到那裡！然而先輩學者在草創初期時，可以說是所有的研究工作都要做，從資料的蒐集與考證，到事實的澄清與解釋，因為沒有人做過，同時輔助資源並不多，做得很辛苦。以今日的情況而言，除了可踪跡前人的成果之外，省卻了很多時間與工夫，再加上大陸地區的發展甚為速迅，可供利用的相關研究成果甚多，只要上中國期刊網查閱即可得，然而須有取捨，同時善本古籍資料的取得甚為便利，例如天一閣所藏的明代登科錄亦刊印出版，政大圖書館有一套。筆者在考索明代俸祿制度與貨幣制度兩者的關係時，涉及銅錢的鑄造、數量、流通的情形，均有大陸學者在做研究，省了不少時間，而能夠有利於對問題的瞭解。就整體的研究工作條件已有大幅度的改善，但仍是要花時間去思考問題，會有成果產生的，相信能夠吸引後學加入。

　　展望中國古代政治制度研究的發展，前人著作大多已將靜態制度面整理就緒，未來的研究應走向動態實際面。往昔中國政治制度的研究多採取靜態的制度途徑，描述特定制度的外貌與結構，其所顯現者主要為形式上的事實，非動態的行為真象。因為實際之政治運作與制度所規約者，兩者往往相去甚遠。尤其，我國歷代政治與行政充滿著形式主義，說一套，做一套。因之，僅從制度著手，實無法顯現真象。誠如繆全吉所述，以往職官排比、法規分析的中國政治制度研究，固不乏佳作，惟「難免忽視實際存在之結構，豈無憾乎！」蓋「治者與被治者間之實際關係，徒憑典章所載之職官，恐不易窺其真相。案各級政府之行政行為，既係動態現象，自難限於靜態法規之規範。」（繆全吉 1969, 序 1）同時未來發展應由考證面走向解釋面。考證面著重史實的考據，這是學歷史者對中國古代政治制度的研究取向；而政治學者對中國古代政治制度的研究是要站在史實的背後，審慎地用現代政治學、心理學、社會學、人類學、經濟學與公共行政學的理論去解釋，對古老之素材，以新

的理論架構加以澆灌，賦予新的意義與生命。[4]

參考文獻

白鋼，1989，〈本世紀以來的中國政治制度史研究〉，《政治學研究》，6：
　　63-68。

白鋼，1996，〈二十世紀的中國政治制度史研究〉，《歷史研究》，6：
　　157-171。

周殊欽、林琬緋、陳彩霞、顧耀明譯，2015，《李光耀觀天下》，台北：天
　　下文化。 譯自 Lee Kuan Yew. *One Man's View of the World*. Singapore:
　　Straits Times Press.

韋慶遠，1991，〈中國政治制度史研究的回顧與前瞻〉，《九州學刊》，4
　　（3）：137-142。

徐江虹，2005，〈《中國政治制度史》教學有感〉，《高教論壇》，4：
　　98-100。

浦薛鳳，1978，《政治論叢》，台北：正中書局。

浦薛鳳，1983，〈政治定律〉，《國立政治大學政治研究所年刊》，17：1-4。

張治安，1992，《明代政治制度研究》，台北：聯經出版社。

張偉譯，2011，《重新發現制度：政治的組織基礎》，北京：生活‧讀書‧
　　新知三聯書店。譯自 March James G., and Johan P. Olsen. *Rediscovering
　　Institutions: The Organizational Basis of Politics*. New York, NY: Free
　　Press.

張復華，2000，〈歷代政治制度研究〉，謝復生、盛杏湲主編，《政治學的範
　　圍與方法》：149-164，台北：五南出版社。

郭益耀，2010，《不可忘記毛澤東：一位香港經濟學家的另類看法》，香
　　港：牛津大學出版社。

黃仁宇，2005，《大歷史不會萎縮》，台北：聯經出版社。

黃裕美譯，1997，《文明衝突與世界秩序的重建》，台北：聯經出版社。譯

4　本段主要是依據兩次匿名審查人所提出的意見改寫而成的，以示不掠美，謹誌謝
　　誠。

自 Samuel P. Huntington. *The Clash of Civilizations and the Remaking of World Order*. New York, NY: Simon and Schuster.

鄒讜，2012，《二十世紀中國政治：從宏觀歷史與微觀行動角度看》，香港：牛津大學出版社。

趙秀玲，1999，〈50 年中國政治制度史研究及其展望〉，《政治學研究》，4：14-23。

閻步克，2009，《品位與職位：秦漢魏晉南北朝官階制度研究》，北京：中華書局。

繆全吉，1969，《明代胥吏》，台北：嘉新出版社。

薛明揚，1987，〈中國政治制度史研究的回顧與展望〉，《探索與爭鳴》，6：32-37。

薩孟武，1985，《中國社會政治史》（一），台北：三民書局。

嚴耕望，2011，《治史三書》，上海：上海人民出版社。

嚴耕望，2014，《中國政治制度史綱》，上海：上海古籍出版社。

第二部分

中西政治思想的會通

鄒文海與政治大學中國政治思想研究的早期特點

張其賢
政治大學政治學系助理教授

壹、前言

　　本文的研究主題，是政治大學政治學系早期教師對於中國政治思想的研究。所謂早期教師，指政治大學政治所在台灣成立時（1954）便已在所上擔任教師者。早期教師中，曾對中國政治思想發表過研究心得者包括浦薛鳳（1900-1997）和鄒文海（1908-1970）兩位先生。浦先生之研究心得，包括〈孔孟儒家對於「暴橫」所採之立場〉（浦薛鳳 1971a）、〈老子與孔子之「道」：類別、根源、性質及作用〉（浦薛鳳 1971b）兩篇文章（兩文似乎均先以英文發表）。[1] 鄒先生之研究心得，包括〈民主的生活〉（鄒文海 1962a）、〈恕道與民主〉（鄒文海 1962b）、〈從冥律看我國的公道觀念〉（鄒文海 1963）三篇文章。

　　在兩位先生之外，政治學系成立後，初期教授中國制度與思想的教師有楊樹藩先生（1919-）。楊先生曾在第一期《政治大學學報》發表〈商子的政治思想研究〉（楊樹藩 1960a）、〈董仲舒的政治思想研究〉（楊樹藩 1960b）兩篇文章。但由於楊先生是政治大學政治所成立後的畢業生（楊先生碩士論文於 1966 年繳交），因此本文暫時先不將楊先生的研

1　據〈浦薛鳳先生行狀〉，浦先生 1962 年秋獲章特尼基金會聘為客座教授，先在印第安納州 Hanover College 教授儒家哲學與歷代政治一學期，下學期轉往康乃狄克州 University of Bridge 任教，獲聘為「卓越教授」，後來一直在該大學任教，直到退休。這兩篇論文的撰寫，可能和其在美之教學工作有關。

究納入本文討論之範圍內。此外，浦先生的前引兩篇文章，因為發表的
時間稍晚，較無法作為政治大學政治學系成立初期之中國政治思想研究
文獻，因此本文也暫時先不將這兩篇文章納入討論範圍。職是之故，符
合本文研究主題的政治大學政治系早期研究成果，當屬鄒文海先生的以
上三篇文章。

　　從某個角度看，鄒先生的這三篇文章，似乎存在某些關聯性。民國
51 年（1962 年）發表的〈民主的生活〉和〈恕道與民主〉，在主題、內
容、看法上屬於同一類研究，處理的是孔子「恕道」思想和現代民主政
治生活之關係。次年發表的〈從冥律看我國的公道觀念〉，在主題、內
容、看法上則與前兩篇文章完全獨立，屬於另一類研究，處理的是中國
民間關於陰間司法與地獄審判的流行觀念，其本身所具有的特點，以及
對民主政治之建立所具有的抑制性作用。如果將三篇文章合在一起看，
則這三篇文章似乎有一共同之關心，亦即：中國傳統政治思想與觀念之
遺產，對於現代民主政治生活之建立，有何正面貢獻與負面影響。然
而，如果將〈民主的生活〉和〈恕道與民主〉二文放在鄒先生某種一貫
的理論脈絡（亦即對自由此一政治理論問題的高度關心）中觀察，則可
得出另一種解讀角度。筆者認為，這兩種解讀角度雖然相異，但並不衝
突。此一現象，顯示這兩篇文章可能具有多重意義。

　　在以上三篇文章裡，〈從冥律看我國的公道觀念〉一文，是極原創
的一項中國政治思想研究嘗試，不論在選題、選材和研究角度上都別開
生面，具有高度的原創性。鄒先生過世後、由「鄒文海先生獎學基金
會」編輯、1973 年出版的《大工業與文化》一書（鄒文海 1973a）亦將
此文收入，但內容比 1963 年版本多出「神鬼故事的寫作態度」和「地
府的組織」兩節（鄒文海 1973b, 141-162）。本文限於篇幅，暫不討論
此一極值得注意之研究。未來若有機會，希望能對此一研究進行較深入
的探討。

　　另一方面，和〈民主的生活〉與〈恕道與民主〉兩文同屬一組的，
還有收在《大工業與文化》第四篇的〈自由平等與民主〉一文（鄒文海

1973d)。〈自由平等與民主〉一文，在內容上與〈民主的生活〉和〈恕道與民主〉高度重疊，但將此二文之內容要點放在對於當代兩種政治觀（為自由犧牲平等；為平等犧牲自由）之批評的脈絡中加以呈現，因此提供了解讀〈民主的生活〉和〈恕道與民主〉的重要線索。此一線索是：這兩篇文章，其內容與鄒先生對於自由問題的一貫關心息息相關。

　　由此一線索出發，筆者發現，鄒先生早在民國 26 年便已出版對於自由問題的理論性思考，亦即《自由與權力》此一重要著作。在此書中，鄒先生提到「客觀的頭腦和寬容的態度」是保障自由的重要「國民性」（鄒文海 1994, 149ff, 155）。以此為脈絡，〈民主的生活〉和〈恕道與民主〉，可視為提出了一種「恕道民主論」。此論述既以「恕道」概念，作為早年「寬容」概念之擴充和轉化（以「己所不欲勿施於人」詮釋寬容），又增加了對於自由意涵之新理解（加入「立人達人」此一更為積極的新向度），且將「平等」概念納入先前對「自由」問題的關心。就此而論，〈民主的生活〉和〈恕道與民主〉這兩篇文章，其實具有多重的重要性。首先，它們是鄒先生終生對於自由問題之一貫關心的一環。其次，它們顯示鄒先生中年思想的轉變痕跡，此轉變一方面表現為對於早年自由觀之擴充與轉化，另一方面表現為從早年對於「自由」與「權力」（兼有 power 與 authority 之意涵）關係之思考，轉為中年對於「自由」、「平等」、「民主」三者意涵及關係之思考。第三，它們顯示此一擴充與轉化，和鄒先生對於孔子「恕道」思想的體會有關。孔子「恕道」思想，似乎為鄒先生中年時期對於自由、平等、民主問題之思考，提供了重要的思想資源。

　　如果筆者以上的觀察大致無誤，則〈民主的生活〉和〈恕道與民主〉兩篇文章，作為政治大學政治所早期涉及中國政治思想之兩篇作品，具有以下兩個值得注意的特點。第一，它們不是對於孔子「恕道」思想的單純的思想史研究，而是對於政治思想問題（自由、平等、民主之意涵）的創造性思考，亦即「恕道民主論」的提出。第二，它們顯示出一種「會通中西」的嘗試，此嘗試表現為：一方面帶著對於現代政

治生活的問題意識（自由、平等、民主之意涵為何？三者之相互關係為何？），探討中國政治思想和現代政治生活的相關性；另一方面吸收中國政治思想之資源，對西方政治理論關於現代政治生活之思考，提出創造性的新見解。以對於當代政治生活之關心，作為治學的根本動力與問題意識；吸收在地文化資源，在當代主流政治理論見解的基礎上提出創造性的新觀點──以上這兩大特徵，是鄒文海先生上述兩文所呈現出的特點，也是政治大學政治所早期涉及中國政治思想之研究的最有意義的特色。

　　如果和台灣政治思想學界後來的中國政治思想研究進行對照，則上述特色將更為清楚。在鄒氏之後，政治大學政研所培育出之從事中國政治思想研究的學者，如楊樹藩、孫廣德、蔡明田、郭立民，其研究似乎均未表現出以上兩大特點（當代政治相關性；對當代政治提出創造性論述）。值得注意的是，1950 年以後在台灣出生的政治思想學者中，也有一些以西方政治思想為主要學術訓練、但專研或兼治中國政治思想、且對中西政治思想進行比較研究者，譬如江宜樺（2008）和許雅棠（2005）。江宜樺（2008, 215, 229）指出：孔子思想在統治正當性的問題上，呈現出韋伯三種正當性類型以外的第四種，可稱之為「道德型支配」；他也指出孔子思想呈現出有別於西方各種政治德行論述以外的另一種「德行論述」。這兩點對於當代政治均有相關性。許雅棠則指出，孔孟思想乃是一種「民本」、「治理」之學說。相對於此，西方近代政治思想則可稱之為「民主」、「政治」之學說。兩說的主要不同，在於前者的主要關心是善治及民享，後者則為參與和權利。許氏認為，兩說並無本末主從關係，而是分庭抗禮，各有所長，對於當代政治均有相關性（許雅棠 2005, 4-9）。江、許二位學者雖然均指出中國政治思想（孔孟）和當代政治生活的相關性，但尚未嘗試吸收中國政治思想之資源，對西方政治理論關於現代政治生活之思考，提出創造性的新見解。就此而論，鄒氏在政治思想之會通中西、以中濟西的成就，至今似乎尚未被追

上。[2]本文以下內容的結構如下。首先，筆者觀察自由問題在鄒先生學術思考中的重要性為何，接著嘗試整理鄒先生早年對於自由問題的主要見解。其次，以鄒先生早年對於自由問題的關心及見解為脈絡，對〈民主的生活〉和〈恕道與民主〉二文進行分析。在本文中，筆者嘗試將這兩篇文章的內容，理解為一種「恕道民主論」的提出。筆者試圖整理此一論述之要點，說明它作為一種在政治學理上「會通中西」的嘗試所具有的理論重要性，並初步思考它和西方政治理論的多種對話可能性。本文也初步對照了鄒氏「恕道民主論」和牟宗三先生之「儒家開出民主論」的相似與不同，以此突顯前者作為「會通中西」的一種嘗試，所具有的特殊之處。

一、鄒文海早期自由觀的特點

鄒文海早年的重要著作，是《自由與權力》一書（1937）。此書成於 1935 年 6 月，於 1937 年出版。據〈鄒文海先生政治科學文集・編輯緣起〉（1967）及鄒氏學生胡開誠記述（胡開誠 1999, 25），出版者為中華書局。胡開誠指出，此書係鄒氏在清華大學擔任助教六年期間寫成，[3]鄒氏「在民國二十四年六月寫妥序文、交出書稿後，即赴英國從事學術研究」；是書「在民國二十六年印就之時，正值日軍侵華，舉國進行抗戰之際。其未能獲得應有的重視，是可想而知的事。先生匆促來台，此書未入行囊。以後寫西洋政治思想史而遲遲始行動筆，就是想參閱此書而無處可得。」（胡開誠 1999, 25-26）。據鄒氏長女鄒淑班的追述，鄒氏後來雖一直尋訪此書印冊，但直到身故亦未能如願（參見鄒文海1994，〈再版緣起〉）。此書共有六章，第一章「敘論」，第二章「政府權

2　本段文字旨在說明鄒氏之中國政治思想研究，有別於後來學者之特殊之處。此一說明，係出於拙稿審查人之建議，謹此致謝。

3　祁樂同記鄒氏於民國「十九年畢業清華大學政治系，留校任助教五年。」（祁樂同 1999, 68）

力的基礎」，第三章「政府權力與行政效率」，第四章「自由的意義」，
第五章「自由和權力的保障」，第六章「自由與權力」。其中第二章曾於
1935 年 10 月發表於《民族》雜誌第 3 卷第 10 期，後收入《鄒文海先
生政治科學文集》上冊首篇。第三章曾於 1935 年 12 月發表於《民族》
雜誌第 3 卷第 12 期，後收入《鄒文海先生政治科學文集》上冊次篇。
值得注意的是，張佛泉於同年 1 月曾發表〈論自由〉一文（1935）。在
此文中，張佛泉表示他有意提出他自己對於「自由論的主張」，此文只
是開頭（張佛泉 1935, 10）。但張氏嗣後並無相關的後續之作發表，直
到 1955 年才發表《自由與人權》一書。與此相比，鄒文海成書於 1935
年 6 月的《自由與權力》，雖與張氏同樣思考自由問題，但在規模上遠
比張氏數月前發表的〈論自由〉一文深入、龐大、複雜。然而有趣的
是，學界對張氏之於近代中國自由主義理論思考之貢獻，雖然論述頗
多（錢永祥 1988；江宜樺 2001；何信全 2006；蕭高彥 2012；蕭高彥
2014），但關於鄒氏 1935 年對於自由問題所提出之體系性論述，以及其
在民國政治思想史上之地位，或因《自由與權力》發行不廣，參閱者不
多，學界至今似乎仍少有論及。此一缺憾，只能留待未來研究者加以彌
補。

　　《自由與權力》一書，主要處理自由與權力（在鄒氏的用法裡，
「權力」作為該書之主題，兼有 power 與 authority 之意涵）如何「相調
劑」之問題（鄒文海 1994, 1）。據 1939 年秋天在辰谿湖南大學上過鄒
氏「西洋政治思想史」這門課的黃粹涵追述：「鄒老師講的西洋政治思
想史的詳細內容……核心只是一個，即自由與權力問題。……政治學所
要解決的就是自由與權力如何相輔相成的問題，而不是暴力與對抗。這
是一門科學，也是一門藝術。有卓見的政治家與思想家應力求處理好這
兩者的關係，促使社會發展。」（鄒文海 1994, 17）此問題涉及的層次相
當複雜，本文不擬深入探討鄒氏在該書中的看法。本節之重點，僅限於
整理鄒氏關於自由問題的思考要點。至於鄒氏看法本身及其對西方各種
學說之理解，筆者自愧學力尚淺，暫不加以評論。

在對於自由的思考上，鄒文海首先指出學界的兩大主流觀點──唯心論與個人主義各有其不足之處。鄒氏表示，唯心論若推到極端，則主張絕對服從（理想之）國家；但若實際國家的行為有可議處，即使唯心論者亦難以服從。個人主義若推到極端，則為無政府主義；但無政府主義式的自由，只能靠個人良心作為約束，以使自由不致流於放縱。然而以良心作為自由之約束，未免太過理想化，因此仍需要國家權力作為約束自由之力量。（鄒文海 1994, 100, 104）

鄒文海因此從唯心論與個人主義以外的另一角度，提出關於自由意涵之看法。他的自由觀，大致包含以下幾個基本論點。這些論點，可以歸納為社會集體規範論、歷史文化多元論、社會變遷論。

首先是社會集體規範論。鄒文海認為，自由乃是某一社會之風俗、習慣、制度所認可之行為。當個人在受到社會認可之客觀範圍內行為，所具有之不受束縛的主觀感覺，便是自由：

> 自由是一種心理狀態……所謂心理的感覺，並不是飄忽無定而不可捉摸的。一時期的風俗習慣制度是造成這種心理感覺的元素。（鄒文海 1994, 106）

> 無論那個社會，都有它傳統的觀念，習慣的思想，公認的制度。而這許多傳統的觀念習慣的思想公認的制度，就是分界自由或不自由的文字。（鄒文海 1994, 106）

> 社會的風俗、習慣、制度為我們劃定可以做和不可以做的範圍。在它所允許做的範圍以內，倘若受到干涉，我們要感覺得不自由。在他所不容許做的範圍以內受到干涉，我們就不會感覺得不自由了。（鄒文海 1994, 107）

社會集體規範論式的自由觀，其特點在於：自由並非由國家或權力者片面制定的法律所規定，而是由社會成員在集體互動中形成的風俗、習慣、制度，構成其內容。自由之內容也並非來自任何超歷史、超社會

與先驗的來源（如自然法；自然狀態；自然權利），而是永遠來自於生活在特定歷史時期之某一社會文化中的人們，經由他們彼此間的互動，而形成的集體規範。鄒文海因此反對將自由理解為自然權利和天賦人權：

> 自由是一種心理狀態，不是權利，更不是天賦的人權。（鄒文海 1994, 106）

> 儘管許多理論家在那裡高談絕對的自由，而社會上不會有這樣東西的。所謂自由，根本是社會習俗的產物。……有社會習俗才有自由，自由不能單獨存在的。（鄒文海 1994, 110）

1973 年出版的鄒氏遺稿《大工業與文化》所收〈自由的意義〉一文中，[4] 鄒氏對社會集體規範論式的自由觀作了相當精簡的綜述：

> 近世學者，有認為自由乃一種社會的權利者，多元論派大多信奉此說。主張自由乃社會權利的，相信自由的內容常可變更，前一世紀的自由，未必就是這一世紀的自由……惟自由內容的改變，既不完全由政府的法令作決定，也不完全由個人的意志來裁判，而是從客觀的社會關係中演化出來的。……自由沒有固定的疆界，它並不是靜止的東西，而是在個人、團體、政府以及其他不可盡指的種種關係中產生出來的。（鄒文海 1973c, 60-61）

由社會集體規範論，可以得出鄒氏自由觀的第二個特點，亦即歷史文化多元論。由於自由沒有超歷史與先驗的來源，因此不存在普世與絕對的自由內容；自由之內容永遠隨人們生活其中的歷史文化而變化，因

4　文中提到蘇聯領袖 Malenkov 最近被擠下台（鄒文海 1973c, 67），可知本文寫於 1955 年 2 月之後。

此它們既是多元的，又是相對的：

> 社會所容許個人行為的範圍，各個時代都不同的。這個觀念，
> 談自由的人一定要有清楚的認識。蘇格拉底不能在雅典得到寬
> 容，異教徒不能在中世紀得到寬容……用現代眼光來批評，大
> 多違反了自由的原則，甚至有人會因此而相信古代社會中沒有
> 自由。其實不然。……各個時期都有客觀的環境，都有因這客
> 觀的環境而建立的習俗，凡是合於這種習俗的制度，它固然限
> 制了個人活動的範圍，但不能說它是自由的仇敵。……不能因
> 現代人之不能忍受這樣的束縛，而以為這都是古代沒有自由的
> 證據。（鄒文海 1994, 111）

> 自由不是絕對的，在不同的環境中，有不同的自由。現在的人
> 可以有信仰自由，但中世紀的異教徒受到火刑……從這方面
> 說，現代的自由較從前廣大，但也有從前可以自由而現在不能
> 自由的。從前在街道中走路是隨便的，而現在一定要靠右邊
> 走。從前工人的受雇是自由的，而現在大多要受工會的節制，
> 這又是近代的自由比較從前的狹小了。古代的限制這樣那樣，
> 和近代的限制這樣那樣，其原故因同受社會環境的限制，這實
> 在是一樣的。（鄒文海 1994, 112）

> 制度之自由不自由，行為之專制不專制，這全看制度或行為之
> 是否合於習俗，以及習俗之是否合於當時的環境。合於當時
> 的習俗，合於當時的環境，雖然奴隸制度不能說是不自由的制
> 度。不合於習俗，不合於環境，雖然解放奴隸不算得自由的行
> 為。（鄒文海 1994, 112）

據鄒氏學生朱堅章記述，鄒氏「常說：研究過去的思想，必須具備
一種同情的諒解，否則很難得其真相。」（朱堅章 1999, 93）「同情的諒
解」，實可謂鄒氏歷史文化多元論式自由觀所蘊含之內在精神。有同情

之諒解，方可了解自由之內容及意涵有其歷史性與多元性。能認識到自由本身的歷史性與多元性，對人對事自然較易有同情之諒解。

鄒文海自由觀的第三個要點，是社會變遷論。由於自由的內容是由社會環境所決定的，因此當社會環境變遷時，自由的內容也就隨之改變。在社會變遷中，有些自由消失了，有些自由出現了。新出現的自由，在此時期被視為當然，但它並不會永遠存在。當它們不再適合社會環境時，它們自然就要被淘汰：

> 我們說自由是相對的，各個時期都有它不同的自由。把這各個時期變遷的歷史綜合起來看，我們可以知道自由是進化的。所謂進化，不一定說是進步，不過說自由隨時代之變遷而變遷。社會自簡單而至於複雜，自由的觀念也自簡單而至於複雜罷了。……自由觀念的所以一天比一天複雜，由於新舊觀念的互相累積。……新舊觀念的累積是選擇的，人類不致盲目地保守舊觀念，反之，不適合於現在環境的習慣，每會受他們的排斥。（鄒文海 1994, 113）

> 因為累積和選擇的作用，所以自由雖一天比一天複雜，而又不致於不適合環境。……自由觀念的累積和選擇，實是構成它進化的要素。社會多一次變遷，自由的觀念就多一次累積，也多一次選擇，而多次累積和選擇的結果，就是我們近代人所說的各種消極的自由。當然，今日的自由還不是它最後的面目，將來歷史的推進，還可以改變今日的自由觀念的。（鄒文海 1994, 114）

以上大致是鄒文海自由觀的幾個基本要點。根據這種自由觀，鄒氏指出，所謂的不自由，來自兩種情形。一是在社會環境穩定時，握有權力者以強力干預社會習俗所容許或保障的行為範圍，或加以限制，或加以侵犯。二是在社會環境變遷時，舊有的習俗已無法適應新的社會環

境，而適合於新社會環境的行為需要雖已出現，但一方面和舊有的習俗相牴觸，同時卻又尚未成為新的社會習俗。在此新舊行為衝突而新習俗尚未形成的過渡狀態，握有權力者以強力維護舊有習俗，對適合新環境的新行為進行壓制：

> 所謂專制，不是習俗的執行，而是背乎習俗的武斷行為。權力者不尊重已經成立的習俗，這才妨害了人民的自由。再說，一個革新的社會中，權力者勉強維持舊的習俗，這也是人民感覺得不自由的緣故。（鄒文海 1994, 112）

> 有時社會的權力就利用自己的地位，依遵自己的見解，用武力來維持某種武斷的標準。在這種情形中，受束縛者感覺得不自由了。（鄒文海 1994, 116）

> 自由是在亂世才發生的問題。所謂亂世，正是舊的習俗業已崩潰而新的習俗還沒有建立的時期。在別的時期……個人受習俗深刻的訓練……他的行動自然中則，所以總以為自由的。不過一旦沒有習俗作為生活的標準，各人的向外性異常之大，思想行為，都缺少一種向內性去範圍它們，結果是社會中充滿了衝突混亂的現象。權力者為保護自己的地位，往往提出一種武斷的標準，要各個人盲目地服從，以為維持秩序的代價。不過這是不可能的。因為這傷害了大家要求自由的熱心，大家要起來反抗的。（鄒文海 1994, 118）

> 自由的所以進化，因為新環境的產生。這種新環境苟不為權力者認識，新的自由觀念必遭壓迫，而不能與這種新環境相適應了。考之古往今來革命的歷史，大抵由於舊思想之不能適應新的環境。而所謂舊思想的不能適應新環境者，一定有自由不自由的問題在裏面。認識新環境者主張改革，不認識新環境者意欲保守，由是新派以宣傳改革為自由，而舊派以壓制暴亂為正

當的權力，自由不自由的問題，就這樣發生了。故又可謂古往
今來的革命，其原因皆種於新舊自由之爭。這亦可說是自由最
發生問題的時候了。（鄒文海 1994, 120）

如果造成不自由的原因，大致出於以上兩種情形，那麼保持自由的
方法有哪些？鄒文海從三個角度提出他的主張。

第一種方法，是憲法和法律。鄒氏認為，自由之內容作為社會習俗
之結晶，會體現在法律上。[5] 憲法則規定握有權力者必須遵守法律。鄒
氏指出：「憲法所給予我人最大的保障，不在它精密的文字，而在它給
我們的勇氣。」（鄒文海 1994, 135）此論之意，在於指出憲法代表地位
高於權力者武力的社群集體信念，此一集體信念可使人產生無畏於權力
者武力的勇氣。當權力者恃其武力，不理會法律而侵犯自由，或以違憲
方式制定侵犯自由之法律時，自由受侵犯之個人可以訴諸憲法，爭取大
眾的同情和援助，對此等侵犯自由之行為提出抗議，要求改正（鄒文海
1994, 135）。除了大眾的聲援，獨立的司法機構（法庭，陪審員），也是
守護憲法和法律、使之得以對抗權力者武力的重要力量（鄒文海 1994,
135, 138）。

第二種方法，是使民意能有效控制與影響權力者、或是使適應社會
新環境的新習俗能有效結晶為法律的制度：「容易表現或接受人民意見
和經驗的制度。我們總可以說它是促進自由的。」（鄒文海 1994, 141）。
此種制度，最重要的首推民主選舉，其次是地方自治（鄒文海 1994,
135, 138）。

第三種方法，是理智、寬容、懷疑批評之政治文化（鄒氏稱之為
「國民性」）。所謂理智，是指對於社會環境之變遷能有冷靜清楚之認
識，不讓對新事物的情感排斥，影響對新環境的客觀認識。所謂寬容，

---

5 「法律和自由一樣，也是風俗制度以及其他一切社會環境的產物。」（鄒文海 1994,
   138）

指對於自己不贊同的新思想、新行為，能以尊重和不壓迫的態度對待。
所謂懷疑批評，是指對於權力者和政府的政策命令，以及既有的社會習
俗，都保持一種善於懷疑和勇於批評的習性：

> 要造成一個國家自由的空氣，必先培養人民客觀的頭腦和寬容
> 的態度。有客觀的頭腦，然後可以發現社會環境的變更，有
> 寬容的態度，然後可以容納異己的思想。能發現社會環境的變
> 更，能寬容異己的思想，然後社會可以不受阻礙地進化，而人
> 民也不致有不自由的感覺了。（鄒文海 1994, 152）

> 有自由的國家，非特它的國民要有客觀的頭腦和寬容的態度，
> 而且還要有善於懷疑和勇於批評的習性。不懷疑不批評，我們
> 就容易接受習慣的標準，而不問一問這種標準之是否合於現在
> 的環境。政治社會中不能不有服從，可是不能有太多馴服的人
> 民。（鄒文海 1994, 152）

> ……馴服的人民不能有自由。不懷疑不批評的人民，勢必至於
> 凡是在上的命令都要服從。……不懷疑不批評的人民，就是處
> 於反乎環境的習俗制度之下，他們也只有忍耐，而不知道補救
> 的方法。（鄒文海 1994, 153）

　　鄒氏反覆強調，政治文化（國民性）是保持自由的三種方法裡最重
要的一種，因為缺乏理智與寬容的政治文化，對於適合社會新環境的新
思想行為之壓迫遠勝過暴虐之政府；而缺乏懷疑批評習性之政治文化，
其人民就算有憲法和民主選舉制度等，也還是會任由政府侵害其自由而
馴服忍受：

> 國民性對於自由的保障，實在是最大的保障。……假使這個國
> 家的人民都是好有成見而褊狹自負的，那麼就算有憲法和制度
> 的保障，自由也不能在這個國家中存立。……惟有人民自己褊

　　狹的習性，這才是自由最大的仇敵。（鄒文海 1994, 150）

　　我們常常以為暴虐的政府摧殘自由，殊不知頑固的國民性，其
　　專制猶十倍於暴虐的政府。（鄒文海 1994, 152）

　　不懷疑不批評的人民，……就是憲法為他們規定言論自由信仰
　　自由思想自由，就是政治制度中為他們設立選舉制度地方自治
　　制度，他們也會把這種權利毫無理由地出讓於治者的。（鄒文
　　海 1994, 153）

　　以上是鄒文海在 1935 年提出之自由觀的要點。有必要指出，這些
要點，後來均散見於鄒氏的其他著作之中（如論馴服人民之危險，參見
鄒文海 1957, 19；論權利為社會意識之產物，反對自然權利與天賦人權
說，參見鄒文海 1957, 64；論實證的思想習慣與寬容的態度乃有助於維
護自由之政治文化，參見鄒文海 1973c, 64-65）。可知鄒氏在自由問題上
的基本立場，自 1935 年形成後便並無根本改變，只是在後來的思想發
展中有所增益和轉化。

二、鄒文海自由觀的增益轉化與「恕道民主論」的提出

　　如前所述，鄒文海認為，政治文化是一個社會保持自由的最重要
力量。在《自由與權力》一書中，他將有利於自由的政治文化歸納出三
個要素：客觀的頭腦，寬容的態度，善於懷疑和勇於批評的習性。而
在《大工業與文化》所收錄的〈自由、平等與民主〉一文中（此文的寫
作時間不詳，推測應寫於共黨集團形成後的冷戰時期），[6] 鄒氏提出了一
種新論述，此論述可稱之為「恕道民主論」。它的最大特點，在於主張
一種以「恕道」為總結精神的政治文化，將自由與平等視為「恕道」的

6　由文中提到「這是當世左右兩極端派思想的淵源」（鄒文海 1973d, 73），可以推測
　　此文或許作於世界進入左右陣營對峙的冷戰時期。

不同實踐形式，認為此政治文化本身構成了民主的真正基礎。如果和鄒氏早期自由觀相比，「恕道民主論」所主張的政治文化不僅涵蓋早期所談之寬容，而且增加了比消極的寬容更為積極的向度，亦即追求和維護他人的自由與平等。此一論述的其他特點，還包括從早期對於自由問題之關心，轉移擴大為對自由和平等問題之關心。此外，「民主」也從鄒氏早年理解的「容易表現或接受人民意見和經驗的制度」（亦即選舉制度），轉化為一種以「恕道」精神積極實踐自由與平等的政治文化。簡言之，在〈自由、平等與民主〉這篇文章中，鄒氏加入了他早年不曾提及的新概念，亦即「儒家的恕道」，以之作為一種統攝與重新理解自由與平等的精神，並以實踐此精神之政治文化，作為民主之根本基礎。此文因此提供了連結鄒氏早年自由觀（體現於《自由與權力》）和中年自由觀（體現於〈民主的生活〉、〈恕道與民主〉）的重要線索。

在〈自由、平等與民主〉此文中，鄒氏提出兩個問題：自由與平等是否相衝突的兩種價值？這兩個概念彼此的關係為何？這兩個問題的提出，似乎和1950年代以後冷戰時期的世界政治大勢有關。冷戰時期的特點，一般被理解為民主陣營（自由）和共黨陣營（平等）之對峙，對當時在台灣的國府政權來說尤其如此。據此而論，〈自由、平等與民主〉，或可視為對於冷戰時期世界大勢的反映。相較於此，鄒氏在1930年代對於自由與權力問題之思考，亦可能是當時世界大勢——自由（英美；伸張個人自由）與權力（德義；服從國家權威）之爭——的反映。若以上推測大致無誤，則鄒文海自由觀從早年到中年的轉變，或許和世界大勢的變化有關。

在〈自由、平等與民主〉裡，鄒氏表示當代西方左右思想對峙，淵源於對自由和平等意涵的偏差理解。相較於此，他認為中國儒家之「恕」的精神，可以作為理解自由和平等意涵的較正確方式：

> 自由與平等為民主的必要條件，那是不容懷疑的原則。……然
> 政治思想中頗有非議自由與平等者。十九世紀末葉，多數人

認為自由與平等的原則相衝突，由是有的主張為自由而放棄平等……另一派人說自由既為少數人而設，故是中產階級的奢侈品，於多數人沒有好處，故社會應為平等而放棄自由……。這是當世左右兩極端派思想的淵源。他們所持旗幟完全不同，右派為自由而捨棄平等，左派為平等而捨棄自由，但對於自由與平等是一致的，都以為自由就是放縱，平等就是相等，所以他們所發生的後果也是一樣的。在這種地方，可知當世的厄運，皆導源於自由及平等的沒有正確的解釋。凡欲正本清源者，必先解決此一問題，使人人不復蹈前人的覆轍，不以自由為我一人之自由，不以平等為絕對的相等，而後方能有建設性的理想誕生。作者不敏，頗欲於此盡拋磚之力，收引玉之助。……

……我人認為平等與自由之義，與恕的精神甚相類似。「己所不欲，勿施於人」，則自己不願受奴役者，即勿得奴役他人，在這一種認識中，如何會產生特權階級？「己所欲，施於人」，則自己要享受自由，即不能否認他人之自由，在這種認識中，自然就會承認他人的自由權利。故「恕」為平等與自由的總機關，非有恕的精神，既無平等，也不能有自由。一有恕的精神，離平等與自由當已不遠。（鄒文海 1973d, 71, 73-74）

鄒氏指出，若將自由和平等放在「恕」的概念中加以統攝、重新詮釋，則平等要求承認他人和自己同樣之自由地位（己所不欲，勿施於人），因此包含自由（他人和自己同樣不受奴役）；自由要求他人獲得和自己同樣之自由權利（己所欲，施於人），因此包含平等。因此，用「恕」來統攝詮釋自由與平等，具有以下重要意義。第一、此種統攝與重新詮釋，呈現出自由與平等這兩個傳統上被認為是相互獨立且難以相容的概念，其實在本質上可以相通，自由其實包涵了平等（自由作為不受奴役，則人人皆應不受奴役），平等也包涵了自由（他人應享有和我同樣之自由權利）。關於自由與平等因被提升至「恕」的境界而呈現為

相通，鄒氏表示：

> 以恕說明平等與自由的意義，平等與自由的確是「一以貫之」
> 的。自恕產生平等，亦產生自由，這說明平等與自由同出一
> 源。既然兩者自一個精神出發，如何還能說互相衝突呢？（鄒
> 文海 1973d, 75）

換言之，如果用「恕」統攝自由與平等，則兩者其實只是「恕」的
不同實踐形式，兩者同出一源，既非獨立，也非不能相容，如此就不會
出現將自由與平等視為相衝突的思想。這是鄒氏對於西方自由及平等學
說的一項極原創的貢獻。

鄒氏關於自由平等關係之另一重要洞見，是認為自由乃平等之基
礎，平等只有以自由為基礎，才是真平等：

> 有自由的平等，才是真正的平等，不復是空洞的口號。沒有自
> 由的人，其思想與行為皆受他人支配，他與支配者之間，如
> 何說得上平等？有自由的人，他的精神與人格皆與他人平等，
> 雖於職務上受人指揮，仍不失其平等的地位。（鄒文海 1973d,
> 75）

此一見解的重要性，在於它將自由理解為不受支配或奴役，從而提
出一種相當類似共和主義式的自由觀（republican view of liberty）。[7] 鄒
氏此一見解之發表，其思想淵源及學術上之意義，尚待進一步探究。

鄒氏以儒家的「恕」統攝西方的自由與平等概念，似可視為晚清以
來「會通中西」派在 20 世紀的新成就。自譚嗣同以「仁」統攝儒家、
佛教、基督教以降，「會通中西」一直是中國思想界一條重要的潮流。
馮友蘭先生認為，晚清「會通中西」嘗試之特點為「格義」，亦即用中

7　Skinner (1978); Pettit (1999).

國思想中的概念或觀點翻譯西方思想（馮友蘭 1991, 133-134）。鄒氏的
「恕道民主論」，雖然亦屬「會通中西」的一種嘗試，但顯然並非以恕道
翻譯自由、平等、民主，而是以恕道發明自由、平等、民主之精神，以
恕道作為使三者得以落實提升的政治文化。此外，近代新儒家的「儒家
開出民主論」，也可視為「會通中西」的一種嘗試。此種嘗試既非以儒
家思想翻譯民主（格義），又非以儒家思想發明民主之精神（鄒文海），
而是將民主整合到儒家思想之中。在本文的結語部分，筆者嘗試比較
「恕道民主論」和「儒家開出民主論」的主要不同，以此突顯鄒氏會通
儒家思想和民主政體的嘗試，所具有的特殊之處。[8]

　　總結言之，〈自由、平等與民主〉一文中的思想，和鄒氏早年自由
觀的最明顯不同，是加入了儒家「恕道」的概念，並用此概念涵蓋寬
容，統攝自由、平等、民主。此一變化或可稱為「恕道民主論」的提
出，它顯示了鄒氏自由觀在中年或晚年的重要發展。不同於鄒氏早年以
自由問題為首要關注，將民主視為有利於自由之一種體制，將寬容視為
有利於自由之一種政治文化，「恕道民主論」以民主為一種政治文化，
此政治文化蘊含自由、平等、寬容，而以「恕道」作為其總結之精神。
此一論述的論點，分見於〈民主的生活〉、〈恕道與民主〉、〈自由、平等
與民主〉三篇文章之中。[9] 以下我們以〈民主的生活〉、〈恕道與民主〉
為主，以〈自由、平等與民主〉為輔，嘗試整理鄒氏「恕道民主論」的
主要論點。

　　值得一提的是，據顧立三和譚溯澄記述，〈恕道與民主〉一文的前
身原是 1962 年七月中旬在青年反共救國團舉辦的學術年會中的法政年
會之演講，講題是「民主政治與恕道」。鄒氏下午演講，中午在家用餐

8　拙稿審查人建議筆者對鄒氏如何「會通中西」作更深入論述。筆者暫以鄒、牟二
　　氏論述之比較作為回應，並在此向審查人致謝。

9　〈自由、平等與民主〉是鄒氏遺稿，其寫作時間不詳。筆者不敏，尚無法判定它
　　究竟寫在〈民主的生活〉、〈恕道與民主〉二文之前或之後。此一問題只能留待高
　　明。

時尚無腹稿。講畢後對演講紀錄感到不滿意，將之重寫，乃成此文，同年 8 月於《新時代》雜誌刊出（譚溯澄 1970, 39；顧立三 1999, 29）。案國民大會編《民主論叢》已在同年七月出版，其中所收鄒氏〈民主的生活〉一文，其前半部與〈恕道與民主〉之要點大致相同。[10] 據此可推測鄒氏演講或係以〈民主的生活〉前半部為腹稿。但鄒氏對於以「恕道」為精神之民主的政治文化，在此之前應當已思之有日。

　　案鄒氏雖專治西方政治思想，但據其學生記述，他對於中國政治史與政治制度史均有研究；在上海暨南大學時曾力排眾議，未將美援補貼之圖書館經費用於購買西文書籍，而是去香港搶購《四部備要》、《四部叢刊》等中國古籍；其在台宿舍中亦有一部《四部備要》（黃粹涵 1999, 16；顧立三 1999, 30, 35）。其清華學弟趙賡颺記述說：「很少人知道，他（指鄒）對中文典籍也花過很多功夫，諸子百家都能舉其概要和特徵」（趙賡颺 1999, 72）。此外，鄒氏學生楊日青亦指出，政治大學政治所成立初期，因處於戒嚴狀態，要研究國內實際政治問題則事涉敏感，多所顧忌；要研究比較政治及國際政治問題，則海外資訊及外文書刊極端匱乏，唯當時自大陸運來台灣的古籍相當豐富，因此浦薛鳳及鄒文海二位先生便引導政治所早期同學對中國歷代政治思想及制度展開全面有計畫的研究，「在很多政治禁忌與極端艱困的環境中，仍能激發學生昂揚的研究風氣，成就很多政治思想與制度方面的經典之作。」（楊日青 1999, 152）據此而論，鄒氏移居台灣後結合儒家「恕道」和民主之政治文化，一方面可能由於其個人學思的潛在興趣，另方面可能與政治大學政治所初期的研究環境有關。

---

10 〈民主的生活〉前半部標題為「一、民主的精神與民主的生活」，內容包含以下三節：（一）民主原則與恕道。（二）恕道與法治。（三）恕道是開放社會 Open Society 的門戶。

貳、恕道民主論

「恕道民主論」的第一個要點，是認為民主的本質是政治文化，而非制度（選舉；議會等）。根據此論述，民主的政治文化的要素，是自由與平等。而作為此種要素的自由與平等，應當以儒家「恕道」的精神加以統攝和重新理解，將之視為「恕道」的各種實踐形式。所謂「恕道」，即消極的「己所不欲，勿施於人」，與積極的「己立立人，己達達人」。鄒氏對此有以下申述：

> 所謂民主的生活，即以民主的原則充分應用於各種各色的日常生活之中。……民主原則之中，最重要者無過於自由與平等。……我覺得自由與平等兩個原則的意義，儒家的恕字皆可以盡之。從己所不欲勿施於人及己所欲施於人的精神，則自由云云，就是我要發表意見，所以人家也能發表他的意見；既然人人可發表各自的意見，所以我不能勉強他人來順從我的意見；更不能一定說我的意見是對的而人家的都是錯的。以恕的精神來解釋平等，即是人與我立於同一水平，人與我之間的是非曲直，以同一的標準來評判，決不能用不同的尺度來衡人衡己。這亦就是說我沒有任何特權，不能因此一行為出之於我故可以原諒，出之於人故不可以原諒。（鄒文海 1962a, 120）

> 恕道的作用，可以使無民主制度者猶可沖淡其專制的色彩；有民主形式而不能行恕道者，民主的精神依舊無從發揮。是則選舉與議會等制度，不過民主的軀殼，而恕道為民主的精神……。（鄒文海 1962b, 131）

> 所謂民主，社會的成分實較政治為多。有了民主的政治制度，未必即有民主的社會；有了民主的社會，卻多數可以演化出民主的制度。（鄒文海 1973d, 78）

　　第二、政治文化的特點，是以某種道德信念與道德原則的實踐作為其要素。法律與守法，只是政治文化的一個向度。此向度的特點是固定、形式化、他律。相較於此，政治文化中的道德實踐向度，既是使法律與守法得以落實的重要力量，但又沒有固定形式；它是出於自律之要求，在對信念與原則身體力行的生活實踐中，使法律與制度的內容得到更大程度的落實，且不斷得到擴充與提升。若以民主之政治文化為例，則法律與守法，是由法律規定自由與平等之具體內容，並以守法的方式落實這些內容。而道德實踐向度，則是以身體力行的方式，在生活中以「恕道」（己所不欲，勿施於人；己立立人，己達達人）為原則，實踐法律所規定的自由與平等之具體內容。這兩種向度的不同，就行為的方式言之，在於前者雖固定，但被動、消極、他律、範圍客觀（被動：經由政府對法律之公布，知道自由平等作為權利，有哪些項目與要求；消極：對這些權利未必均有發自內心的認同，只是因為法律規定而在形式上加以尊重，以及法律規定多少就做多少；他律：因害怕受罰而遵行；範圍客觀：法律規定之內容客觀明確）。而後者雖不固定，卻較富有主動、積極、自律、主觀體認之性格（主動：經由恕道之推己及人，就算法律沒有規定，也會協助別人享有自由、取得平等地位；積極：因自己感受到對於某些自由與平等之需要，因此樂見它們被明訂為法律權利，使自己和他人均可享受，且樂見法定權利之不斷擴大，從而使自己享有更多權利，或使更多的別人享有和自己同樣之權利；[11] 自律：因認同而實踐；主觀體認：實踐之態度由自己主觀體認，實踐之程度由自己主觀判定），並因此不僅具有消極的寬容性（寬容異己的意見與行為；尊重他人之權利），還具有積極的創造性（新的權利，會不斷隨著個人新需

---

11 「恕有消極地與積極的兩重意義。消極的恕求無害於人，所謂『己所不欲勿施於人』……積極的恕求有益於人，所謂『立己立人』，『達己達人』……凡是我追求的目標，即知其亦是他人追求的目標，我應幫助他人完成此一目標。」（鄒文海 1962b, 131）

要的出現，經由人與人之間推己及人的實踐，而被集體地創造出來）。

關於政治文化中的法制向度與道德向度的區別，及兩者之關係，鄒氏指出：

> 儒家從道德的觀點來談做人的道理，而道德家注重自律，認為他律將降低人的道德價值……儒家的治道，注重作育人民……亦即是禮治。而且儒家認為道德是在力行中可以經常發現新義的。例如……恕，祇要你把握「己所不欲勿施於人」的原則，在實際生活中就時時會體會到恕的新境界。若把恕的含義用條文列舉出來，反而著了邊際，反而限制了恕的意義。……儒家當然不是說人可以沒有分際或不要受任何規則的約束。……他祇是說這一種分際應該自己去找尋，自己去體會，而且自己以此規律來約束自己。……

> 在今天的社會中，法治仍與禮治平行，並不是有法治而無禮治。人的生活規範，今天仍不能事事納入法律條文之中。舉例來說，美國的總統如何才能做好？決沒有一本白宮守則做他的藍本，必須要做總統的時時自己體會，時時以禮來規律自己。……法律所告訴人人的，只是如何可以不觸犯法網，至於如何才能做好你崗位上的工作，那還是有賴於學識與品德的。（鄒文海 1962a, 122-123）

> 恕雖合於民主精神，但祇是倫理標準，祇是個人修養的原則，其效用的產生，端賴個人自制與自律。恕很難完全容納於法律條文之內，亦難期法院加以強制執行。蓋恕的內容至為廣闊，殊未易一一列舉，要在行之者仔細體會與力求貫通……儒家重視實踐，即因他們所提示的大原則，必須於實行中方能觸類旁通，方能把大原則在不同的應用中日漸推廣其意義。所謂實踐，尚不止力行，並須具備完全的智識。……因此，儒家的做

人功夫，誠所謂「道中庸而極高明」，看起來極簡單，講究起來卻又異常精深。把他們的道理當口頭禪來宣讀，那是得不到好處的。（鄒文海 1962b, 136-137）

……恕乃活潑的原則，而非固定的法則。這是所有的倫理標準共具的特徵。也因為這個關係，恕可以是法律的指導者，卻很難成為法律條文……法律的內容必須具體而固定，法官無法解釋及執行一項道德的原則……（鄒文海 1962b, 137）

我們認為恕道雖不能齊之以刑，但本於恕的精神而制訂的法律是可以推行的。故教化與法治，不妨雙管齊下。例如親屬法中子女有贍養其父母的義務，這是本於恕的精神而制訂的……惟能贍養父母者不可謂已盡恕道，欲盡恕道者尚須在其他方面體驗與實踐，而且亦許窮畢生之力猶不得全其義。法律的具體規定是恕的起碼條件，根據這個起碼條件而再加擴大，這是人人道德的義務。（鄒文海 1962b, 138）

鄒氏認為，道德實踐向度是使法制向度得以有效落實的基礎，與不斷擴充的動力。以恕道為精神的道德實踐向度是民主之政治文化的要素，而此政治文化又是民主之基礎：

道德的流行不能依賴政治手段，但政治的基礎不能不建立於倫理風化之上。尤其民主政治，實以恕道為其美德，於人人能恕的善良風化之中，平等與自由始有其更正確的意義，違背恕的精神以求平等自由，實無異於緣木求魚。如何來宏揚恕的精神，這是加強民主基礎的當務之急。（鄒文海 1962b, 138）

……自由與平等皆為人的權利，然而並不出自天賦。這種種權利的內容，都要由恕的精神去加以充實及擴大的。我們能恕，即能一天一天增加自由與平等的意義，我們不能恕，縱有自由

與平等，其境界也是異常狹小的。（鄒文海 1973d, 76）

第三、民主本身就是民主精神（恕道）的不斷自我豐富。在民主政治中，人民的自由平等權利與政府制度的設計，其根本意涵乃是培養握有權力者（政府官員）對被治者之恕道。鄒氏以言論自由、官員任期制、階級功能論為例，說明官員並非脫離人民的特權階級，或具有自身特殊利益而與人民對立的特殊階級，而是人民中基於分工需要而擔任特殊職能的成員。鄒氏特別指出，能盡恕道的官員，是使民主精神能夠不斷自我豐富的重要力量：

> 從另一角度來看，近代的民主即是恕道的具體化與制度化。……政府的高級人員，經常聽到歌頌的話語，以至不了解他人對他治績的真實看法。……今日民主政治的方法，……不管怎樣的批評，在言論自由的原則之下皆受保障。……推行之既久，政府人員的恕道必益為精進，會從拂逆的評論來裁討自己政策的得失。此言論自由之足以培養政府人員的恕道，實極明顯。

> ……政府的職位都代表一種權勢……享有者往往欲久居要津，由是就不大顧到他人的觀感了。故今日的民主規定政務官確定的任期……使政府中人經常知道自己是國民中一分子，使其認識不致遠離國民，而對國民的想法也不至予以誤解。

> 表面上看，言論自由為自由而設，任期法為平等而設，而其真正的作用，卻是培養政府人員的恕道。故恕是平等與自由的總機關，尤其政府中人，更應盡其恕道，而後平等與自由可以獲得保障，而國家也就更為民主。（鄒文海 1973d, 79-80）

職能觀念與門閥觀念的區別，在今日社會依舊是極端重要的辨別。今日社會各種人仍然有其不同的職能，而有不同職能

的人，絕不容許其成為不同的門閥。職能一辭，英語中為
Role，亦即舞台中扮演的角色之義。Role 一字，最能表現職能
的精神……舞台上的演員，穿上戲裝以後，有的是帝王，有的
是平民，但卸除戲裝，各演員依舊還其平等的身分。社會因為
分工的需要，各人選定不同的職業……這祇指明他們對社會有
不同的服務方式……它們有職務及功能的不同，而並無身分上
貴賤的區別。祇有在這個認識之下，我們始能恢復儒家恕道的
原來的意義。（鄒文海 1962b, 133）

　　第四、鄒氏認為民主政治文化的形成和維持，需要靠社會中某些成
員的額外努力，經由身體力行而樹立榜樣，藉此提供他人學習的依據。
此思想顯然受儒家「教化」觀念影響甚深：

儒家了解倫理原則的止境，所以不主張用不恕的手段推行恕
道。倫理觀念祇能「流行」，而不能「推行」。「流行」是儒家
所提倡的教化政策，推行是法家所採取的齊之以刑的手段。所
謂流行，端賴有心者實踐及倡導，因之而轉變而培養社會的風
氣。俟其風氣既成，多數人乃能受崇高榜樣的感化而知道怎樣
來約束自己與檢點自己。（鄒文海 1962b, 137-138）

　　鄒氏總結指出，民主政治必須以民主的政治文化為基礎，此政治文
化的形成，有賴某種政治道德的化入日常生活之中，而此政治道德可以
總括為恕道。他認為我國若能發展出「恕道民主」，將成為「東方最進
步的民主國家」：

民主政治之實現，必待全國人士皆能勵行民主生活而後始有基
礎，而民主的生活，又非貫徹恕道的精神不為功。故民主必須
深植其基於政治道德之中。……宏揚儒家的精神，庶幾在東方
可以誕生一個最進步的民主國家。（鄒文海 1962a, 130）

　　以上「恕道民主論」的諸要點顯示，儒家「恕道」思想與教化思想，為鄒文海提供了一項極關鍵的思想資源，使他可以對現代政治之三大概念——自由、平等、民主——之意涵與相互關係，提出極原創的新見解。當代西方政治思想學者曾提出相互性（reciprocity）之概念，指出以相互性為精神的政治文化，是使民主政治與民主式社會共同體得以有效運作的關鍵力量。[12] 以「己所不欲，勿施於人」，「己立立人，己達達人」為精神的相互性，和當代西方學者所主張之相互性，兩者有何異同？西方學者是否以相互性作為一種可用來統攝、重思、引導自由、平等、民主的總結性或綱領性概念？這些問題仍有待未來之進一步研究。雖然如此，鄒氏的「恕道民主論」，似乎為當代民主理論提供了一種相當值得注意的學說觀點。此外，若觀察到許多現代民主社會經常出現平等但對立之價值、信念相衝突，導致社會矛盾難解，或對自由之追求與行使經常不顧他人感受（如以言論自由批評他人之宗教），鄒氏「恕道」所提倡之同情同理心，或許就更加具有參考價值。就以上各點而論，鄒氏的「恕道民主論」毋寧為政治學理的「會通中西」，做出了相當有價值的貢獻。

　　有必要指出，鄒氏處理儒家「恕道」思想的方式，是一種見解的吸收，並具有與時俱進、當代問題導向的性格。此種方式並非純學術的、考據史學式的思想研究。它乃是以對現實政治生活之關懷為導向，所進行的一種創造性的理論建構活動，此活動一方面用儒家「恕道」思想統攝、重思與引導自由、平等、民主，使之朝促進社會祥和合作之方向前進，[13] 另一方面用自由、平等、民主重建儒家「恕道」思想的當代意涵。關於後一向度，鄒氏特別強調指出，傳統的儒家歷史實踐並非「恕道」的充分實踐，而只是形成一種以士為特權階級與特殊門閥的文化，此種文化根本違反了「恕道」的精神（鄒文海 1962a, 121, 124-125）。

12　Miller (1995).
13　「欲追求人類祥和合作者，誠不能不講求恕道。」（鄒文海 1962b, 131）

此外，鄒氏也認為根據「恕道」思想，則君王只是一種職務，此職務之職能是推進人民福利，擔任此職務者在身分上與人民平等，並非「天上人」，也沒有特權，因此也才有可能與人民「有交通，有同情」，然後才有可能做到「己所不欲，勿施於人」，「己立立人，己達達人」（鄒文海1962b, 132；鄒文海 1973d, 75）。鄒氏因此提出一極有力之論斷：

> 講恕道的不能講門閥與專制。凡講門閥與專制者，皆是孔子的
> 罪人。（鄒文海 1973d, 75）

此外，他也力陳恕道與法治並不相悖，反而可以相濟（恕道並不主張法外通融，而是主張立法必須本於恕道，法律方能得到人民遵守；此外，若蒙受他人之偏私執法乃己所不欲，則公正執法亦是合乎恕道）（鄒文海 1962b, 135-136）。

參、結語

鄒文海的「恕道民主論」，由於結合儒家「恕道」思想和自由、平等、民主，之概念與制度，看似屬於新儒家等人的「儒家與民主／自由」論述（許雅棠 2006）。但略按其實，則與新儒家之論述頗有不同。以下簡要指出兩者主要不同之所在。

新儒家關於「儒家與民主／自由」問題的代表性論述之一，是牟宗三（1909-1995）先生的「儒家開出民主論」。此說之要義，何信全先生已有精闢解析（參見何信全 1995），[14] 筆者受益至多；拙文中對此說之理解，亦以何先生之解說為本。根據何先生之分析，牟氏「儒家開出民主論」之特點，在於吸收康德批判哲學對於道德主體和認知主體之區別，以及黑格爾辯證揚棄之思想，將之建構為分析儒家傳統思

14　何先生另有專著，對新儒家主要人物的政治思想做了完整的介紹（何信全
　　1996）。

想與西方民主政治之關係的理論架構。根據此一理論架構，儒家之政治思想以「綜合之盡理精神」為本質，西方民主政治則表現出「分解之盡理精神」。「綜合盡理之精神」所開展出的政治形態，是以道德主體（聖賢）涵攝凡氓，此政治形態表現為「聖君賢相政治」。在此形態中，道德主體和凡氓之關係為隸屬關係（subordination）。相對於此，西方民主之政治思想所表現出之「分析盡理之精神」，則以政治主體之對立為政治形態。在此形態中，統治者與被治者之關係乃一種對列之局（coordination）。由於儒家政治思想和西方民主分屬兩種不同之精神，因此無法直接嫁接，而必須以前者自我辯證揚棄的方式吸納後者。儒家政治思想自我辯證揚棄的方法，是道德主體之自我坎陷為認知主體與政治主體：

> 牟宗三融通儒學與現代民主的進路……乃是透過綜貫的道德主
> 體之自我坎陷，成為橫列之知性主體與政治主體，以開出個體
> 與物對，個體與個體對的對列之局。（何信全 1995, 150）

可以看到，牟氏之說，乃是以堅守儒家思想為中國文化根基為前提，對儒家思想進行創造性的轉化，使之在標舉道德主體之餘，可以進一步由此主體開出政治主體和認知主體，從而開出民主與科學。據此，中國民主化的道路，並非全盤拋棄儒家思想而直接模仿西方（全盤西化），而是對中國本身的文化傳統進行創造性之轉化。經過此一創造性轉化的中國民主，和西方民主的主要不同，一是以道德主體為民主之基礎與指歸，二是以綜合之盡理精神統攝分解之盡理精神。

美國學者 Joseph Levenson 曾提出著名的「歷史 vs. 真理思考模式」（history-truth thesis），據以分析近代中國思想的特點。根據此模式，儒家乃是中國傳統與文化上的自我認同，民主與自由則是來自西方之普世價值。Levenson 指出，近代中國思想的基調之一，是如何在接受普世價值的同時，也能保有自我文化認同。如果運用上述分析架構加以觀察，則牟宗三的「儒家開出民主論」，乃是以保有自我文化認同為基本

立場，對此文化認同之內容進行創造性轉化，使之可以統攝民主。

　　相對於此，鄒氏「恕道民主論」的主要關心，似乎並非保存儒家思想、以之作為中國自我文化認同之內容。如前所述，鄒氏從早年就衷心認同作為近代西方政治思想核心之一的自由與民主，並從 Laski 處吸收對於平等之信念。據此觀之，他中年以後的吸收「恕道」思想，其旨趣恐怕並不涉及傳統文化認同的保存問題，而是以「恕道」思想補充當代西方政治理論對於自由、平等、民主思考之不足。在鄒氏的論述裡，「恕道」與其說是一種文化認同，不如說是一種中國政治文化中的元素。此元素若能提升到總結性精神的地位，並且得到正確的認識和真正貫徹的實踐，則可以形成使民主得以真正生根落實的政治文化。

　　如果細察鄒、牟二氏的論述，則鄒氏的「恕道民主論」，似乎是以分解之盡理精神、對列之局與政治主體，作為恕道民主的基礎。政治主體之基本素養，是理智、寬容與懷疑批評；其進階之道德修養，則為恕道。在鄒氏的論述中，第一序存在的乃是政治主體，有政治主體，即有自由、平等、民主。至於此政治主體能否經由對恕道的體認與實踐而上升為道德主體，或是自由、平等、民主的精神能否經由恕道獲得統合與提升，則屬次要問題，因為恕道不足，並不會根本取消自由、平等、民主，只是使之停留在較低的層次。而在牟氏的論述裡，第一序存在的卻是道德主體。此道德主體之所以需要自我坎陷為政治主體，是為了成為更豐富、更完善的道德主體。換言之，政治主體只是道德主體自我實現的一個環節，分解之盡理精神也只是綜合之盡理精神自我實現的一個環節。如果用牟氏的說法，假定西方民主之本質精神是分解之盡理精神，政治主體為此精神之表現，而儒家政治思想之本質精神是綜合之盡理精神，道德主體為此精神之表現，則鄒文海的「恕道民主論」乃是「以西代中（以政治主體取代道德主體），以中濟西（以恕道提升民主）」，而牟宗三的「儒家開出民主論」則是「以中攝西」（道德主體經由自我坎陷為政治主體而獲得進一步的自我實現）。據此觀之，鄒、牟二氏之說，雖然均可視為「會通中西」的嘗試，但兩者顯然呈現為「會通中

西」的不同類型，而又與晚清格義型的「會通中西」並不相同。

　　另一方面，近年來西方學者提出「儒家式民主」（Confucian democracy）之概念（參見 Hall and Ames 1999; Tan 2004; Chan 2014; Kim 2014）。此亦可視為「會通中西」的另一種類型。然此種論述，似又與鄒氏之「恕道民主論」有所不同。關於此一問題，將留待未來進一步研究。

　　鄒氏對於孔孟「恕道」真義之重建，是否可以獲得歷史學者或史學導向之政治思想學者之同意，尚難定論。但他認為孔孟「恕道」的根本精神是「視人如己」，認為此精神在人與人之身分差異已經消失的現代民主社會，可作為追求與維護一切人之自由與平等之行動指導，以及引導自由平等之人進行祥和合作之力量——以上主張，從政治理論的角度觀之，似無謬誤之處。若然，則鄒氏雖非以中國政治思想為專業領域之學者，但上述見解不僅有力揭示孔孟「恕道」之不朽內涵，並顯示此內涵不僅和現代民主並無扞格難容之處，反而可以作為現代民主的指導精神。以上兩點，均可視為對中國政治思想研究之重大貢獻，並開啟許多進一步思考的可能性。就此而論，鄒氏對孔孟「恕道」的論述，雖然不具備中國政治思想研究的傳統形式，卻可視為極原創且重要的中國政治思想研究成果。此研究成果的最大特點，便是以「會通中西」的方式進行政治學理的創造建構。鄒氏此一成就，要多久才能被後來者超越，將決定其歷史位置的高下久暫。

參考文獻

朱堅章，1999（1970），〈景師在學術上的恕道精神〉，收錄於楊日青主編，《鄒文海先生逝世三十年紀念文集》：91-94，台北：政治大學政治學系。

江宜樺，2001，《自由民主的理路》，台北：聯經出版社。

江宜樺，2008，〈《論語》的政治概念及其特色〉，《政治與社會哲學評論》，

24：191-233。

何信全，1995，〈儒學與現代民主的融通——牟宗三政治哲學探析〉，收錄於劉述先主編，《當代儒學論集：挑戰與回應》：131-158，台北：中研院文哲所籌備處。

何信全，1996，《儒學與現代民主：當代新儒家政治哲學研究》，台北：中研院文哲所籌備處。

何信全，2006，〈戰後台灣對自由主義的詮釋：以張佛泉、殷海光與朱堅章為例〉，《政治與社會哲學評論》，17：5-33。

祁樂同，1999（1987），〈追念鄒文海先生〉，收錄於楊日青主編，《鄒文海先生逝世三十年紀念文集》：67-69，台北：政治大學政治學系。

胡開誠，1999，〈先師鄒文海先生逝世三十週年紀念〉，收錄於楊日青編，《鄒文海先生逝世三十年紀念文集》：21-26，台北：政治大學政治學系。

浦薛鳳，1971a（1975），〈孔孟儒家對於「暴橫」所採之立場〉，《華岡學報》，10：7-18。收錄於浦薛鳳，《政治文集》：284-295，台北：臺灣商務印書館。譯自 Dison Hsueh-Feng Poe. "Confucianism on Violence: A Universalistic Approach." In *Reflections on Revolutions*, eds. Dale M. Riepe, David H. DeGrood, and Edward D'Angelo. Bridgeport, WI: Spartacus Books.

浦薛鳳，1971b（1975）〈老子與孔子之「道」：類別、根源、性質及作用〉，《清華學報》，11（1、2）：1-51。收錄於浦薛鳳，《政治文集》：296-320，台北：臺灣商務印書館。似譯自 Dison Hsueh-Feng Poe. "Naturalism in the TAO of Confucius and Lao Tzu." In *Radical Currents in Contemporary Philosophy*, eds. David H. DeGrood, Dale Riepe, and John Somerville. St. Louis, MO: Warren H. Green.

國史館編，1999，〈浦薛鳳先生行狀〉，《國史館現藏民國人物傳記史料彙編》，19：299-309，台北：國史館。

張佛泉，1935，〈論自由〉，《國聞週報》，12（3）：1-10。

張佛泉，1979（1955），《自由與人權》，台北：臺菁出版社。

許雅棠，2005，《民本治理學》，台北：臺灣商務印書館。

許雅棠，2006，〈儒學與民主——讀金耀基論文集有感〉，《二十一世紀》，（2）：47，http://www.cuhk.edu.hk/ics/21c/supplem/essay/0508069.htm，

查閱時間：2015/4/20。

馮友蘭，1991，《中國哲學史新編》，第 6 冊，台北：藍燈出版社。

黃粹涵，1999，〈鄒文海老師逝世三十週年紀念：一位老門生的遙祭〉，收錄於楊日青主編，《鄒文海先生逝世三十年紀念文集》：15-18，台北：政治大學政治學系。

楊日青，1999，〈鄒文海先生逝世三十年紀念文集‧編後語〉，收錄於楊日青主編，《鄒文海先生逝世三十年紀念文集》：151-154，台北：政治大學政治學系。

楊日青編，1999，《鄒文海先生逝世三十年紀念文集》，台北：政治大學政治學系。

楊樹藩，1960a，〈商子的政治思想研究〉，《國立政治大學學報》，1：219-241。

楊樹藩，1960b，〈董仲舒的政治思想研究〉，《國立政治大學學報》，2：223-244。

鄒文海，1957，《政治科學與政府》，台北：作者自印。

鄒文海，1962a，〈民主的生活〉，國民大會主編，《民主論叢》，台北：國民大會。收錄於鄒文海，《鄒文海先生政治科學文集》：120-130，台北：鄒文海先生六十華誕受業學生慶祝會。

鄒文海，1962b，〈恕道與民主〉，《新時代》，2（8）。收錄於鄒文海，《鄒文海先生政治科學文集》：131-138，台北：鄒文海先生六十華誕受業學生慶祝會。

鄒文海，1963，〈從冥律看我國的公道觀念〉，《東海學報》，5（1）：109-125。收錄於鄒文海，《鄒文海先生政治科學文集》：90-119，台北：鄒文海先生六十華誕受業學生慶祝會。

鄒文海，1967，《鄒文海先生政治科學文集》，上冊，台北：廣文書局。

鄒文海，1973a，《大工業與文化》，台北：寰宇出版社。

鄒文海，1973b，〈從冥律看我國的公道觀念〉，收錄於鄒文海，《大工業與文化》：131-193，台北：寰宇出版社。

鄒文海，1973c，〈自由的意義〉，收錄於鄒文海，《大工業與文化》：59-69，台北：寰宇出版社。

鄒文海，1973d，〈自由平等與民主〉，收錄於鄒文海，《大工業與文化》：71-80，台北：寰宇出版社。

鄒文海，1994（1937），《自由與權力》，重印版，台北：鄒淑班發行。

趙賡颺，1999，〈念才德超群的鄒景蘇兄〉，收錄於楊日青主編，《鄒文海先生逝世三十年紀念文集》：71-78，台北：政治大學政治學系。

蕭高彥，2012，〈張佛泉自由主義中的憲政與民主〉，《政治與社會哲學評論》42：1-38。

蕭高彥，2014，〈五〇年代台灣自由觀念的系譜：張佛泉、《自由中國》與新儒家〉，《人文及社會科學集刊》26（3）：387-425。

錢永祥，2001（1988），〈自由主義與政治秩序——對《自由中國》經驗的反省〉，《台灣社會研究季刊》，1（4）：57-99。收錄於錢永祥，《縱欲與虛無之上：現代情境裡的政治倫理》，台北：聯經出版社。

譚溯澄，1970，〈憶良師〉，收錄於黃天從，《國立政治大學政治研究所年刊　鄒文海與政治大學中國政治思想研究的早期特點 159 ‧紀念鄒師文海先生專輯》：39-41，台北：政治大學。

顧立三，1999，〈敬悼景師〉，收錄於楊日青主編，《鄒文海先生逝世三十年紀念文集》：27-63，台北：政治大學政治學系。

Chan, Joseph. 2014. *Confucian Perfectionism: A Political Philosophy for Modern Times*. Princeton, NJ: Princeton University Press.

Hall, David L., and Roger T. Ames. 1999. *The Democracy of the Dead: Dewey, Confucius, and the Hope for Democracy in China*. Chicago, IL: Open Court.

Kim, Sungmoon. 2014. *Confucian Democracy in East Asia: Theory and Practice*. Cambridge, NY: Cambridge University Press.

Miller, David. 1995. *On Nationality*. Oxford, UK: Clarendon Press.

Pettit, Philip. 1999. *Republicanism: a Theory of Freedom and Government*. Oxford, UK: Oxford University Press.

Skinner, Quentin. 1978. *The Foundations of Modern Political Thought*. Cambridge, NY: Cambridge University Press.

Tan, Sor-hoon. 2004. *Confucian Democracy: a Deweyan Reconstruction*. New York, NY: SUNY Press.

從變與常思考政治學及西洋政治思想史在政大的開展

張福建
中央研究院人文社會科學研究中心研究員

> 「政治確是『萬題之題』，而政治主要因素之一
> 確是思想，政治思想。」
> ——浦薛鳳（1981, 21）

壹、前言

前年我應北京政法大學之邀到天津和昌平做訪問，天津師範大學（天津師大）的劉訓練先生特別要求我就西洋政治思想史在台灣的發展，做一個簡單的介紹，在會中我遇到天津師大的徐大同老先生，他在我講完之後特別跟我提到：「中國近代政治學、特別是清華大學政治學的開展，要特別歸功於浦薛鳳先生。」由於浦薛鳳先後任教於清華大學和西南聯合大學（西南聯大）政治學系，鄒文海更是當時政治學系的助教，而他們兩位在國民政府遷台之後又前後執掌政治大學（政大）政治學所系，浦薛鳳在政大任職六年，第一次是在 1954 到 1958 年，也是政大政治學所草創的最重要階段。因此政大政治學所系的開展可以說和清華、西南聯大有著一衣帶水的關係，更何況政治學所系裡面的最核心課程——西方政治思想由浦薛鳳、鄒文海及朱堅章先後講授，至於政治學和政治學方法論，則分別由畢業於西南聯大政治學系的呂春沂、易君博兩位擔任，而鄒文海與呂春沂在浦薛鳳擔任教務長的期間，又分別擔任副教務長及教務處秘書。因此我們似可以做一個合理的推論，浦薛鳳及

鄒文海所代表的清華及西南聯大體系，對於政大政治學所系的影響肯定十分巨大，而這一點可以從浦薛鳳的回憶錄中得到佐證，他說：「予應政大之聘，首先著手者乃是整理清華授課時期各課程講稿之詳細綱要，選購必要之標準參考書籍。……至於授課方式，則仍採用當年在北京清華園之習慣作風……」（浦薛鳳 2009b, 107）。雖然這並不排除往後有其他力量的摻合，但無論如何，清華及西南聯大的影響肯定是最重要的。

現在我們不妨再把時間拉長一點，來審視這個課題。政治學和政治思想在中國的引進，有很長的歷史脈絡可以追索，首先就西方思想在近代中國的播種，嚴復可以說是開風氣之先，在民國肇造之後，國內許多大專院校，從北京大學（北大）、清華大學、武漢大學、燕京大學、金陵大學、金陵女子文理學院、四川大學、之江文理學院、南開大學都分別有政治學概論、政治思想及政治制度等課程的開設。其中最著名的，當屬在清華及西南聯大的浦薛鳳與張奚若，先後任教於燕京大學、清華、川大、光華、政大及臺灣大學（臺大）的蕭公權，以及北大的高一涵所講授的西洋政治思想（西洋政治思想史）。在大陸淪陷之後，政治學以及中西政治思想的課程也隨著國民政府遷台，由浦薛鳳、蕭公權與鄒文海等帶到台灣墾殖播種，因此其彼此間的關係可謂同根而異株。

再進一步說明政大政治學所系的辦學方針與特色之前，我認為政治學科在近代中國學術史的開展有以下幾點特別值得我們注意。第一，西方政治理念與制度在近代中國的引進雖然始於清末民初，特別是經由傳教士的譯介以及嚴復、梁啟超等人的媒介，但是政治學作為一個相對比較獨立與完整的學科，被正式納入大學體系中則是 20 世紀 20、30 年代前後的事。北大首開風氣之先，清華及其他各校緊隨其後也陸續成立了政治學系。由於主事者的背景學經歷的不同，在課程的設計與安排上就有很大的出入。以北大為例，其政治學系由於受到梁啟超的關係，特別是經由日本而使得德國國家學的色彩很深，因此政治學系的課

程法學教育受到特別重視（孫宏云 2005, 2-3）。[1] 在辛亥革命之後，隨著美國實力逐漸壯大以及中美關係日益密切，許多知名的政治學家如古德諾（F.J. Goodnow）、韋羅貝（W.W. Willoughby）和威斯康辛大學政治學系主任芮恩施（P.S. Reinsch）分別被聘為中國政治顧問以及駐華公使。在他們的推波助瀾之下，美國已取代日本逐漸成為留學生的首選之地。這個影響最明顯莫過於受惠於庚子賠款的清華大學。由於其師資大都取之於留美歸國的學生，因此課程的設計乃至於教本的選用，甚至教學及考試的方式，都深深地烙下了美國的印記。第二，辛亥革命之後由於內外交困、國難方殷，為了爭取關稅自主，並與列強簽訂友好通商條約，[2] 於外在國際談判上需要許多具備國際法以及國際政治相關專業的人才；於內則百廢待舉，市政管理的人才也不可或缺。為了培養這些相關的人才，政治學系在中國各大學成立時也被列為優先設立的所系。即使以清華留學生出國選擇科系的比例，根據袁同禮編的《中國留美同學博士論文目錄》（*A Guide to Doctoral Dissertations by Chinese Students in America, 1905-1960*），1905-1937 年間中國留學生獲得政治科學（Political Science）博士學位的共計 42 人，其中清華出身的 22 人，獲得國際法與國際關係（International Law and Relations）博士學位的共計 45 人，其中清華出身的 13 人（孫宏云 2005, 5），由此不難看出清華學生占留學生比例之高。另外出國留學生中學習理工與生物雖然占大宗，但是在社會科學領域中，則由經濟與商業管理拔得頭籌，其次就是政治學，而政治學當中，國際法與國際關係又高於政治科學，由此可見政

1　關於清華政治學系的發展，本文主要參考孫宏云《中國現代政治學的展開：清華政治學系的早期發展（一九二六至一九三七）》（孫宏云 2005）。

2　晚近學者對於南京國民政府（1927-1937）的功過有了新的評價，現在許多學者指出，在南京國民政府成立以後，發表了〈關於重訂新條約之宣言〉，圍繞關稅自主和廢除領事裁判權兩項，同英、法、義等國締結了新的關稅條約，和友好通商條約，此外還施行了幣制改革和國民經濟建設運動。以交通建設為例，十年內建設鐵路八千多公里，開闢了民航。如果沒有這十年的經濟建設，就難以在八年抗日中取得最後的勝利，因此有所謂「黃金十年」之說（宗玉梅 1998, 211-212）。

治現實對於學生科系選擇的影響。其中由理工轉社會科學的不在少數，例如在清華和西南聯大講授西洋政治思想的一代名師——張奚若。他在 1913 年赴美學習，入哥倫比亞大學，原想學習土木工程，後來認識到國家要富強，必須仿效西方民主政治，於是改讀政治（張奚若 1989, 4-5）。另外，就我所知，呂春沂，當時以廣西會考第一名獲保送中央政治學校、不就。爰以數理成績特優被分發到廣西大學電機系，讀一年後以興趣不合毅然決然休學一年，在廣西灕江邊上租房並於隔年重考入清華大學政治學系，由此可見當時學生的志向。第三，近代中國大學的設立，始終受到政局板蕩的巨大影響。儘管各大學都標榜學術獨立、思想自由，但是政治干預的力量卻不曾稍歇。從滿清政府、袁世凱當政、軍閥割據乃至於國民政府，無一不想插手大學的走向及辦學方針。清華大學亦難以置身事外，從校長選任，老師的聘任，到課程的設計安排，或多或少都受到外在的影響。特別是北大和清華這些重點大學，更是首當其衝。到了 1952 年，中國全國高等學校院系調整，中共裁撤了政治學系和專業，政治學的教學和研究人員紛紛改行。政治學或政治思想的教學在中國大陸也就此畫上了長長的休止符。[3] 因此政大政治學所系的設立可說是延續了政治學研究在近代中國的火種，並對台灣的自由化與民主化注入一股根本的力量。

　　近代中國對於西方思想的認識，嚴復的見解最為深刻（楊幼炯 1956, 57-67），在〈原強〉一文中，他說道：「然而至於至今之西洋，則是斷斷乎不可同日而語矣。……故凡所謂耕鑿陶冶，織紝樹牧，上而至於官府刑政，戰鬥運輸，凡所以保民養民之事，其精密廣遠，較之中國之有所有為，其相越之度，有言之而莫能信者。且其為事也，又一一皆

3　筆者手上有一本徐大同主編的《西方政治思想史》是 1985 年由天津人民出版社出版，這個教本筆者不敢確定是大陸改革開放以後最先出現的西方政治思想史教本，如果是，那麼距離 1952 年中共全面廢止政治學系，已經相隔 33 年，此後西方政治思想史的引進才陸續得到重視。

本之學術；其為學術也，又一一求之實事實理，層累階級，以造於至大至精之域，蓋寡一事焉可坐論而不可起行者也。推求其故，蓋彼以自由為體，以民主為用。一洲之民，散為七八，爭雄併長，以相磨淬，始於相忌，終於相成，各殫智慮，此日益而彼月新，故能以法勝矣。……是故富強者，不外利民之政也，而必自民之能自利始；能自利自能自由始；能自由自能自治始，能自治者，必其能恕、能用絜矩之道者也」（王栻 1986, 11-14）。正是其洞悉西人之所長，不止於船堅炮利與政經制度，而在於知識的日新月異，特別是致知的方法，凡其所譯介的經典，可說是無一不濟中國之弱。《天演論》意在喚起國人的危機意識，孟德斯鳩的《法意》則在辨析各種政體的優劣得失，彌爾的《群己權界論》[4] 則是試圖在思想上張揚個性、尋求解除中國傳統禮教的桎梏。隨後的梁啟超、魯迅等近代中國知識分子，均受惠於嚴復的啟蒙，並為中國政治社會的更新尋求對治的良方。彌爾的《自由論》早成為民國初年大家競相引介批評的對象，馬君武、高一涵、張佛泉、張君勱都曾在不同雜誌上有所申論。其後五四的中西文化論戰、30 年代的民主獨裁論戰，乃至於無政府主義、社會主義、多元主義的引介，無一不是馱負著中國邁向富強的重擔，西洋政治思想史在自由中國早期的發展，除了肩負著國家的政治走向，同時也得堅守學術自由、自主的使命，但在這內外交迫的時局中，這二者之間常存在一道張力，雖然這張力隨著個人、具體環境而有所差異，但這股張力始終橫亙於知識分子的心中，在在左右著其行動的方向。1949 年隨著國民政府失守大陸，陳寅恪、馮友蘭、羅隆基、張奚若等因各種不同原因而留在大陸，至於胡適、梅貽琦、浦薛鳳選擇了另一條道路。這選擇可不是詩人羅伯特・佛洛斯特（Robert Frost）黃葉林中的岔路，因為它關係著可不止是個人一己

4　此即彌爾的《自由論》，嚴復別出心裁譯為《群己權界論》，此一譯名雖不如《自由論》來的直白，但卻是相當中肯的擷取了該書的核心論旨。相關論述請參考張福建（2002）《文明的提昇與沉淪：彌爾、嚴復與史華茲》。

的命運，更關係著對國家未來的判斷和想像。以胡適和張奚若為例，他
們倆雖私交甚篤，但在國共問題上，卻南轅北轍，其他人也同樣面臨人
生上最艱難的抉擇。我們現在無從確切地知道他們為什麼做了這樣或那
樣的選擇，[5] 但是從浦薛鳳對聞一多、羅隆基的回憶中，約略可以看出
這種選擇既有著個性的因素，更涉及到政治判斷的分歧（浦薛鳳 1984b,
250-255, 265-268）。去留之間正如盲人騎瞎馬、夜半臨深池，後果難以
預卜。胡、梅、浦等的選擇，就現在看來可說是失之東隅、收之桑榆，
幸運的我們，正因為浦薛鳳以及鄒文海、呂春沂、易君博、朱堅章等的
選擇，才能使得政治學以及西洋政治思想史的研究在近代中國得以綿延
不絕。

　　西洋政治思想史在台灣早期的發展，絕對要歸功於浦薛鳳，及後繼
的鄒文海及朱堅章。事實上，政大政治學所系的一切建制，都是浦薛鳳
規撫早期在清華及西南聯大政治學系的建制，無論課程的設計、師資的
延聘與培育、國際學者的交流，都是一本早期清華和西南聯大的經驗。
浦薛鳳畢業於清華大學政治學系，獲庚子賠款赴美進修，回國後任教於
清華政治學系並自 1932 年接替吳之椿擔任政治學系主任，對於清華政
治學系的開創拓展，有不可抹滅之功（謝喆平、李春峰 2011, 60-62）。

　　鄒文海是浦薛鳳清華的助教，後留學英國，師從著名的學者拉斯
基（Harold Laski）、芬納（Herman Finer）（張小勁、李春峰 2011, 77），
返國後曾先後任教於湖南大學、江蘇省立江蘇書院、廈門大學、暨南大
學等，來台後任教於政治大學，甚受學生的敬仰與推崇，賀仲烈之贈
聯「清風滿懷，朗月在抱；萬慮俱息，一塵不沾」（鄒文海 1972, 5），最

5　浦薛鳳之所以做這樣的選擇，或許跟他的政治信念有密切的關係，他在《西洋近
　　代政治史（上）》的序言中，寫道：「即以代議民治而言。英吉利漸次立憲，無大
　　規模流血而其成功最大。法蘭西革命，恐怖流行，痛苦深刻；然憲法九易復辟三
　　次幾幾百年而後始能奠定共和。蓋歷史進行往往以迂迴為捷徑。」（浦薛鳳 1979,
　　序 2）。另外蕭公權的選擇也可以從〈是亦為政（二）談憲政民主〉一文中看出端
　　倪（蕭公權 1972, 187-198）。

足以顯現他的襟懷。在鄒文海過世後，朱堅章在眾望所歸之下繼承鄒文海的衣缽，開始西洋政治思想史的講授，甫一授課，就廣受學生肯定，當時臺大及政大他系的學生，都紛紛慕名前來旁聽他的課，由於堂堂爆滿，學生必須提早占位，以免向隅。其實朱堅章上課之所以會那麼成功，不是沒有原因的，他曾親口告訴我，為了備課，他幾乎上課前一天晚上都熬夜到天亮，因此在課堂上都能輕易地將西洋思想家的經典文句一字不漏的用漂亮的板書寫上，再反覆加以申說。而這之外，課餘之暇他亦如鄒文海將很多時間花在學生身上，正是因為這些老師都不只是經師，而是人師，他們對學生的關懷備至，所以至今許多學生十分篤念師恩。朱堅章曾求學於復旦，來台後先在臺大法律系就讀，後來又考上政大政治研究所，其碩士論文《中國歷代篡弒之研究》，被認為是政大政治學所最優秀的論文之一。浦、鄒兩位老師在政大養成一大批學術及政治人才，學界除了朱堅章外，講授政治學的呂春沂及易君博，講述中國政治史的芮和蒸、中國憲法與政府的荆知仁等，俱可謂當時政治學所系的招牌。這裡有一些值得我們深思的問題，為什麼在物質這麼匱乏，思想那麼禁錮的年代裡，能造就如此蓬勃的學術氛圍，特別是權威當局戒護森嚴的政治學與政治思想領域？以下我擬就當時浦薛鳳在政治學所系的一些建制及其思考的方向，提出初步的探索。在進一步回答我自己的提問之前，我想先花點時間說明浦薛鳳在擔任清華大學政治學系主任時期（1932-1937），其對於籌辦政治學系的方針與具體措施，並進而比較這段時期和政大時期的關聯性。當然由於時空的變異以及相當多的人才滯留大陸，師資的不完整是可以想見的。因此如何培養新的師資，遂為當務之急，這也是政治學所首先開辦的最主要因素。1932年清華校長羅家倫以及政治學系主任吳之椿先後離校，期間北洋軍閥也想介入清華校長的人事案，但因學校教授及學生的群起反對而作罷，事後才由梅貽琦繼任校長。在梅貽琦的主持下，清華大學開啟了一個新的紀元，無論在校務的管理、師資的延攬，通識教育的落實，課程的修訂以及教材和教法的更新，都一新耳目，成為當時最先進、最開明的大學。底下分為

幾點說明清華政治學系在浦薛鳳主持下的一些具體措施。

貳、清華園及昆明中的政治學系

　　無論在北京清華園中的清華大學，或是避難到昆明，由北大、清華、南開共同組成的西南聯合大學，都是由梅貽琦擔任實際的負責人，因此他的教育理念就對清華以及西南聯大產生十分深遠的影響。梅貽琦的辦學方針可以簡單歸納如下。

一、積極延攬師資

　　由於他認為「吾人常言：大學之良窳，幾全繫於師資與設備之充實與否，而師資為尤要。是以吾人欲圖本校之發展，欲圖提高本校之學術地位也，亦以充實師資為第一義」（梅貽琦 2012, 57）。這種作法對於在清華擔任政治學系系主任的浦薛鳳也大有影響，在清華期間，浦薛鳳十分致力於延攬優秀的學人到清華任教，其中蕭公權、沈乃正、趙鳳喈、陳之邁及助教鄒文海等都是在這時期被浦薛鳳延攬進入政治學系。關於蕭公權到清華的過程，在《問學諫往錄》中，有一段談到他和浦薛鳳的關係，特別值得我們注意，從此也可以看出浦薛鳳延攬學人的用心：「在政治系的同仁當中，逖生兄待我最好。他凡事為我設想，研究上需要的資料和教學上所需要的便利，他都有求必應。例如圖書館未曾購藏的書籍，他派人通知書肆，送來讓我選購。又例如參考資料時，他雇人替我抄寫」（蕭公權 1972, 102）。

二、加強通識教育

　　五四運動後的清華，根據馮友蘭的回憶：「一九二八年後清華還提倡所謂『通才教育』，這些在當時也有一定的影響。當時的想法是，大學，特別是其中的文法科，首先要把學生培養成全面發展的『人』，其

次才是成某一方面的專家」（馮友蘭 2005, 136）。

　　中國近代大學的通識教育，其中辦得最有成效的首推清華大學，而這又與梅貽琦校長有著密切的關係，自從 1932 年他主持清華後，曾多次公開論及通識教育。1932 年，梅貽琦主持校務後不久，就在〈做學問的方法〉一文中談到：「學問範圍務廣，不宜過狹，這樣才可以使吾們對於所謂人生觀，得到一種平衡不偏的觀念。對於世界大勢文化變遷，亦有一種相當了解。如此不但使吾們的生活上增加意趣，就是在服務方面亦可以增加效率。這是本校對於全部課程的一種主張」（梅貽琦 2012, 19）。換言之，大學不應該只培養有專門技術的高等匠人，「而應是培養『周見洽聞』的『完人』。大學教育不應成為職業或技能教育與專家教育，而要給學生以『士』的教育，以培養『知書達禮』的『士人』或曰『精神領袖』」（黃延復 2000, 47）。即使對於以理工見長的清華大學而言，梅貽琦在《工業教育與工業人才》一文中，也反覆的申說「……真正工業的組織人才，對於心理學、社會學、倫理學，以至於一切的人文科學、文化背景，都應該有充分的了解……人事的重要，在西洋已經深深地感覺到……一面更有『人事工程』（human engineering）一類名詞的傳誦。其在中國，我認為前途更有充分認識與訓練的必要，因為人事的複雜，人與人之間的易於發生摩擦，難期合作，中國是一向出名的。總之，一種目的在養成組織人才的工業教育，與工學本身與工學所需的自然科學而外，應該旁及一大部分的人文科學與社會科學，旁及的愈多，使受教的人愈博洽，則將來他在物力與人力的組織上，所遭受的困難愈少」（梅貽琦、潘光旦 2005, 94-95）。

　　他語重心長地說道：「竊以為在大學期內，通專雖應兼顧，而重心所寄，應在通而不在專，換言之，即須一反目前重視專科之傾向，方足語于新民之效。夫社會生活大於社會事業，事業不過為人生之一部分，其足以輔翼人生，推進人生，固為事實，然不能謂全部人生即寄寓于事業也。通識，一般生活之準備也，專識，特種事業之準備也，通識之用，不止潤身而已，亦所以自通于人也，信如此論，則通識為本，而專

識為末。社會所需要者，通才為大，而專家次之。<u>以無通才為基礎之專家臨民，其結果不為新民，而為擾民</u>」（梅貽琦 2012, 8）。

另外，針對當時大學的社會科學教育，他更進一步說到：「今日大學所授之社會科學知識，或失之理論過多，不切實際，或失諸憑空虛構，不近人情，或失諸西洋之資料太多，不適國情民性；學子一旦畢業而參加事業，往往發見學用不相呼應，而不得不于所謂『經驗之學校』中，別謀所以自處之道，及其有成，而能對社會有所貢獻，則泰半自經驗之學校得來，而與所從卒業之大學不甚相干，以至於甚不相干。」（梅貽琦 2012, 9）梅貽琦 80 年前的一席話，即使衡諸今日也針針見血。正由於梅貽琦的大力提倡，於是清華各系所莫不十分重視通識教育，而這種傳統也延續其所主持的西南聯大。

1932 年，浦薛鳳在清華大學紀念週演講《關於政治學系之課程》，談到他對於政治學的一些基本觀點，以及他辦理政治學系的指導思想，當中特別強調：

一、課程不在繁多，弄得五花八門巧立名目，而在聚精會神對於基本課目，經嚴密之訓練，得精細之認識。

二、本科學程須於普通中帶專門。有人以為習國際法便不必讀政治思想；習市政學便無須選政治制度：此是誤解。政治系之課程，總歸納可分為三類，細分之可得五門。三類即〔壹〕公法（包括憲法行政法國際公法）；〔貳〕制度（包括地方政治市政等）；〔參〕思想。五門者即為〔一〕憲法與行政；〔二〕國際法與國際關係；〔三〕政治制度；〔四〕市政學；〔五〕政治思想。

第一年除大學必修課外，政治學概論與經濟學概論為必修。第二年憲法、政治制度與法律原理為必修。第三年則必讀國際法與政治思想。第三年之一部分及第四年則為選修。本系對關於

吾國政治學將極注重，惟此非一躍可至。對於市政亦將特別注意以冀養成應時的實用人才。（轉引自孫宏云 2005, 129）

另外，浦薛鳳在擔任清華政治學系主任之後，在課程設計上最值得我們注意的就是對於邏輯和科學研究方法的重視。浦薛鳳認為研究政治學所需要的「方法」，就是像自然科學一樣做到名詞的標準化，理論的確切化，結論的公律化，因為他認為政治學是一個獨立自主的學科，研究邏輯與自然科學的目的只是希望養成學生嚴謹治學的一種態度。這種對於政治學研究的態度和方法的重視，不僅可以見諸他自己「政治五因素」的歸納總結，也同樣體現蕭公權先生撰寫《中國政治思想史》時在材料的準備與運用。我相信易君博先生之所以終生致力政學方法論的研究，一方面固然與這種體認有密切的關係，但是除此之外，這種對研究態度或方法的重視，其實背後潛藏著一種更廣闊的人文關懷。這一點可以從易君博下面這段文字中洞見其中端倪：

聯大的學風，用一句話說，他的主要目的可能在於令學生通過自然科學及邏輯學的學習與訓練，養成嚴謹準確的研究習慣和敘述風格。他說：「在自然科學中的每一個名詞之所指眾無異議；獨在政治學中往往名物不一」；又說政治學中「立論措詞總宜確切、明顯、並有例證；若是含糊模稜似可解而不可解，似可會意而莫從捉摸。則不過是政治文學，絕不能進而為政治科學」即是科學精神與人文精神的並重及融合。就科學方面來說，聯大非常重視基礎科學的教學，每年因考試不及格而遭到重修或退學的人，比例相當高。同時，規定非理工學院的學生必須選修一種理學院的基礎學科，要求也十分嚴格。這種自然科學的學習與訓練，多少會幫助學生體驗到知識的形成及科學理論的特徵，究竟是回什麼事。至於人文方面，也許由於早年北大倡導新文化運動及清華創辦國學研究所，發生了某種刺激作用，使聯大孕育出一股相當濃厚的人文氣息。當時聯大共有

五個學院，各個學院的師資與研究風氣，都很整齊健全，不過各學院的學生卻特別歡喜談論文學院的教授，也愛聽文學院教授的演講。文學院所主辦的純學術性的「文史哲講座」，按期舉行演講，經常有人滿為患的狀況。中文系的某幾個課程，有時旁聽的比選課的還要多。羅庸先生的「杜詩」一課，即是其中之一。均足以顯示出來，聯大的人文風氣，的確相當濃厚。

如果說一個大學的靈魂所在應該是文理兩個學院，那麼當時聯大呈現出來的學風取向，實在值得效法。因為，經這種學風薰陶的學生，比較上說，容易洞悉學問的根，並產生追求真理的熱忱，而不為功利思想所困。（易君博 1987）

三、設計切合國情與實用的課程

當時各大學人文社會各學科普遍存在的問題是課程的洋化，特別是清華大學最為嚴重，當時有一名署名「燕客」的作者在《獨立評論》上發表一篇〈如何改造中國的社會科學〉，文中提到：

所謂社會科學，老實不客氣的說，是西洋的產物。因為一直到現在，中國所講授的與所鼓吹的社會科學便都是舶來品。……因為近代的社會科學本來不是中國的，所以這幾十年來中國一切屬於社會科學的教科書與著作，都是直接或間接的販賣洋貨。所謂中國社會科學界的工作不外下列三種：一、講授外國的教科書，二、抄襲外國的著作變成教科書或講義，三、將外國書譯成漢文。所謂中國社會科學大概也都脫不了這個窠臼。……年復一年的各大學的社會科學教授們，將他們在少年所販來的洋貨，零售給一般恭順的，專喜歡洋貨的學生們，造出一批一批的一知半解歐美而不認識中國社會的畢業生。（轉引自孫宏云 2005, 134）

對於這種現象，當時的學界也普遍的意識到這個問題，如蔣廷黻、陳寅恪以及錢穆都有很深刻的反省。在這種風潮下，浦薛鳳加強了課程本土化的步伐。

「在課程方面，加重吾國自己之學問，例如中國政治思想史、中國政治制度、中國地方政府、中國法制史、中國法律學」（浦薛鳳 2009a, 157）。他曾敦請蕭公權自燕京轉到清華，特別著重其所教中國思想史一課。此外有錢端升、陳之邁所授的中國憲法。凡此種種殆亦歸屬改進教材之運動。另外為了強化課程的實用性，也屢屢聘請行政經驗豐富的校外人士作專題演講，例如中國地方政府一課，就曾由浙江蘭溪、江蘇江寧兩實驗縣縣長梅思平、胡次威來校給學生演講。此外，還聘北大政治學教授張忠紱講授行政管理；聘沈乃正、陳之邁等講授市政學、地方政府、議會制度等科目。

總之，在浦薛鳳主持清華政治學系期間，在課程設計上明顯的增加了切合國情與實用的課程。這樣的一種課程安排也多少反應在政大政治學所系的課程表上。

四、課程概況、教材與教法

根據孫宏云的研究歸納，清華政治學系課程可以概括為中西並重、兼顧理論與實用，以期達到古為今用的目的。以政治思想史為例，中西政治思想兼重，由蕭公權講授中國政治思想，西洋政治思想則由張奚若、浦薛鳳、蕭公權分段承擔。張奚若講上古到近代（到盧梭為止，並不分析馬克思思想）（王鐵崖 1989, 481-482）。1929 年 8 月，張奚若應聘來清華大學任教，擔任法學院政治學系教授。直至 1937 年 7 月學校南遷。在這一時期，他講授的課程有：西洋政治思想史、西洋政治思想史名著選讀、柏拉圖政治哲學、盧梭政治哲學、西洋政治思想史專題研究等課，總之他以介紹、講授西方思想為職責（張奚若 1989, 9）。浦薛鳳在清華講授「政治學概論」、「西洋政治思想史」、「西洋近代政治思

潮」、「政黨政治」等課程（謝喆平、李春峰 2011, 62），其中「西洋近代政治思潮」，範圍約為 18 及 19 兩世紀，或自盧梭以迄斯賓賽爾（浦薛鳳 1979, 16）。「當代西方政治思潮」則由蕭公權擔綱。

　　第二，在課程上除了中西並重之外，並注重融會貫通，強調以西洋的研究方法來研究中國問題。例如浦薛鳳本人就曾經以他發明的「政治五因素」來探討中國歷代王位繼承的問題，而這種注重融貫中西的研究方法也對政大政治所的研究產生相當廣泛的影響。

　　第三、對於西洋政治思想的課程，浦薛鳳原本就十分重視原典的閱讀，這點可以從其撰寫的《西洋近代政治思潮》得到佐證。在這本著作中，其所引介的政治思想家，都是通過他自己辛苦閱讀原典的心血結晶，這一點就有別於當時流行於學界的中文教科書。除此之外，他認為政治思想所涉及的材料，也不完全侷限於某些思想家的原典，而更應該擴及時論、文宣和報章雜誌的文章等等，例如關於美法革命，他就說道「其政治理論與憲法學說絕難以任何一個人或任何一部著作中求知，……更有進者，美法革命之政治思想不當僅求之於會議記錄、議案、宣言、公文、憲法及領袖人物之著作，演說、通訊，抑亦可求之於報章雜誌、圖書、諷刺、口號、標語及一般民眾之舉動行為中」（浦薛鳳 1979, 434-435）。由此可見，其對於政治理念與政治事實相互作用之重視。其實以美國的立憲過程為例，1776 年的《獨立宣言》（*The Declaration of Independence*）以及爾後的《聯邦論文集》（*The Federalist Papers*），事實上就是號召對英國作戰的檄文以及為了催促憲法通過的應急文宣。由此可見對政治思想的研究在材料上絕對不可以畫地自限，這一點浦薛鳳早有洞察。

　　另外，清華關於基礎課程的講授亦有特殊的安排，即概論性的課程向由政治學系主任擔任，這項安排不僅在政治學系、經濟系如此，包括理工科系亦然。關於這項安排，浦薛鳳有一段解釋：「初攻政治者，對於政治學中之基本名辭、觀念、制度、現象、原則等等，必經刻苦之研究，獲得精確之認識，然後循序漸進，選讀高深課目，乃能如順水

馳舟，疾風相送，其進行之速，自不言而可喻。否則臆斷妄度，一知半解，似是而非，猶之徘徊門庭，終不能升堂入室。」[6] 這些也可見諸於政大政治所系課程安排。

參、指南山下的政治學所系

政大在台復校，政治學所又由浦薛鳳擔任所長，因此政治學所課程的規劃多少也傳承其他早期在清華大學政治學系以及西南聯大政治學系的傳統。從課程的規劃上，我們可以發現其中的延續性。至於在所系的籌備上，有以下五個特點：

一、課程中西並重，傳統與現代學術兼顧

現代學術的分門別類始於 18、19 世紀，政治學門設科成系，即便在西方也不過百多年的歷史，政治學在中國成為一獨立的學門雖然源於北大，但是正式賦予該學科為一專門探索治理之道的專門技藝（art），則肇始於清華大學，而其中浦薛鳳的角色尤為重要。毫無疑問的是，他的確將其在美國求學時期的經驗做為其課程設計的藍本，但我們畢竟有著自己的文化、自己的傳統，政治學雖在以前未獨立設科，但中國的史冊對政事的記載、褒貶，可謂史不絕書，從春秋、左傳、史記、資治通鑑到歷代的正史、野史乃至於詩歌、章回小說，無一不寓含著無比豐富的政治社經資料及治道。如果說在近代科學成為王道之後，那麼所謂政治科學（The science of politics）便逐漸的主張擺脫空幻的囈語、玄想，主張以實存的經驗作為素材，建立類似自然科學的例則，這個運動迄今依然方興未艾。當下，暫且不必去評論這個路向的功過得失，我

6　見浦薛鳳為繆元新、吳友三、王元照合譯《政治學原理》所做的序，轉引自孫宏云（2005, 143-144）。

們只是斷言中國歷史中蘊藏著世界上綿延最久且無比豐富的素材，一來
這些素材可以被納入新的理論架構中建立某種經驗的模型；另一方面，
這些素材是否跨越了時空，為治理之道提供了無數的殷鑑之鏡？如果以
上的推定尚屬合理，那麼當西方政治研究不斷的在擷取古希、羅、中世
紀、乃至於英、美、法、德等的經驗之際，無疑中國的歷史也為這個學
門提供了一片沃土，只不過這塊沃土因為特殊歷史條件的制約，尚未能
綻放憲政民主的花朵，從鄭觀應、郭嵩燾、嚴復、梁啟超到章士釗，乃
至於清華、西南聯大及在台復校的政大、臺大等，莫不以憲政民主為鵠
的。是以，為了延續民族文化的命脈，做到陳寅恪所說的「一方面吸收
輸入外來之學說，一方面不忘本來民族之地位」（陳寅恪 1981, 252）。
課程的安排與設計就不能照搬英美的課表。因此政治學所系所開列的課
程除了政治學、比較憲法、政治學方法論、西洋政治思想史之外；也涵
括了中國憲法與政府、中國政治思想史、中國政治制度史等課程，這些
課程的安排，最後都充分反映在博碩士論文的選題上，像先前所提到過
的朱堅章的《中國歷代篡弒之研究》，還有王壽南的《中國歷代創業帝
王》，陳寬強的《歷代開國功臣遭遇》，這些都可以說是受益於浦薛鳳
的教導，更可能是直接受到浦薛鳳《皇位繼承與危機禍亂──由五因素
著眼之分析統計與歸納》與《三百四十八位帝皇──歷代皇位繼承之統
計分析研究》的啟發（浦薛鳳 1981, 189-200）。這些研究一方面以中國
史料為素材，另一方面也運用了最新的科學方法去統計歸納，試圖發掘
其中治亂興衰的規律。這些堪稱中國政治學研究的一大嘗試。其他應用
社會學階層流動的概念，來探討唐宋時期士族的流動及其政治社會的影
響，以及應用政治社會化的概念來探討中國傳統士大夫的養成教育，這
些研究成果即使就今天看來，還是很有啟發性，並充分突顯了中國政治
學研究獨樹一幟的特色。

二、基礎課程的講授概由資深的老師擔任

例如政治學系及外交系的大一政治學課程，即分別由畢業於西南聯大政治學系的資深教授呂春沂，及易君博兩位擔任。由於基礎學科涵蓋面廣，而且要做到深入淺出，給初入門的學生一個廣闊又平實的基礎，這些學科非由資深博學的教授擔任不克勝任。就以呂春沂及易君博兩位所講授的政治學而論，其課程所涉及的範圍幾乎就涵蓋了當今政治學最重要的課題，如國家、政府體制、政黨、壓力團體、政治文化、政治社會化、政治人格、政治發展及政治意識形態等，由於他們的博雅及循循善誘，對於所有步入政治學門的學子做了最好的啟蒙，也為其將來的進一步學術深化打下了良好的基礎，而這樣的設計和安排基本上也是傳承自早期的清華大學及西南聯大。

三、師資的延攬、培育與養成

（一）多方延攬碩學鴻儒充實師資

當時由於師資非常缺乏，浦薛鳳及鄒文海為了擴大師資陣容，積極的延攬各個領域的名師，例如：陳大齊校長對於儒家經典非常熟悉，無論孔子、孟子、荀子，都有專著問世且析理入微，是了解儒家思想的指南。其他著名的學者，還有王雲五、張金鑑（行政學）、羅志淵（各國政府）、朱建民（中國外交史）、王兆荃（西洋政治思想史）、蕭一山（清史）。當中由浦薛鳳延聘的老師，就有馬國驥，他先前曾擔任清華學校英文教師，浦薛鳳敦請擔任英文教授，另外還有呂春沂、易君博以及陳君毅（宏振）等到政大任教都是由浦薛鳳引薦，其中羅志淵跟浦薛鳳不相識，只是因為曾在雜誌中先後看到其有關地方政制之文章幾篇，認為可資借重，乃由校聘為講師，卒逐級提升為教授（浦薛鳳 2009b,107）。羅志淵一生著作等身，其中《美國政府及政治》、《法國政府及政治》、《西德政府及政治》，雖然問世到現在已經有數十年，但由於其蒐集資料豐富、書寫詳實，翻譯原典信達，所以到現在還有很高的參考

價值。正由於這些堅強的師資陣容，所以培養出許多優秀的學術人才，其中除了朱堅章繼承鄒文海衣缽，講授「西洋政治思想史」有口皆碑之外；以比較憲法為基礎來講授「中國憲法及政府」的荊知仁；活化歷史情節、上課宛如說書般的芮和蒸的「中國政治史」；憑著一張卡片即能將深奧的「政治學方法論」鉤玄提要地娓娓道來的易君博；練達世事、洞悉人情的傅宗懋講解「近代中國政治史」每能洞其機竅；引進新知不遺餘力的華力進所開授的「比較政治」等，都深獲學生的好評。

（二）延聘國外知名的學者來台長期講學

使得學生得以吸收最先進的西方學術研究成果，並強化學生的語文能力，以為其將來國外深造打下良好的基礎。據我目前所知，當時先後來台任教的外籍教授有貝勞士（Thomas J. Bellows）、白蘭克（Robert H. Blank）、阿利艾禮（Gabriel Arieli）、菲力浦（Glen D. Phillips）、費格特（Frank Feigert），這些外籍教授來台講學通常都有三年左右的時間，而且他們大都是舉家來台，課餘之暇也常和學生老師一起到野外踏青，無論在教學與生活上都與師生相當融合，這些對學生熟悉及掌握國外的學術動態起了很大的作用。事實上這個制度也是源自早期的清華大學及西南聯大，當時在西南聯大最有名的就是燕卜蓀（William Empson），正因為這些教授都是長期駐校，其所起到的作用，就遠遠超過現在只是偶爾請外籍教授到此地開會，基本上這是一個相當良善的制度，值得我們在充實師資上借鑑。

（三）師資的培育與養成

國民政府渡台之初，百廢待舉，許多學人並未一同赴台，因此要成立新的學門，往往在師資上捉襟見肘，所以為了長遠之計，除了多方網羅師資外，必須自己培養師資。這也是為什麼當時浦薛鳳在政大復校之初就先成立政治學研究所，事後再設系的原由。其目的正是為了培養新的師資，當時如欲開設新的學門，就必須從學生中找尋資質不錯且肯潛心向學的學生做長期的培養，例如中國政治思想史、中國政治制度史，

當時的師資就極為匱乏，只能自己慢慢培養，從其論文的選題到畢業後給予三年的備課時間，這三年雖不上課但照常支薪。這些措施都為新師資的培育和養成發揮莫大的作用，其實不止與中國傳統相關的課程，師資極度的不足，即使就以西洋相關的思想、制度、新的研究方法，都在在需要遴選優良的學生赴國外進修，以期學成後能夠開設相關的課程。

（四）專題講座

　　每年都從國內著名的學術研究機構及各大學延攬相關學門的知名教授到所系兼課或做專題演講，其所延攬的教授跨越了好幾個領域，包括歷史、社會、乃至於法律學門，就我記憶所知，當時臺大政治學系的連戰即曾在所裡開設西洋近代政治思想的專題講座，另外薩孟武、張劍寒、孫廣德、呂亞力、袁頌西、蔡政文等分別就行政法、政治發展、政治統計與方法及政治社會學開設專題講座，除此之外，還有臺大社會系的葉啟政、國史館的遲景德及中研院歷史所的毛漢光，民族所的文崇一等，都曾經在政治學所開課或做過專題講座，這些課程對擴大學生的視野及活絡學術氣氛起到很大的作用。

　　據朱堅章的回憶，當時首任政大校長陳百年就非常重視師資的延聘，在每學期開學之際，他都會一一親自地將聘書送到每位老師手裡，一次不成還會持續地再來，直到每位老師親自收到聘書為止。且在送聘書的時候，都會鄭重跟每位老師表達謝意，感謝每位老師不辭勞累而獻身於百年樹人的教育事業。

四、圖書設備的充實及補充。

史、經、子、集，補齊全，朝代興亡供究研。

歐美政治思想與制度，新書購置幾多年。

——到台北後，中西書籍均需陸續添補。或就地蒐集，或海外

購寄。費時數年，始敷應用（浦薛鳳 1984a, 148）。

自從浦薛鳳執掌清華政治學系之後，就十分重視圖書設備的充實，根據其自傳，他幾乎每次到任何地方訪問，都十分留意圖書資料的搜集，並伺機到舊書攤購買相關的書籍。例如，利用休假赴德國進修時：

> 每周或每旬，予輒費一日時間，前往各大舊書肆，以及沿街陳列之舊書攤，搜看有關近代政治思想之德文（偶或法文英文）書籍，或系全集，或系原著，或系評論：此亦為予赴歐研究之一項方法與收穫……。離德之後，在巴黎及倫敦，亦曾分別搜購政治思想之書籍，並曾依照行前約定，為清華圖書館代為搜集少數多年收購而未得之政思書冊（例如法國十六世紀布丹 Jean Bodin 之原著《論共和國六卷》數冊）（浦薛鳳 2009a, 164-165）。

> 最值回憶者，乃是連日沿著賽因河岸，在連一接二排著長龍似的舊書攤畔，徘徊輾轉，盡情翻閱，曾以廉價購得珍貴舊書，例如十八世紀法蘭西政治思想家如馬不里（Abbe Mably）之「論道德與政治之關係」，愛爾法修（C. A. Helvetius）之「論精神」，西耶士（E. J. Sieyes）之「特殊權利論」，孔道西（Marquis de Condorcet）之「憲法計擬」，以及梅斯特（Joseph de Maistre）之「主權之研究」等各冊。大概只是零星單行本而非任何一位之著作全集，所以流落到舊書攤中，否則每一本可索高價（浦薛鳳 2009a, 166-167）。

1950 年代台灣經濟尚未發展，財政並不充裕，特別是在圖書設備方面，可以說極端的匱乏，不僅洋文書寥寥無幾，即便中文書籍也是捉襟見肘。因此當浦薛鳳創立政治學所時，面臨的不僅是自己的藏書由於戰亂而散落殆盡，而公共圖書又亟待重建，因此他也一如以往加強圖書的採購，關於這段往事，在其傳記中有如下的記載：「其英文部分，一

方面開列詳單，先後由校中購置，另方面由我自己陸續函囑吾女麗琳及吾兒大邦，分別自美寄來。據日記所載，逐批所購約有六七十冊。大英百科全書英文本整套，當時已有台北翻印本，予自己購置」（浦薛鳳 2009b, 107）。

任何一個學科的建立或發展，無論如何必須有豐富的圖資作為後盾，人文社會學科尤甚，是以如何充實圖書設備便成為一個刻不容緩的問題。為了解決這些問題，浦薛鳳及鄒文海開始為政大政治學所系建立相關的圖書資料，其中包括經典及重要的二手研究。除了自己大量購買圖書以為教學之資外，也積極的利用並不豐裕的圖書經費，輾轉請友人或在美學生添購圖書。例如民國 52 年，學生王國璋到密大訪問時，鄒文海就曾多次開列書單，請其代為購買，根據王國璋所保留的鄒文海遺信，其中一份開列的書單包括：De Grazia 的 *The Political Community*，Voegelin 的 *The New Science of Politics* 和 *Order in History*，Cassirer 的 *The Myth of the State*，de Jouvenel 的 *On Power* 以 及 Karl Lowith 的 *Meaning in History* 等（王國璋 1972, 57-62）。

後來朱堅章接替鄒文海講授西洋政治思想史之後，對於西洋政治思想史相關圖書的訂閱與蒐集更是不遺餘力，在其任教的 2、30 年時間，為政大西洋政治思想圖書建立了相當可觀的基礎，可以說在政治思想史的圖書資料上面，正因為這些老師的孜孜以求，這方面的圖書在政大的收藏才粗具規模，到現在我們不時還得去九舍書庫找尋那些吹彈即破的塵封舊書。

到現在我依稀記得，上朱堅章老師西洋政治思想史的時候，每次都會指定一些基本的參考書目，其中除了浦薛鳳的《西洋近代政治思潮》、《現代西洋政治思潮》，還有鄒文海的遺著《西洋政治思想史稿》，以及若干最通用的外文書，如 George Holland Sabine 的 *A History of Political Theory*、Sheldon Wolin 的 *Politics and Vision*、Raymond G. Gettell 的 *History of Political Thought*，他都會隨著上課進度指定學生到圖書館閱讀相關的章節，並規定在借書卡上簽名，以示確實來借閱過，

甚至有時候他還會在晚上到圖書館查看學生閱讀指定書籍的實際情況，正因為朱堅章老師全心全力的投入，才使得那時的讀書風氣蒸蒸日上。

五、教材的本土化

前引燕客之〈如何改造中國的社會科學〉一文，對於中國當時大學的洋化有很深刻的洞見，或許這在當時已經是學界普遍的自覺，因此浦薛鳳在清華任教時即對於課程教材本土化相當重視。特別是當他看到其好友——任教於南開大學的何廉在民國 15 年率先在其所講授的「經濟學概論」、「財政學」、「統計學」及「公司財政學」等課程加入本國的材料，尤其是拿我國的史實和現況，作為經濟學原理的佐證，並於民國 20 年編成一冊富有中國材料之「財政學」課本的激勵；浦薛鳳在清華講授「政治學概論」時就曾自編教材，包含一份必修課程之詳細參考資料單，於上課之前發給學生。「此項資料包括中文英文，涉及古今中外，乃摘自標準書本或雜誌，並且註明每一學生必須閱讀及選擇閱讀之章節，頁數及多少」（浦薛鳳 1984b, 124-125）。《西洋近代政治思潮》則是其在清華大學執教時演講稿的成果，至於《現代西洋政治思潮》，是其在政治大學授課時的成績（浦薛鳳 1979, 序 8）。嗣後，鄒文海在任教時也相當重視教科書的撰寫，除了有《政治學》、《各國政府與政治》、《比較憲法》等印行之外，原先計畫三卷本的《西洋政治思想》，由於來不及完成，最後僅由朱堅章整理其遺稿及上課筆記，以《西洋政治思想史稿》出版。或許受到這股風氣的影響，在政大任教的老師對教科書的寫作都非常積極，如羅志淵的《美國政府及政治》、《西德政府及政治》、《法國政府及政治》，荊知仁的《美國憲法與憲政》和《中國立憲史》，呂春沂的《現代政治分析》，易君博的《政治理論與研究方法》，華力進的《政治學》，江炳倫《政治發展的理論》、《政治文化導論：理論與個案研究》，楊樹藩的《中國文官制度史》等，不僅對於學生學習相關學科有啟蒙之功，也連帶對於政治學的在地化大有助益。事實上日

本和韓國都相當重視本土教科書的出版，這對於任何學科的落地生根都具有十分關鍵的作用。教科書的出版，一方面老師可以憑藉其深厚的基礎，吸收最新的知識成果，並以深入淺出的方式用自己的語文來傳述，這對於知識的普及化及在地化起了推進的作用。更重要的，它能盡快引領學生進入相關學習的領域，並以所學習的新知來看待、比較及思考自己的國情，是以其重要性實在遠高於單篇論文的發表。只可惜當今的制度片面地強調單篇論文，而完全忽視基本教材寫作與出版。而且當今教材編寫的方式，也不甚妥善，觀察目前坊間的政治學教材，多數是根據當今西方相關的教本由多人編譯而成，一方面忽略了這些課程與本土問題的相關性，另一方面也由於多人編譯而成，基本上整個思想體系是承襲西方學者的觀點，而難以呈現作者自己的主張或看法。也正由於編譯而成，使得相關的理論與知識不能在自己的文化中生根落實，而自成一個有生命的體系。這些都將嚴重地戕傷整個政治人才的培育與養成。另外，以單篇論文和一本著作比較，其重要性也是差異懸殊，由於在寫作一本書時，對於一個問題可以做到全景式的觀照，但是單篇論文限於篇幅，只能集中在一兩個問題上。對於政治學門以及相關的人文學科，書本的意義實在遠大於單篇論文，就長久而言，這是我們所不能輕忽的問題。

六、博碩生的培育

博碩生論文題目的選擇也具有相當的特色，一方面或許是因為外文資料的極度匱乏，所以在撰寫西洋相關的課題上具有相當困難性，因此早期直接以西方政治思想做為論文的僅有 2 篇；另一方面也為了凸顯政治學門中國的特色，所以當時學生的論文主要是藉由西方政治學門相關的概念，如：權力、權利、聯邦制度、地方分權、憲法解釋、分權與制衡、國會、壓力團體、政黨等，來重新爬梳中國傳統的史料，這方面累積的研究成果非常豐碩（根據我們簡單的分類及初步的歸納，博士論

文 54 篇中，中國政治思想與制度有 30 篇；碩士論文 209 篇中，比較政治有 106 篇，中國政治思想與制度有 54 篇。由此可見中國思想與制度的確成為當時博士論文選題的重心。）另外，為了使學有所用，政治學所也曾經和台北市政府合作，分別就台北市里長、里民大會、戶政事務所、公務人員懲戒等相關課題，作為論文的題材。日後這些學生，也成為台灣政治學界與各行各業領域的主要棟樑，例如臺大、中興、東吳、東海政治學系的師資，不少都養成於政大政研所。

　　由此反思當今的博士培育，過去的做法也有幾點值得我們借鏡。由於時移事異，當初之所以積極培養博士生是因為大陸渡台之初師資極為缺乏，所以不得不積極培養博士生。但是當今可以說是博士已經人滿為患，多數博士畢業生已經很難謀得一席教職，特別是國內培養的博士生，各個研究單位及教學單位都吝於聘用，由於這些人學非所用，不僅造成教育資源的嚴重浪費，更使他們心生挫折。即使蹉跎數年，最後謀得教職，其理想與獨立性也早消磨殆盡，這時再任教職也未必合適。胡適曾言：「留學必須以不留學為目的。」只可惜我們博士培育制度歷經數十年的結果，還是對於本土的博士培育生缺乏足夠的信任與信心，這是否意味著我們的博士教育還不夠紮實、課程內容不夠精實、師資還有待加強？其次，關於國內博士生的論文選題，很明顯可以看到基本上已經幾乎拋棄了對中國傳統政治思想或制度的研究，這是一個很可惜的現象，由於中國文化淵遠流長，歷代的思想典章制度，可以說是當今世界文明中保留最完整的。如果我們可以用新的研究態度與取徑對中國傳統做整理或歸納，就像浦薛鳳、鄒文海當初所引領的道路，那麼台灣的政治學研究肯定會吸引國際學界更多、更廣泛的注意與共鳴。個人以為在地化才是國際化的根本之途，這也是前輩學人如陳寅恪、蕭公權等在歷經中西文化碰撞後的省悟。

肆、結語

政治學門從清華、北大到西南聯大，再輾轉流離到政大、臺大，這之間既有變也有常。自其變者而觀之，山河異色，人事的更替，以及所系的調整，在在使得課程的設計與安排不斷地調整，例如在清華及聯大時期，為了因應詭譎多變的國際局勢以及改變中國在國際上的不平等地位，國際公法及國際條約的課程就格外受到重視。另外為了因應當時百廢待舉的市政，因此市政學、市政管理也為清華及聯大所注重。但到了台灣，反共成為首務，對於中共的理解與認識便成為主要的課題之一，因此相關的課程也陸續開出。爾後外交所系、公行所系先後成立，也使得政治學所系的課程不得不有所調整。然自其不變者而觀之，對中國及在地課程的注重、強化課程的實用性，以及教學及考試的方法，都具有相當的延續性。然而在這當中，最重要的毋寧是這些老師們對於教育無私的奉獻，從課堂的認真講授、圖書的充實、到課餘的潛移默化和人生路向的指引，歷經數十寒暑，至今仍為學子們所樂道。

回顧政治學門在台灣的發展，特別是西洋政治思想史的教研，我們不能不歸功於浦薛鳳及鄒文海篳路藍縷，在他們的帶領下，不僅台灣的政治學研究得以賡續早期清華及西南聯大優秀的政治學研究與教學傳統，更重要的是為台灣各行各業培養了無數的治理人才。撫今追昔，個人以為那一代師長最值得我們景仰的地方，就是他們真的把教育當作一回事，心無旁騖全心全意的投入，儘管浦薛鳳、朱堅章、易君博都曾分別應政府的徵召短暫從政，但無論在朝或在野，他們始終保有書生本色。[7]正因為他們對教育的執著，對學生付出了至誠的關愛與鼓勵，使

7　在清華讀書時，浦薛鳳（逖生）曾經與羅隆基（努生）彼此率真地較量性格，並預卜前途。努生說過這句：「逖生，你有你的才識，但只是一個書生，不夠現實。除非你改變作風，恐你成為一位政治理論家而非政治實行家。」逖生答以「保留書生本色，實在甘心情願。」這段話堪為其書生本色的最佳註腳（浦薛鳳 1984b, 265）。

得氣象為之一新。從浦薛鳳、鄒文海到朱堅章、呂春沂、易君博等，或許多少都直接或間接受到早期清華與西南聯大校風的薰陶。特別是梅貽琦的人格感召，究竟他具有什麼樣的特質，始終讓畢業於清華與西南聯大的學子念念難忘？[8]在其主持下的清華及西南聯大，之所以迄今備受兩岸學界一致的推崇，最根本關鍵就在於他辦學自始至終都把「教育」視為樹人立國的根本，全心全力的播種耕耘，他接掌清華及後來的西南聯大，由少而壯，由壯而老，由北京、昆明到新竹，整個韶光都貢獻給了清華。清華之所以成為一個國際聞名的大學，梅的貢獻起了決定性的作用。已故的著名教育家傅任敢即曾以「專、大、公、愛」四個字來概括梅貽琦的人格魅力。以「專」而言，傅任敢感慨地說：「當時中國事業之所以不上軌道，就人事而論，實是任事者大都缺乏專的精神，結果，個人可以飛黃騰達，事業卻總是江河日下。『專』字有三層深度，第一層是說專幹一種職業。……第二層是說專幹一件事業，決不朝秦暮楚，見異思遷。……第三層是說專心致志，決不東應酬、西交際，幹著校長，望著部長」（黃延復 1995, 57）。另外，龔仲鈞對於梅貽琦的「專」也特別提到：「在現今世界，服務有幾個信條（一）要肯做事，（二）要忠于所做的事，（三）要久于所做的事，（四）要專于所做的事。梅先生可謂具備這四個條件，這是太不平凡。先師孔子有言「誨人不倦」，在梅校長可謂當之無愧。」（黃延復 1995, 41）

　　斗轉星移，物是人非，60 年歲月匆匆忽過，回顧政治學所系的歷史，從當時的殘磚破瓦到現在的桃李天下，政治學所系的確為我們國家社會造就了不少人才，而這些年來，上一代的老師——雷飛龍、芮和蒸、張治安、易君博、華力進、朱堅章、呂春沂、荊知仁、傅宗懋——

8　「回憶予在清華讀書時，梅師曾授予數學課程一年，對其緩慢詞句，明白講解，和藹態度，與認真精神，印象至為深刻。」（浦薛鳳 1984b, 78）。另外，鄒文海也曾對梅貽琦的行事風格有很中肯的理解，他認為梅貽琦主持校務完全落實了民主制的內閣制精神，請參考黃延復（1995, 105）。

也先後告別了人世。緬懷這些老師，謹以「薪盡而火傳」[9] 寄望於政治學所系，並為政治學所系 60 年慶。

參考文獻

王化成，1934，〈清華政治學系之概況〉，《清華周刊》，嚮導專號。

王文俊、梁吉生，1989，《南開大學校史資料選》，天津：南開大學出版社。

王栻（編），1986，《嚴復集（卷一）》，北京：中華書局。

王國璋，1972，〈鄒文海師的遺信〉，《傳記文學》，20（4）：57-62。

王鐵崖，1989，〈懷念張先生〉，周培源主編，《張奚若文集》：481-482，北京：清華大學出版社。

吳之椿，1928，《國立清華大學校刊第 1 期》，北京：清華大學。

周培源，1989，《張奚若文集》，北京：清華大學出版社。

宗玉梅，1998，〈南京國民政府的建立〉，馮林主編，《重新認識百年中國——近代史熱點問題研究與爭鳴》：211-225，北京：改革出版社。

易君博，1987，〈科學精神與人文精神〉，《聯合報》，7 月 7 日。

孫宏云，2005，《中國現代政治學的展開：清華政治學系的早期發展（一九二六至一九三七）》，北京：生活・讀書・新知三聯書店。

徐希平，2002，〈薪盡火傳憶我師〉，見聞一多、羅庸主編，鄭臨川記錄，《笳吹弦誦傳薪錄——聞一多、羅庸論中國古典文學》，上海：

9　此為西南聯大學生徐希平與羅庸臨終的一段對話：「一九四六年我們失去了聞一多先生，去年朱佩弦先生也離開了我們，如今先生又病著，可千萬保重我們再也經不起這樣大的損呵！先生聽罷微笑著向我說：『這孩子也忒傻氣，把事情看的那麼嚴重，生命本來是從無到有，又從有歸無，這沒有什麼奇怪的。他大概忘了莊子那句『薪盡而火傳』的寓言，只要有火種傳下去，木柴難道真的化為烏有了麼？』」（徐希平 2002, 187）

　　上海古籍出版社。

浦薛鳳，1932，〈關於政治學系課程〉，《國立清華大學校刊》，第 400
　　號。

浦薛鳳，1936，〈政治學系概況〉，《清華周刊》，向導專號。

浦薛鳳，1979，《西洋近代政治思潮（上冊）》，台北：臺灣商務印書
　　館。

浦薛鳳，1981，《政治文集》，台北：臺灣商務印書館。

浦薛鳳，1984a，《沙裏淘金滄桑鴻爪：浦薛鳳謏占集》，台北：正中書
　　局。

浦薛鳳，1984b，《音容宛在》，台北：臺灣商務印書館。

浦薛鳳，2009a，《浦薛鳳回憶錄（上）：萬里家山一夢中》，安徽：黃山
　　出版社。

浦薛鳳，2009b，《浦薛鳳回憶錄（下）：相見時難別亦難》，安徽：黃山
　　出版社。

國立政治大學政治研究所編輯委員會，1979，《政治研究所年刊：紀念
　　王師雲五先生 13 期》，台北：政治大學政治研究所。

張小勁、李春峰，2011，〈鄒文海：真誠的學者與師者〉，《傳記文學》，
　　99（5）：74-82。

張奚若，1989，《張奚若文集》，北京：清華大學出版社。

張福建，2002，〈文明的提昇與沉淪：彌爾、嚴復與史華茲〉，《政治科
　　學論叢》，15：83-100。

梅貽琦，2012，《中國的大學》，北平：北京理工大學出版社。

梅貽琦、潘光旦，2005，〈工業教育與工業人才〉，鍾叔河、朱純主編，
　　《過去的大學》：90-96，湖北：長江文藝出版社。

陳寅恪，1981，《陳寅恪文集（卷二）》，台北：里仁書局。

傅任敢，1995〈值得我們學習〉，黃延復主編，《梅貽琦先生紀念集》：
　　105，長春：吉林文史出版社。

馮友蘭，2005，〈五四後的清華〉，鍾叔河、朱純主編，《過去的大學》，

湖北：長江文藝出版社。

黃延復，1995，《梅貽琦先生紀念集》，長春：吉林文史出版社。

黃延復，2000，《二三十年代清華校園文化》，桂林：廣西師範大學出版社。

楊幼炯，1956，〈中國政治科學之史的發展〉，《學術季刊》，5（1）：57-67。

鄒文海，1972，《西洋政治思想史稿》，台北：鄒文海先生獎學基金會發行。

鄒文海，1995，〈記梅故校長「越描越黑」的演繹〉，黃延復主編，《梅貽琦先生紀念集》：57，長春：吉林文史出版社。

聞一多、羅庸，2002，《笳吹弦誦傳薪錄——聞一多、羅庸論中國古典文學》，上海：上海古籍出版社。

蕭公權，1972，《問學諫往錄》，台北：傳記文學出版社。

繆元新、吳友三、王元照（譯），1932，《政治學原理》，上海：黎明書局。

謝喆平、李春峰，2011，〈再說浦薛鳳〉，《傳記文學》，99（3）：59-69。

鍾叔河、朱純，2005，《過去的大學》，湖北：長江文藝出版社。

鄒文海的責任民主理論與拉斯基的
多元主義初探

葉浩
政治大學政治學系副教授

壹、前言

鄒文海（1908-1970）民國初期至 60 年代的重要法政學者，1930 年畢業於國立清華大學政治學系後留校任教，1935 年赴英國倫敦政經學院（London School of Economics and Political Science）政府系，師從「費邊社」（Fabian Society）重要成員拉斯基（Harold Laski, 1893-1950），1937 年返國之後先後任教於國立湖南大學、國立廈門大學、國立暨南大學，1949 年渡海來台之後出任台灣省裡行政專科學校教務主任與法商學院（今中興大學）教授，1955 年政治大學復校之後受聘為政治學系教授，任教至 1970 年病逝為止。其主要作品包括《自由與權力》（1937）、《代議政治》（1955）、《各國政府與政治》（1961）、《比較憲法》（1969），《政治思想史稿》（1972）以及一本多達 25 版的《政治學》教科書，對台灣的政治學發展有深遠影響。

鄒文海的治學方法與關懷，大抵追隨其業師拉斯基。[1] 拉斯基乃公認 20 世紀上半西方最著名的政治思想家，以政治多元主義理論與左派思想著稱，1914 年畢業於牛津大學，兩年後赴北美，同時任教於加拿大的麥基爾大學與美國哈佛大學，自 1919 年起也在耶魯大學兼課，並參與了紐約的「社會研究新學院」（New School for Social Research）之

---

[1] 鄒文海同時也受業於懷納（Herman Finer, 1898-1969）教授，但後者的影響似乎有限。懷納亦是費邊社成員，之後赴芝加哥任教。

創辦工作。1919 拉斯基於一場公開演講支持波士頓的警察罷工，引起哈佛大學校友與媒體要求辭職（Kramnick 1996, 138）。隔年，他返回英國任教於倫敦政經學院政府系，1926 年出任講座教授直到過世，亦曾於 1945-1946 年間出任英國工黨的主席，是邱吉爾（Winston Churchill）的主要政敵之一，1946-1948 年則擔任費邊社主席（Hayward 2003, 17）。

　　根據美國加州大學教授 John L. Stanley，戰間期的拉斯基同時被認為是「社會主義的燈塔」與「自由主義一盞明燈」，而著名作家 Kingsley Martin 更是稱西方的 30 年代為「拉斯基年代」（孫宏雲 2008）。是故，遠從世界各地前往倫敦聽他講課的追隨者眾多，包括之後擔任印度首任總統的聶魯（Jawahalal Nehru）與第十任總統納拉亞南（K. R. Narayanan），以及美國總統約翰·甘迺迪。據說，曾有一段很長的時間，印度內閣開會的時候會保留一個空位，象徵對拉斯基的敬意。雖然至今尚未引起國內學者重視，但是拉斯基也曾影響民國政治。在美國受業於他的學生包括金岳霖、張奚若、蔣廷黻等人。20 年代赴倫敦受其指導論文者包括徐志摩、羅隆基、杭立武、陳源、王造時等。30 年代則更多，慕名聽課者包括儲安平、王鐵崖、蕭乾、費孝通，而程滄波、王贛愚、龔祥瑞、吳恩裕以及鄒文海則是拉斯基親自指導的學生（詳細名單，參閱孫宏雲 2008）。

　　根據許紀霖（1998）的整理，30 年代支持民主自由的中國知識分子，可分成兩派，一派深受杜威等人影響的自由主義，另一派則是以拉斯基「費邊主義」為核心的社會主義，並以後者為主流，也就是所謂的「拉派」。事實上，拉派的成員，除了上述的諸多拉斯基學稱之外，或許可包括曾經十分推崇拉斯基與費邊主義的胡適，以及親自翻譯拉斯基名著《政治典範》（*A Grammar of Politics*）的張君勱。所謂的拉派，其實是一種中央偏左的立場，也就是費邊社的社會福利主張，反對革命，標榜漸進改革。然而，拉斯基本人的思想在晚期卻逐漸轉向激進左派，乃至於某種無政府主義。此舉不僅讓他與昔日的費邊社夥伴日行漸遠，工

黨也與他決裂，他的思想家地位也從此遭受質疑，幾乎一度消失於當代西方政治思想的地景之中，直到最近十年才陸續有學者試圖重建其思想體系，為其平反。

就某程度而言，鄒文海在政治學領域的地位也與其業師類似，但原因更為複雜。他的著作無疑是 50 年代至 80 年代的政治學學生的主要教科書。不過，隨著 80 年代政治學者陸續從美國接受行為主義與所謂的政治科學回來，並且開始撰寫新一代的教科書，鄒氏的著作似乎不再有人閱讀。至於政治思想學界，也因為拉斯基的隱沒而不再關注一度影響中國甚巨的拉派。除了中國政治思想學者許雅棠之外，過去 30 年似乎沒有任何關於鄒氏的研究。

然而，許雅棠的研究基本上將鄒文海置於清末民初的脈絡底下，認定鄒文海的思想乃儒家知識分子「以治領政」傳統的延續，企圖在自由民主的體制內尋找中國的政治出路，但理念終究不脫儒家的「民本」思想。筆者大抵認同許雅棠對於鄒文海思想的系統性整理，也同意該思想必須還置於 20 世紀中國知識分子追求民主與西化的脈絡。不過，本文試圖在此基礎之上，增添一個面向，亦即鄒文海對於拉斯基政治主張的繼受，希冀藉此拋磚引玉，提供一個理解鄒文海政治思想的原創性與時代意義之視角，裨益進一步探索其思想之於當代政治的意義。

貳、許雅棠論鄒文海的「民主責任政治」

鄒文海（1988, 185）嘗言，「我們這一代所完成的，不過利用政黨政治來**調和**民治和效能的原則而已。」而許雅棠的詮釋，似乎是圍繞在這一句話所展開的。無論如何，他認為鄒文海的整體政治思想之核心，在於「民治」與「效能」之間的調和之上（許雅棠 1992, 52-54），或更精確地說，問題在於「如何結合民主與責任兩種基本政治價值」（許雅棠 2007, 178-179）。

鄒文海（1988, 10）的《代議政治》教科書寫道，「不讓自己的命運

掌握在他人手中，這就是民主的永恆理想」。還置於歷史脈絡之中，此一追求自主的理想，曾經以立憲主義（constitutionalism）的方式展現，採取分權制衡的制度設計來限制政府的治權。不過，他倒是認為如此的策略並非民治的本質上必然。誠如他說：

> 分權與限權，是否為民治制度的必要條件，實有討論的餘地。民治觀念奠基於十七、十八兩個世紀，那時以推翻專制的統治為主要任務，故民治的理想，美有矯枉過正之弊。尤其於政治制度的設計，以為民治的制度必須向專制制度的相反方向發展。專制政治集大權於一身，故民治的制度必須採分權的原則；專制政治有絕對的權力，故民治的制度必須抱限權的態度。他們對民治制度既有這樣的觀念，自然根本忘了效能的原則。實則效能是一切制度必須具備的條件，民治制度也不能例外。（鄒文海 1998, 33）

由是，分權制衡乃民治的手段之一，並非本質上的必然，而且「效能」的概念似乎對於鄒文海格外重要。

讀者或許會問，鄒文海是否將「民治」等同於「民主」？根據許雅棠所著〈鄒文海對 Democracy 的思考〉一文的解釋，鄒文海並非民治論者，而比是較偏向民主論（許雅棠 1992, 45）。此處所謂的「民治」，指涉普選代議制和多數決勝制，也就是「最普遍一般的選舉制」（許雅棠 1992, 47）。許雅棠認為，鄒文海真正關切的並非選舉與制度上的制衡，而是近代代議民治的主要精神，也就是後者所謂「在享實際治能者必須負政治責任」（許雅棠 1992, 47），甚至據此斷定，後者對於民主的理解實乃「責任政治」，其核心正是上段引文之中所謂的「效能」。

> 政府必先有效率而後可以享受權力，……僅僅得到人民的同意，政府還不能保持它的權力。它必定要增進行政效率，然後才能夠得到人民真心的擁護。（鄒文海 1967, 61）

一個政府，既不能平定內亂，又不能防禦外侮；既不能救濟
災貧，又不能撫養老弱；既不能積極的建設，又不能消極的
除患，這個政府，我不知道它為什麼有存在的價值。（鄒文海
1967, 59）

一種不經同意的武力，亦許有為人民謀福利的可能。……沒有
效率的政府，亦即是沒有建樹的政府。祿位是政黨的贓物，
官吏是無恥的集團；論建設則人民虛糜其財，論行政則朝三暮
四；設學校而青年無由受教育，置法庭而人民無由申冤屈。這
種政府，雖擁民主的虛名，我知道它必定很早要覆滅的。（鄒
文海 1967, 63）

政府的價值，完全因它的效率而定。……人民所希望於政府的
是實際的工作而不是高唱入雲的口號。政治的修明、社會的
安定、交通的建設、實業的鼓勵、城市的發展、農村的改造種
種，都是人民熱望政府為他們設法解決的。（鄒文海 1967, 40）

正是上面幾段引言，讓許雅棠斷定，鄒文海主張政府的效能重要
過於政治體制，包括民主。不過，他也提醒，這並不意味鄒文海不重視
民主，畢竟，後者根本不當專制或獨裁政府是一種「制度」，最多只是
一種制度的起點，抑或「臨時體制」（許雅棠 2007, 179 註解四）。事實
上，許雅棠並不贊同鄒文海否認專制與獨裁作為一種制度的觀點，於是
緩頰說，後者的目的在於結合「民主」與「責任」，並提出底下的虛問
來實答：政府對人民到底要負責些什麼？

許雅棠（2007, 179）的明快回答援引了鄒文海提及的五個「國家
目的」：安全、秩序、公道、自由、福利。同時，他也指出，這五個目
的之具體內涵究竟該如何確立，文本上似乎存有兩種不同方式。一是由
國民全體決定，正如鄒文海（1980, 53）於《政治學》之中所言，由國
民決定「始有公道，也始有安全，始有秩序，始有自由，始有福利之可

言。」倘若參照鄒文海（1988, 4）《代議政治》一書之中所說，「民主之所以成為民主，其第一前提，即是把公共福利的標準提付公決，不然，民主國家與其他國家不會有重要的區別了。」另一方式則指向，「國家目的」不同於「政府或國民目的」，因為前者的內涵之決，實乃「極其複雜的過程——在相當長期的歷史演化中表示出來的」，由不得任何一方片面作主。

關於如何確作者原意為何，許雅棠主張，雖然鄒文海語意不清，甚或有矛盾之處，不過，其要旨應該可以藉由出自於他早年的《自由與權利》一書之中的底下幾段話來襯托出：

> 政治是應當由專家負責，這是自然的道理。而專家之是否得當，那最好問公眾的批評，這也是很自然的道理。專家的意見，再加之以公眾的認可，這才是一個時期中可行的政策。（鄒文海 1994, 170）

> 人民的意見——人民的心理狀態不是憑空發生的，這完全由風俗習慣所養成，——實為一時期客觀環境的總和表現。——權力的自保其地位，莫過於認識人民的福利，而認識人民的福利，又莫急於了解人民的心理狀態。——權力者的行為，非徒為取悅人民，人民盲目的衝動，正恃公正的權力為之矯正。——取悅於人民的是沒有用的政府，忽視人民意見的是專制的政府。——人民之需有權力為之節制，固然是極明顯的，而權力祇需有人民為之節制，也是極明顯的事實。（鄒文海 1994, 170-171）

> 權力實以推進人民福利為目的。——然而分工的社會中，國家整個的計畫，不得不有賴於權力者的盤算。是非善惡是社會客觀的標準，然而這個客觀標準的執行，有不得不有待於權力者的努力，個人都能求他的私利，然而公立的獲得，這是權力

者的責任。個人都有是非善惡的觀念，然而這種觀念之是否合於客觀的標準，這是權力者應當考慮的問題。（鄒文海1994, 194）

　　基於上述的文字，許雅棠（2007, 181）斷定，鄒文海的根本主張乃：「人民的福利即是國家的目的」，而且，雖然它的內涵會「相應於情勢環境和人民意見心理而改變，卻有客觀具體的意義，而它的落實和執行雖然得委諸於專業的權力者負責，卻必須接受人民意見的公開評判」。

　　倘若許雅棠的推論正確，鄒文海的政治思想一言以蔽之乃「民主責任論」，且義理上似乎可通儒家的民本思想。這正是許雅棠的〈責任政治的思考——對鄒文海「民主責任論」問題的一些思考〉一文的主旨。對他而言，鄒文海是個散發出「濃濃中國味」的思想家，雖然甚少碰觸中國政治思想傳統問題，但他「把有權力者必須落實人民福利作為施政治理之責的主張其實是很中國式的思考」（許雅棠 2007, 181, 190）。

　　無論如何，許雅棠在鄒文海的文本之中讀出儒家的民本思想。因此，對於鄒文海所提及「責任政府只是 19 世紀以來的新嘗試」，且「從政府的制度來說，責任兩字更能表現其特質，所以還是稱它（民主）為責任政府，更為恰當（鄒文海 1980, 202），許雅棠（2007, 176）認為，其實「民主責任論」的「民主」兩字也不過是「贅辭」，重點在於老中國的儒家早就有的「民本責任論」。至此，我們才能掌握何以許雅棠認為鄒文海並非民治論者，而是一個民主論者——嚴格說，也就是並不捍衛人民透過普選代議制和多數決勝制來進行自主治理的「民治」，而是主張政府行使權力的方式必須直接或間接向公民負責，以人民福祉為依歸的「民主」。

　　由是，許雅棠試圖將鄒氏責任政治接軌儒家民本思想的詮釋策略，相當明顯，同時也透露出他本人對於「民主」的理解，亦即以民為本的責任政治（本文第四節有更深入的討論）。不過，此刻有必要指出，如

此的詮釋頗有商榷之處。一方面，正如他特別指出「國家目的」和「政府或國民目的」的區別，旨在凸顯人民不該是「國家目的」內涵的決定者，唯有專家才堪此重任，而政府就是專家，或至少應當由專家才能成為執政者。但，如此一來鄒氏的思想卻變得不連貫，畢竟，他也認為，國民全體決定國家目的的內涵，「始有」公道；換言之，民主乃行使權力的**前提**。

另一方面，許雅棠的思想重建，似乎基於底下的假設：民主與政府效能，也就是代議政府的「代表性」（representation）與「責任性」（responsibility）不可兼得（許雅棠 2007, 177）──或，兩者兼得的方式只能採取一方優先。換言之，許雅棠將鄒文海所言「不過是利用政黨政治來調和民治和效能的原則」的「調和」概念，理解為一種「結合」，但結合的方式卻又是效能優先於民主。

事實上，結合既非鄒文海的意思，也不是調和的唯一理解方式。許雅棠提綱挈領式的詮釋，是一種**化約**策略，即令可以替鄒文海的思想提供一種邏輯連貫性，但卻有忽略特定面向之虞。不過，姑且不論鄒氏思想與儒家的關係，上述的調和問題也留待第四節再討論，為了行文方便，讓我們此刻繼續沿許雅棠的邏輯，理解他如何看待鄒文海所提出的政黨政治。

基本上，政黨政治順此邏輯乃一套落實責任政治的方式。文本證據顯示，鄒文海斷定政黨政治乃近代民主精神的所在，且主張兩黨政治才是政黨政治的理想（鄒文海 1988, 46）。事實上，他心中理想的政治制度，不過就是英國所代表的責任內閣制。許雅棠替鄒文海的政黨政治思想作了系統性整理，並就此提出了一套「簡易責任觀」的責任政府之模式（許雅棠 2007, 184）。

根據許雅棠的整理，鄒文海的思想特色在於賦予政黨底下的關鍵功能：（一）分析民意並予以組織，再據此擬成一個方向明確的政綱；（二）推薦優秀候選人，因為只有如此才能贏得選舉，也減輕選民必須辨識個別候選人的負擔；（三）透過黨來**調和**政府部門，扮演立法與行

政的橋樑，從而統一分散於不同單位的治權（鄒文海 1998, 48；許雅棠
2007, 184）。政黨唯有同時扮演好這三個角色，才能促成一個良序的政
黨政治。基本上，此一政黨概念乃基本上是鄒文海從英國的具體責任內
閣制度實踐之中，所推論出的一個「理念型」（ideal type）。據此，他於
《代議政治》一書提出了底下的理想政黨運作模式：

> 第一由競選的各政黨提出它們各自的黨綱，第二由國民對各黨
> 的黨綱作選擇，得多數國民擁護的政黨起而執政，第三由執
> 政黨監視其從政黨員和忠實貫徹黨綱，而又由國民注意該一黨
> 綱是不對國家實際有利，而預備於下屆選舉再做積極的表示。
> （鄒文海 1988, 7-8；引自許雅棠，2012）

如是，鄒文海提出了一個「規範性」（normative）政黨政治理念。
此一理念並不是一個毫無事實根據的空想或烏托邦想像，而是一個對於
特定（英國）具體政治實踐的觀察，所做的抽象層次之描述。當然，這
也涉及判斷，而且是一種價值判斷。

許雅棠稱上述的理念為鄒文海的「簡單責任觀」，並斷定其判準乃
基於兩個理由：第一、兩大黨輪流執政，不致腐化；第二、事權集中，
責任分明（許雅棠 2007, 184-185）。第二個理由當然與前文討論的「效
能」有關。第一個理由則與鄒文海所言，唯有兩黨政治才能成就良序
的民主運作，多黨政治則「對國家是有百害而無一利的」（鄒文海 1988,
64）。正如許雅棠（1992, 49）所整理，鄒文海的進一步解釋如下：

一、黨綱的意義不再：內閣多由不同政黨組成，政策必然是各方妥
　　協的結果，不可能按照黨綱或選舉承諾產生；換言之，原先政
　　黨推薦優質候選人的優點也失去意義，選民的投票與政府政策
　　之間也失去關聯，最後可能導致人民選擇自己所熟悉的人選，
　　也唯有可以籠絡選民的政客才能當選。

二、政黨容易淪為財團的俘擄：多黨制意味著小黨林立，而小黨則
　　意味著財力不足，只能依賴大企業捐款，而這也等同於特定

的企業或財力雄厚的勢力可以左右政策，甚至控制整個政治局
勢。

三、難以出現明智的決策：多黨組成的混合內閣，猶如社會不同意
見的競技場，輿論的縮影，政策不僅難以連貫，也難有長遠的
規劃。此外，由於沒有任何政黨能主導政策的制定，不但各部
門山頭林立，整個政府也等同於失去任何彼此協調的機制，治
理的品質堪憂。

四、政治道德的淪喪：部門之間協調機制的闕如，政策的產出單靠
妥協而非選舉承諾的推動，意味著政治人物的誠信不再，所有
政策也缺乏一個明確的咎責對象，成為一種政治文化不僅滋養
投機不負責任的政客，同時也意味著責任政治不再可能，而這
猶如宣告十九世紀以來最重要的民主精神之敗壞。

以上大抵是許雅棠對於鄒文海關於多黨政黨想法的扼要整理。基於
特定的規範性政黨概念，多黨制度無法發揮政黨應有的功能，因此欠缺
「可欲性」（許雅棠 2007, 186）。

不過，許雅棠更關切的是鄒文海對於兩黨制的「可行性」問題。
據後者所言，良好的兩黨制仰賴兩組條件的滿足。第一組包括：兩黨實
力相當；政黨不受制於地方派系的運作；集中的政黨經費，輔以嚴格的
黨紀與提名權；政黨具有獨立性且不受制於任何財團或組織；行政與立
法不可嚴格分立，特別是不得賦予司法單位具有「審核立法決策是否違
憲的職權」；以及，除非聯邦制國家，否則不該採行兩院制，避免治權
的分裂而導致責任的歸屬不明確──簡而言之，政權必須集中（許雅棠
1992, 50）。第二組關鍵的條件則是：一、兩黨不得狼狽為奸，亦即反對
黨必須扮演監督制衡的力量；此外，二、國民也必須擁有監督的能力，
以及有效的力量，正如鄒文海（1988, 72；引自許雅棠 1992, 51）所
言，「國民如無有力量的輿論，或是輿論中沒有公是公非，在野黨就不
會發生這種建設性的作用了。」

參、拉斯基的功能論與多元主義國家想像

綜上所述，兩黨制的可欲性以及多黨制的不可欲性，實乃鄒文海心中理想責任政治的一體兩面，同時也鑲嵌於一個可欲的國家想像之中，儼然是英國民主實踐的理念型。然而，聚焦於可行性的許雅棠，提醒讀者鄒文海同時也指出「多數政治家認識兩黨制對代議民治有重要的貢獻；都是兩黨制得以誕生以及得以長久維持的原因」——而且這形成的許多條件「往往是可遇不可求的」（鄒文海 1988, 55-56；引自許雅棠 1992, 53）。一言以蔽之，「沒有一個國家可以用人為力量製造兩個大黨的。」（鄒文海 1988, 53）於是，許雅棠斷定，鄒文海關於代議政治的討論，若非終歸於一種「近乎認命式的悲觀論」（許雅棠 1992, 54），就是應該被理解成一種企圖從儒家「民本治理路徑」傳統之中接引西方民主的努力，正如嚴復、梁啟超與孫中山所曾經做過的嘗試（許雅棠 2007, 190）。

前文提及，許雅棠的詮釋缺乏文本證據的支持，正如他本人也承認鄒文海甚少提中國政治思想的傳統問題（許雅棠 2007, 190）。的確，他的政治理論所關切的乃典型的西方政治哲學思考，如同他的第一本著作《自由與權力》的書名所示，「個人自由」與「政府權力」之間如何取得一個適當的平衡，才是他的學術關切原點。這與許雅棠所說的儒家，從統治者的角度談論國家治理，亦即所謂「以治領政」的由上而下思考傳統，存有本質上的不同。撇開這一點，此處更重要是他的「平衡」概念。理解此一概念，才能確切掌握鄒文海所謂的「調和」或「調節」，也才能理解他作為一個思想家的企圖與創見。

事實上，出版於 1937 年的《自由與權力》是鄒文海最饒富政治哲學意涵（但卻長期不受重視）的一本書，不僅充分展現了對於當時西方關於自由與權力之間的爭辯之確切掌握，同時也對他遠赴倫敦所追隨的老師拉斯基之「政治多元主義」（political pluralism）提出了一個值得深究的洞見，從而透露出他個人的理論企圖，其後續的著作與論述不外是

其中問題意識的變奏與延續。

　　拉斯基所隸屬的政治多元主義，無疑是英美政治學界於 20 世紀上半最重要的政治理論，影響深遠，至今仍是國家理論（theories of the state）的主流，占據主流教科書的第一章（Hay, Lister and Marsh 2005）。基本上，它同時涉及論者對於「國家」的**經驗性描述**以及**規範性想像**。其核心內涵，根據 Nichols（1975, 5；引自 Smith 2006, 22）的梳理，多元主義國家理論包括底下三個主張：

　　一、自由是最重要的政治價值，維護的最好方式在於分散權力。

　　二、團體（groups）應當被視為一種「人」（persons），具有人格。

　　三、「國家主權」（state sovereign）的想法，必須被揚棄。

　　對於今日的讀者，或許第二個主張無法立即理解，不過，那卻是多元主義作為一個學派最重要的特色，也是學派內部爭辯的焦點。進一步解釋，讓我們先從第三個主張開始。

　　首先，「政治多元主義」一詞的創造應當歸功於拉斯基，最早的清楚闡釋可見於他於 1919 年在《哲學評論》（*Philosophical Review*）學術期刊上所發表題為〈多元國家〉（The Pluralistic State）的論文上，以「pluralistic」這個字來一舉統攝了 20 世紀初開始 G. D. H. Cole、J. N. Figgis、F. W. Maitland、Ernest Barker 等英國思想家所提出的多元民主」（polyarchy，也可直譯為「多頭政體」）或「聯邦主義」（federalism）等國家想像（Runciman 1997, 178）。這些不同的想像存在一個共識，也就是反對「絕對主權」（absolute sovereignty）的理念，主張一個國家的政府並非是真正的主權者，**人民整體**才是一個國家真正的**主權者**。

　　再者，就歷史脈絡而言，此一思潮肇因英國於 19 世紀末開始的逐漸中央集權，以及保守色彩濃厚的黑格爾觀念論（Hegelian idealism）在學術界攻城掠地。多元主義者算是對於國家主權持續擴張的一種反叛。最後，如此的反叛於是要求限制政府權力，並且保護人民的個人自由，因此本質上似乎不脫自由主義的政治思維，不管採取民主體制或共和體制，都必須保障個人不受國家侵犯的自由。於是，我們也可以理

解，上述的第一個主張乃出自於「反絕對（國家）主權」立場的具體策略；即使不同論者對於如何才能達成限制國家權力也有不同的看法與策略，莫衷一是，但卻共同認定，「個人自由」與國家的「權力分散」實際上互為因果——此時，經驗性描述與規範性要求乃一體兩面。

關於第二點則更加複雜，不僅涉及第一個主張關於國家權力的理解，同時也關乎霍布斯（Hobbes）對於「主權者」的**位格**（person，抑或拉丁文的 *personae* 或 *subsistantia*，指非物質的個體之存在模式）之爭辯。當然，這也等同於關乎「現代國家」之屬性的根本爭辯。簡而言之，早期的英國多元主義者反對自由主義向來所主張的「個體主義」（individualism）——亦即，道德上並非如同康德所主張，是非對錯存乎理性個人的一心，不受制於社會的倫理傳統；政治上不該是個人主義者所宣稱，社會義務僅止於各人自掃門前雪；因此，就「個人」的本質而言，並非人人是座孤島、可以（完全）獨立於社會的存在物。

多元主義者彼此之間當然略有差異，畢竟，理論建構的揮灑空間正是在此。但是，作為一個學派，所有成員皆認定「團體」——包括社團，公司，組織，教會等等——是政治結構的一環，也就是國家組成的元素。拉斯基也不例外。對他而言，團體不但具有「人格」（personality），我們也「必須」如此「人格化」（personalise）它們。他的解釋如下：

> 之所以如此，乃因我們可以在這些事物之中感受到活生生的人格，留著鮮紅的血。這並非想像力太過豐富所導致的抽象概念。揭露它們的真實存在，是個顯而易見的必要。（Laski 1989, 165；引自 Smith 2006, 23）

其實，「位格」與「人格」等形上學意涵濃厚的詞彙乃出自於霍布斯的《利維坦》（*Leviathan*）一書。而拉斯基的如此解釋，也是他對於 20 年代以前英國多元主義的共識之整理。姑且不論其所涉及相當複雜的形而上本體論問題（參閱 Runciman 1997），人格化團體的重

點在於：可以據此咎責。正如出版於 1921 年的《主權之基礎》(*The Foundations of Sovereignty*) 書中，當拉斯基做出上面的陳述，並試圖藉此區別「社團人格」與「國家主權」在本質上的不可混淆，最後斷言：

> 於是我們可以說，作為一種真實存在事物的社會團體，具有一種自創的人格，且必須為自己的行動負起責任。結果也就是，我們的國家可以比較不那麼黑格爾一點，在行使他的代理權時，少展現一點點主權。(Harold 1921, 157；引自 Runciman 1997, 187)

讀者可見，這一段話把黑格爾視為「主權國家」想法的代表。當然，這有商榷的餘地，而劍橋大學的 Runciman (1997, 188) 甚至語帶輕蔑地批評，拉斯基把黑格爾讀成霍布斯的作法，怎麼說都失去了整理論述的說服力。不過，必須一提的是，拉斯基其實並不孤單，如此閱讀黑格爾的大有人在，且是此時政治多元主義者的主流。

或許原因在於 19 世紀末、20 世紀初受黑格爾影響的英國觀念論者，存有一種「有機論」(organicism) 的傾向。他們掀起一波當時稱之為「新的自由主義」(New Liberalism) 的思潮，[2] 反對傳統自由主義所擁抱的個人主義，強調個人乃社群一份子，甚至沒有社群就沒有「自我」(認識) 的可能，因此染上一種「沒有國哪裡會有家」的國家論色彩，雖然他們最終也否定了如此的國家概念，轉向有機主義的思想資源尋求比較緩和的社群概念，但黑格爾與「國家至上」相連的外界印象已經鑄成，甚至再轉向之後還讓黑格爾跟著與有機主義相提並論。霍布斯將主權者類比人體心臟的說法，以及漸成主流的達爾文主義，是他們賴以淡化國家至上論色彩的思想資源，但，此舉似乎無法徹底改變多元主

---

2 關於此一思潮與當代的「新自由主義」(Neo-liberalism) 之差別，參閱葉浩 (2014)。

義者對於黑格爾的印象，反倒平添了一層**有機論**的色彩。

前文提及，多元主義者如拉斯基也反對極端的個體主義。關鍵是：有機論的國家觀即便不擬人化一個國家，也必須當它是一獨立且具有主體意識的存在，如此一來，個人不過是一個細胞，而且是相較於主權者（亦即政府）位階較低的一個細胞，然而拉斯基卻主張：唯有個人與社會團體具才有人格，國家沒有。無疑，兩方不僅從不同層次來想像國家，也把國家的組成想像成不同層級。觀念論者的專注於「個人」與「國家」兩個層級，並且以國家為高級，而多元論者基本上視「國家」為一個場域或社會，「政府」與「個人」之外還多了一個「社團」。據此，政府不過也只是一個社會裡面多種團體之一，也具有必須為自己行為負責的人格。多出「社團」的層級，不僅可以反對個體主義，肯認團體之於個人身分建構、自我認同的重要性，同時也讓咸認高高在上的「國家」降格為一個社會上唯一具有統治權力的團體——亦即不折不扣的「社團」，與其他社團的差別僅在於「功能」的差別，不是位階高低。此一想法，基本上是一種**功能論**（functionalism）的立場。

另一個反對黑格爾主義的理由，關乎歷史的功能。Runciman 一度引用了拉斯基任教於哈佛時出版的 1917 年成名著《主權問題的研究》（*Studies in the Problem of Sovereignty*）之中的底下這段話來解說這個理由：

> 對我們保有歷史紀錄的人而言，聲稱國家理論上決不會出錯（theoretical infallibility），是不能解決問題的。面對國家的罪過（sin）不吭一句話，不依它的所做所為來評斷，反而採取其他的判準，是把權威看得比真理還重 …… 沒有教條可以維持永恆，因為所們所處的是一個不斷調整與改造的時代。
> （Laski 1917, 209；引自 Runciman 1997, 180）

事實上，否認國家絕不出錯的能力，是拉斯基政治理論的起手勢。Runciman（1997）則試圖指出，歷史記錄的是個別的人事物，而非理

論，看重歷史等於正視**偶然性**（contingency）的存在，因此不相信任何永恆的教條。根據拉斯基的說法，當國家（其實也就是政府）宣稱特定的政策乃顛撲不破的真理，必不可信。既然政府是由人所組成，凡人會犯的錯，政府也會。要求人民相信國家絕不犯錯的政府，若非進行愚民政策，就是以權威逼迫使人民不敢不從。而真心如此相信的人，等於放棄獨立思考、自行判斷的能力，與奴隸相去不遠。

　　不僅如此，愚民政策或權威逼迫的罪過之外，如此的政府還錯在一個政治理論家也必須避免的謬誤：把理論代替實際。對拉斯基而言，理論乃從現實經驗之中得出的抽象理解，必須服膺現實，因實際變化作出修正，不該被假定為不會出錯，作出猶如削足適履的舉措，逼現實就範於理論。與其說拉斯基政治思想根植於英國經驗主義傳統，毋寧說這是本於一種強力的**歷史感**與**現實感**，因此在面對即使來自德國概念繁複、結構華麗大理論，也不為所動。正如 Smith（2006, 21）所說，多元主義是一種對於國家的批判。就拉斯基的例子而言，雖然其理論相較之下樸實而簡陋，但是，作為一種方法論立場，卻足以讓人駁斥特定的實質政治理論，無論是黑格爾的歷史終結論或（特定）馬克思主義所信仰的歷史定律。

　　進而言之，除了消極的方法論立場之外，拉斯基尚有關於政治理論如何建構的積極建議，或說是示範。舉例而言，正如於《主權問題的研究》一書關於「1843 年蘇格蘭教會分裂」（Disruption of the Scottish Church）的討論，涉及教會的運作是否可以獨立於國家管轄權之外。衝突爭端焦點在於教會長老否決職掌封牧的神職人員提名牧師人選，認為此事必須由會眾來共同決定。事件之後發展成四百五十位神職人員決定脫離「蘇格蘭教會」（Church of Scotland；亦即全世界長老教會的發源地），自行成立「自由教會」（Free Church）。但是，由於蘇格蘭教會乃經由英國國會法案所授權成立，脫離的獨立教會等同於挑戰國家授權教會的權威。拉斯基的主張之重點在於：一、教會可以獨立於國家公權力之外，因為屬世的政治與屬靈的宗教乃兩個不同的領域；二、此二領域

的分開獨立，其實是事件發動者與參與者們內心所期待的國家形態，也就是一個**實際存在**社會上的多元主義國家想像。

對拉斯基來說，據此得出的政治多元主義，並非憑空想像，而是社運或改革人士心中所想像的願景——當然，運動的參與者本身可能對此不甚清楚，而這正是政治哲學家的首要工作。據此，政治理論的建構工作，涉及進入運動者的內心，去描繪出他們的想像，並進一步組織其想法，使之邏輯連貫成一系統。順此，政治理論並非旨在提出一個超出此時社會實際經驗的抽象理論，只能實踐於未來或來世，或某種彼岸。哲學一點的說法，其目的不在於建構一個普世皆準的抽象理論，因為，每個理論都是源自於特定社會之中，也只適用於那個社會之上。

掌握拉斯基的政治理論方法至此，我們可以進一步理解他的功能論與政治多元主義，也就是他理想國家想像的一體兩面。首先，功能論者的主要工作在於釐清一個社會之中不同組織與團體所扮演的角色。如同蘇格蘭教會的例子所示，宗教與政治可以分立而共存，因為各自有不同的角色扮演。再者，拉斯基據此指出，工會也是如此，參與運動者實際上想像的就是如此的多元國家，他們要的就是一個多元社團共存、共治的國家。最後，拉斯基進而推論：一、既然歷史上如此的功能區分曾經實踐過，未來也有可能建立；二、歷史告訴我們，一個多元社團、各司其職、分立共存的國家，是現實世界可得的最能容納人類多樣性，最好的制度。

當然，上述最後的推論本身涉及判斷，也就是對於過往歷史的理解以及歷史可得的教訓之判斷。拉斯基並未等到眾人接受他的判斷，自己卻逐步遠離此一願景，從原初的自由民主立場，走向社會民主，再通往激進民主，甚至一度宣揚革命的激進主義，最後則以眾叛親離的下場退出政壇，也因此淡出政治思想史。事實上，與其說拉斯基的立場不斷改變，倒不如說他對於現實的理解不斷改變，從而提出新的策略來實踐多元國家的可能。畢竟，整體而言他從不脫離功能論的方法論立場，且終其一身所追求的是自由與權力之間的「平衡」（Runciman 1997, 178）只

是對於掌權者的功能之理解有所改變。如此的追求，和鄒文海的成名著《自由與權力》之主旨，如出一轍。究竟他只是轉譯其業師的思想，抑或有所改造或創見，是下一節的主題。

肆、鄒文海的功能論元素與責任政治理論

為了進一步討論鄒文海如何解讀拉斯基並運用他的理念，我們有必要簡述一下拉斯基的思想轉變。上述的多元主義，不過是他的學術生涯與政治參與的起點。此時他相信政府不過是社團的一環，且政治與社會其他功能可以分立；由於採取扁平化所有社團，並且把政府也視為其一。雖然他樂觀地相信自由民主（Lamb 2004, 19），如此多元主義的去中心化程度，連無政府主義者都視其為友。或許因為當時任教於哈佛，他此時的理論對美國後來的政治學發展影響頗為深遠（Smith 2006）。例如，Dahl（1971）著名的「多元民主」理論，事實上源自於對拉斯基早期著作的閱讀（Stears 2010），最大的改造不過將拉斯基所說的「社團」重新界定成「利益團體」，使之更符合美國的社會脈絡。

返回英國之後，拉斯基政治態度逐漸從溫和轉向激進。首先，他接受了國家其實介入了社會生活的各個領域之事實，開始主張國家必須善盡如此與其他社團在本質上有別的治理權力（Laski 1919）。換言之，作為社團的「政府」其實角色特殊，不同於其他的社團，身上肩負著獨特的責任，也就是提供人民經濟條件來享受法律所保障他們的自由。針對此時如火如荼的社運與工運，他樂觀地說：

> 我們正處於自我治理（self-government）即將大獲全勝的新運動之中。它的主推動力來源是分散國家權力的企圖，因為人們理解到，行政機構愈是能夠回應（responsive）社會團體的實際要求，不僅效率（efficiency）的可能性增高，自由也是。（Laski 1921, 243）

此時的他正是倡議社會福利的「費邊社」（Fabien Society）之要角，而且他所提供的論述強化了讓英國政治思想界保有一股抗拒極左馬克思主義的力量，雖然被視為社會主義的同路人，但卻依然堅持民主制度。Laborde（2000, 69）稱拉斯基此時的理論是「社會多元主義」（socialist pluralism），應該無誤。不過，隨著局勢的轉變，英國政府逐步推動健保制度並國有化瓦斯等產業，加上為了因應二戰來到而採取中央集權，看在拉斯基的眼裡，幾乎日益接近霍布斯的「絕對主權」國家，於是他逐漸視政府為一「統治階級」，與人民和社團的利益對立。言論轉為激烈的他一開始被視為馬克思主義的同路人，最後在相信即使政黨輪替也不會改變統治集團的階級利益之後，公開宣稱自己為馬克思主義者。政治的手段，只剩下革命一途。從此，他幾乎失去了所有戰友。改信馬克思主義之後的他，立即失去了思想上的獨特地位，即使他的馬克思主義有其特色，且據此提出了左派的自由主義立場，也不足以引起思想史家的興趣（關於此一轉向以及如何結合馬克思主義與自由主義，參閱 Kramnick 1996）。

拉斯基的思想轉變，對昔日戰友而言或許是變節，但另一個角度來看，卻是隨局勢轉變而做的更動。Lamb 指出，事實上他終其一生所追求的是自由的價值，而且從未放棄過民主的理想，而這才是他與多元主義陣營以及費邊社的戰友最關鍵的差異（Lamb 2004, 20, 93-113）。誠如上一段引言已經顯示，拉斯基對於多元主義以及「效率」的追求，與其對於「自由」的追求分不開。事實上，他對於「民主」的看法也是如此。及至 1931 年，他認為民主的真諦在於：

> 肯定自我的本質，並努力去除一切阻礙來實現自我。（Laski 1931, 76）

拉斯基認定的民主之價值所在，與當今政治哲學普遍稱為「積極自由」的理想一致，旨在「成為自己的主人」（Berlin 1969），同時也與前文提及鄒文海所界定的民主吻合——「不讓自己的命運掌握在他人手

中，這就是民主的永恆理想」。

　　事實上，鄒文海的《自由與權力》一書花了相當大的篇幅討論了當時政治思想界爭辯中的兩種自由，亦即「消極」與「積極」的自由。值得注意的是，他書中的界定與當前學界所慣用，亦即伯林（Isaiah Berlin）於 1958 年所界定的區別有所差別，令人玩味。根據伯林的區分，「消極自由」（negative liberty）指「免於（他人）干涉」（free from interference），實踐上等同於法律所保障的「權利」，例如言論自由、集會結社自由，而「積極自由」（positive liberty）則是「自我做主」（self-mastering），包括成為自己的主人，或去做自己想做的事的自由（Berlin 1969, 118-172）。此一區分，剛好作為理解二戰後冷戰兩陣營雙方的爭議焦點。西方自由民主國家追求的是消極自由，共產國家則是積極自由。伯林的區分不僅是從思想史上整理出來的概念區別，同時也是對於實際的國際政治提供了相當有說服力的解釋。當然，他的重點在於，積極自由因為涉及「自我」的概念，因此有相當的論述空間，例如，倘若把國家意志理解為真實乃的自我或「大我」，現實中的自我或說「小我」必須絕對服從，那麼，原本用來讓人得到自由的論述就成了壓迫個人自由的威權意識形態──相較於根植於個人主義的消極自由，與集體主義相通的積極自由於是危險許多，不可不留意其實際運用時的論述轉變（參閱葉浩 2011）。

　　鄒文海對消極自由的理解大抵等同於伯林的界定，亦即「不受約束」就是自由，屬於英國傳統的個人主義之說法，並以拉斯基為當時的代表人物（鄒文海 1994, 97）。與之對照的積極自由，則是源自於德國的唯心論政治哲學，以康德、黑格爾，格林（T. H. Green）、波桑克（Bosanquet）為代表。其核心主張為：國家具有「統一性」，個人是國家的一份子；此外，「國家的目的是倫理的，離開國家，個人就不能達到他倫理的目的」──甚至，倘若「個人的生活，能和國家的目的相合，自然是最自由的，而不和國家目的相合，就算不得是自由，因為他已經為慾念所征服，而忘掉他倫理的目的了。」（鄒文海 1994, 94-95）

同樣地，鄒文海也強調積極自由的危險，認為這種說法，把國家等同倫理內涵，倫理等於理性，理性等同自由，因此自由必須接受國家的訓練或改造，並且早伯林 20 年便討論了盧梭的「強迫自由」概念（鄒文海 1994, 99-100）。

　　上述關於積極自由的危險之說法，其實來自拉斯基於 1925 年所出版的經典名著 *A Grammar of Politics*，曾由張君勱於 1927 年譯成中文，書名為《政治典範》。本書的寫作乃拉斯基扮演費邊社要角的時期。當時的他，痛恨資本主義民主體制對於個人自由的影響，但也因為剛剛國有化的煤礦工業對勞工生活有所改善而對國家有所期待。猶記本節第一個引言所示，拉斯基寄望政府更能回應民意，提升效率——更重要的是，如此才能促進自由。鄒文海正是從此處切入來理解他的業師。一方面，他直接引用《政治典範》一書，解釋拉斯基此處試圖重申政府的權力，因為「沒有責任的政府，容易變為專制的，但他亦不能否認沒有責任的人民，也可以變得專制的。」（鄒文海 1994, 100）另一方面，他強調無論捍衛個人自由的拉斯基，或接受德國唯心論的波桑克，其理念雖然在概念上容易走向**極端**，但付諸時實踐的話，「都有現實牽制他們，使他們不得不緩和自己的理論，以求與實際不相違背。」（鄒文海 1994, 100）至此，讀者才明白為何鄒文海提及，雖然旁人都視拉斯基為多元主義者，但他自己則相信自始就是一個「現實主義者」（鄒文海 1994, 97）。

　　必須指出的是，此處的「現實主義」不可與二戰之後興起於美國政治科學或國際關係的現實主義學派混淆，因為，鄒文海的意思不在於宣稱政治無關道德或根本就不道德，而是在於：理論必須具有現實感，包括與時俱進的歷史感——與本文上節所提，拉斯基的政治理論之起手式不謀而合。無論如何，看重此一現實感的鄒文海，也採取同樣方式論證自己所理解的自由與國家想像，不僅承襲了拉斯基對於自由的看重，也接受了的功能論的國家想像，欲以提升政府效率來促進人民享有自由的條件。

　　進一步解釋，許雅棠將鄒文海說「我們這一代所完成的，不過利用政黨政治來**調和**民治和效能的原則而已」，理解為後者的整個政治思想全貌。事實不然。讓我們此刻聚焦於「調和」的概念。首先，鄒文海並未界定清晰，但他的《自由與權力》最後一節的標題「人民自由與政府權力的調節性」似乎透露了端倪（鄒文海 1994, 201-209）。無論如何，就形式上而言，並非僅有許雅棠所探討的「結合」一途。以拉斯基的思想為例，前文提及他終其一生都在追求的是自由與權力之間的「制衡」（balance），即某種形式的調和，《自由與權力》一書所說的「調節」也是。

　　令人玩味的是，雖然拉斯基倡議的制衡方式幾經轉折方式，多元主義早期是指包括各種社團（包括政府在內）從互動之中取得權力平衡，費邊社中期轉為期待政府來扮演協調產業與民間社團的工作，最後則因為看破政府作為一個統治階級，不可能放棄階級利益，改信馬克思主義，呼籲階級革命才能恢復人民之間的平等與自由。撇開這些策略的具體細節，貫穿其中的不外是一種現實政治中的權力平衡想像。鄒文海所謂的「調節」，也是如此。的確，根據《自由與權力》一書的相關討論，他企圖調節「自由」與「權力」，但方式並非在二個咸認互有衝突的概念上提出新的定義，使兩者之間的衝突得到理論上的化解，反而將目光置於實際政治運作上，思考如何使權力與自由在一個社會上各自扮演一定的角色，發揮功能，無限上綱其中之一。

　　誠如他評價兩種自由時所言，兩方的支持者皆傾向走極端，必須讓現實來牽制他們。鄒文海如同拉斯基一樣，具有強烈的現實意識。他們的論述與當代主流的政治哲學迥異，目的不在於透過精微的界定，將許多價值貫穿成一個邏輯連貫的概念殿堂；法政思想大家 Dworkin（2002）曾將「自由」與「平等」的定義微調成邏輯上互相蘊含的兩個價值，是一典型例子。於是，鄒文海聚焦於具體的社會條件之上，指出保障自由的方式除了傳統自由主義所強調的憲法保障之外，必須輔以政治制度的保障，提供人民實現這些個人自由的條件，包括選舉制度與地

方分權等措施——更關鍵的是，必須有「國民性的保障」，也就是一個擁有能力監督政府作為的積極公民社會（Dworkin 2002, 131-171）。

顯而易見，鄒文海理解的「政治」，不同於孫中山所謂關乎「管理眾人之事」，因為他的理論並不聚焦於政府制度之上，而是納入反對黨與公民社會的整體思考。正如許雅棠（2007, 47）論述鄒文海的「民主責任」理論時提及，後者明白司法權相較於行政與立法是相對弱勢的，因此，才試圖在制衡制度之外尋找力量，而找到的就是民治。嚴格說，鄒文海所謂的「制衡機制」，不僅關乎政府內的制度，還包括公民社會在內。是故，他的理想國家想像是一個執政黨、反對黨、公民社會三者各自扮演好自己的角色，發揮該有的功能時，所達至的良序動態平衡。不可否認，就性質而言，鄒文海的國家想像與拉斯基的功能論國家觀如出一轍。

然而，更重要的是此一功能論的內涵，也就是鄒文海對於執政黨、反對黨、公民社會三個不同角色的功能。關鍵在於體現於政府與公民社會的「治權」之上，而且鄒文海的論述與費邊社時期的拉斯基並無二致。進一步解釋，首先，本節的首段拉斯基引言提及，政府必須對社會民意具備**回應能力**（responsiveness）。此後隔年，他在〈行政機構與國會〉（The Civil Service and Parliament）一文加上了國會與政府官員的**可課責性**（accountability）（Laski 1922）。換言之，回應民意以及官員的可課責性，才是拉斯基對於政府效能的兩個判準（Lamb 2004, 21）。維持對自由的一貫看重，此時的拉斯基認定政府必須採取積極手段來保障個人自由，包括法律的制定與經濟條件的提升，並視此為政府之存在目的。不可否認，鄒文海也主張政府必須提升人民的經濟條件，才能實踐自由。並非儒家民本思想才可以讓人注重「民享」。

當然，上述不過是政府的「治權」。民主制度底下的治權，必然包括人民的層面。前文提及，許雅棠指出，鄒文海認為公民若失去監督的能力，執政黨與反對黨將可能「狼狽為奸」。不僅如此，根據《自由與權力》一書的說法，公民的角色包括必須保有「客觀的頭腦和寬容的態

度，而且還要有善於懷疑和勇敢批評的習性」（鄒文海 1994, 152）；反之，倘若人民不具備如此能力，不但無法產生兩黨政治，甚至可能反噬民主的能量——正如鄒文海語重心長地說，「我們常常以為暴虐的政府摧殘自由，殊不知頑固的國民性，其專制猶十倍於暴虐的政府。」正如他認為積極公民社會是自由的「國民性保障」，失責的國民不僅讓反對黨也跟著失職，同時也等同於放棄「治權」。

是故，鄒文海如此總結：「我們只有使權利與自由相制衡，然後國家才可以維持它的和平，保持它的安寧」（鄒文海 1994, 200）——國家的整體效能必須舉此理解，而政府效能不過是鑲嵌其中的一環而已，反對黨和公民社會也有其責任與義務。這正是鄒文海所洞悉的拉斯基多元主義之真諦，也是不折不扣的功能論國家觀。多方各司其職才能讓國家良序運作，才是鄒文海完整的民主理念，才能包括美國總統林肯於《蓋茲堡演說》（Gettysburg Address）所指出的「民有，民治，民享」。一言以蔽之，他所完成的調和工作，正是底下的民主國家想像：執政黨負起責任來提升效能，滿足人民行使自由的條件，促進「民享」，否則法律保障的權利將形同虛設；反對黨善盡監督政府的責任，並提出更好的黨綱來說服人民，取得治權；至於人民，則積極監督的公民社會才能有效的實踐「民治」。調和，不是概念層次上的重新界定，也非由政府層面的治權來壓倒公民層面的治權，畢竟，作為「民有」的國家，主人是所有人民全部，包括其中可能透過選舉而出任公職的部分。

或許，我們可以將此一論述理解為「多元責任民主論」，其基礎不是儒家的民本思想，而是熔拉斯基的政治多元主義、費邊社的社會福利思想以及功能論於一爐的國家想像，主張唯有執政黨、反對黨、公民社會三方都各司其職，才算是良序運作的民主國家。此外，儒家作為一種傳統文化，在此一論述之中事實上也僅僅是公民社會的一環，抑或政黨內部文化的一環，無論在黨內和國家整體的層次而言，皆僅是一種必須與其他元素調和的力量之一，而非一種被假定為國家和社會的基本目的和內涵。換言之，儒家不是鄒文海的多元國家想像之中所欲彰顯之物，

而是可能出現於執政黨、反對黨、公民社會三者之內以及之間的一股文化力量，不具絕對的價值，最多僅是中國嘗試走向多元民主制度不可忽視的背景，而他的理論正是一種調和了拉斯基的思想以及中國儒家脈絡之後的結果——不僅符合拉斯基所倡議的方法論，作為一種調和理論與現實的嘗試，也具有其獨特的思想與歷史價值。

肆、結語

　　關於一個政治思想家的研究，向來有典型的牛津大學學者所採取的「政治理論」方式，試圖從思想家的文本之中重建一套概念一致且邏輯連貫的思想體系，以及所謂的劍橋「政治思想史」學派，主張政治書寫基本上乃「意識形態鬥爭」的一環，因此唯有從徹底掌握一個思想家書寫當時的語言、預期讀者以及具體的歷史脈絡，才能確實理解其真正意涵。然而，拉斯基關於政治理論方法的書寫，似乎隱約指向另一種做法。正如前文提及，他呼籲政治理論的建構必須從社運或改革行動的思想之中，去重建一套比當事人自己更有系統性的思想體系，雖然尚未發展成一套更嚴謹的研究方法，但卻指出了一種同時結合了牛津與劍橋的研究途徑，既從事文本分析，也在意歷史脈絡，更重要的是，這也等同於替當事人釐清一個更加清晰的政治改革之想像，對於我們自身所處的時代或許也有規範性意涵與實踐性意義。倘若我們延續此一思路，交叉比對同時期包括與其對抗的論者之間的文本，或許亦可得出一種可用以掌握特定「時代精神」的政治理論方法。（或許，拉斯基在倫敦政經學院的接班人保守主義思想大師 Michael Oakeshott 某程度上承襲此一洞見；參閱 Kelly 1999）

　　本文的詮釋，基本上採取了牛津的方式來分析鄒文海的部分文本，並與拉斯基的部分文本，來初步整理他的思想體系，因此可能也僅僅抓到他的某個側面而已，唯有進一步的掌握歷史細節並將鄒文海還置於脈絡，才能確切清楚他的思想全貌，以及從民國初年到國共內戰乃至於渡

海來台之後白色恐怖時期，他的民主思想與論述是否有單就文本所不可得之微妙意涵。正如上述對於拉斯基思想轉變的討論，也是在英國政治發展的脈絡底下才得以推敲出不同時期的意涵以及為何轉折。不過，與拉斯基文本的比對，足以讓我們避免將鄒文海置入儒家政治傳統或化約為民本思想的支持者。

當然，鄒文海的確說過，西方的民治，採取嚴格分權的制度，「矯枉過正」。（許雅棠 2007, 183）也說過，「吾國儒家，以仁義為政治中心的理想，安全、秩序、公道，自由以及福利，均以仁義為依歸」，「民本的思想適合於民主的時期」。（分別出自於許雅棠 1992, 51；許雅棠 2007, 182）不過，上述幾句話都不一定僅能從儒家的政治思想傳統來理解，分別從拉斯基重視的現實感與歷史感，以及主張社會福利的費邊主義也可以。畢竟，他還強調，由國民決定「始有公道，也始有安全，始有秩序，始有自由，始有福利之可言。」民主是促進人民福利的政治制度前提。正如當他說「尊重人民，必先使人民有所可以尊重」的時候，尊重是前提，信仰民主的政府必須尊重人民在先，然後致力於整體民主素養，而非將人民素養視為門檻，尚未跨過之前既不予以尊重，也不提供從民主制度做中學的機會。

我們有理相信，鄒文海的思想遠較於儒家民本理念複雜許多。當然，本文不過是希冀恢復其多元思想向度之初步嘗試，若想進一步掌握其思想全貌並理解其論述在具體歷史脈絡底下的意義，研究者必須掌握20世紀初英國政治思想進入中文語境的歷史，同時也要確切理解拉斯基及其諸多中國門生的個別文本，並且交叉比對，才能知曉其真正書寫用意及其時代意涵。這當然遠超乎本文所能討論的範圍，筆者此時也力猶未逮，最後僅以三點作結。

首先，根據著名的民主理論學者 Dahl 所說，拉斯基的著作陪伴他們一代人的學術成長（Stears 2010）。不過，深受他所影響的美國政治科學研究，卻直接轉向研究各種社會團體之間的利益合作與鬥爭，幾乎放棄規範性研究。事實上，拉斯基任教於哈佛的時候曾評論美國

說，「世界上沒有任何國家這麼喜歡教政治學…… 而且教得如此之差」
（Runciman 1997, 192），相信他面對多元主義研究淪為一種純粹經驗性
研究，分析多元壓力團體卻不試圖批判其權力結構，提出規範性建議與
改革方案，也不敢恭維。然而，鄒文海的政治研究似乎延續了拉斯基所
倡議的方法路線。姑且不論成果如何，他的確是帶著現實感從事規範性
理論的工作，此舉與之後盛行於台灣的行為主義學派作法大相逕庭。

　　再者，延續上述關於方法的討論，鄒文海事實上值得更進一步的研
究。一方面，鑑於民初仍有「全盤西化」與「中學為體，西學為用」兩
派的爭辯，鄒文海本人扮演引入西方政治學研究進入中國的要角色，究
竟他如何看待「引入西學」這件事情的本身，處於爭辯中的什麼確切位
置，以及是否認真思考過方法論的問題？此外，當時所引入的西學畢竟
以民主憲政思想為主流，兼顧歷史感與現實感的他究竟如何思考民主制
度如何得以移植入中國的文化土壤的問題？另一方面，畢竟國共鬥爭的
核心在於國家想像的不同，而且是左右兩派不同的想像，深受曾為西方
最知名左派政治學者拉斯基影響的鄒文海，究竟在此光譜上座落何處，
以是否如同拉斯基有過轉折？上述兩個問題，絕非僅具思想史的旨趣，
在當前「中國特色的社會主義」與「天朝理論」思想隨中國正式崛起，
而台灣的民主化追求也方興未艾，彷彿當年體用、復古與全盤西化的翻
版之際，鄒文海的著作究竟能夠提供多少思想資源，或有高度的現實意
涵值得深究。

　　最後，鄒文海不過是拉斯基眾多的中國弟子之一，其他仰慕者以
及後來轉為批評的知識分子也大有人在，甚至，當時還有不只一位被膏
抹為「中國的拉斯基」的政治論者，例如浦薛鳳與張奚若。進一步研究
鄒文海的政治思想，可以為重建整個民國初年政治思想或說是「時代精
神」的龐大研究工程鋪路。同樣地，這也不僅僅具有思想史的意涵。鑑
於近年來西方政治思想呈現明顯的「比較政治思想」轉向，鄒文海本人
以及拉斯基及其眾多中國學生的相關研究，也是國內政治思想領域可以
接軌國際研究值得發展的途徑，而且頗具優勢。或許，進一步從歷史脈

絡與時代精神來掌握其思想，是紀念這一位已遠的哲人，讓其典型得以
流傳下去的最好方式。

參考文獻

孫宏雲，2008，〈民主社會主義與民國政治──拉斯基在中國的影響〉，
　　《二十一世紀》，108：50-59。

許紀霖，1998，〈社會民主主義的歷史遺產──現代中國自由主義的回
　　顧〉，《開放時代》，4：13-20。

許雅棠，1992，〈鄒文海對 Democracy 的思考〉，許雅棠主編，《民治與民主
　　之間：論 Sartori、鄒文海、孫中山思考 Democracy 的困境》：45-55，
　　台北：唐山出版社。

許雅棠，2007，〈責任政治的思考──對鄒文海「民主責任論」問題的一些
　　思考〉，許雅棠主編，《二十世紀人文大師的風範與思想：後半葉》：
　　175-192，台北：臺灣學生書局。

許雅棠，2012，〈如何觀看自由民主？源自儒家思想傳統的一種觀看之道
　　──從清末學人談起〉，《台灣民主季刊》，9（3）：1-35。

鄒文海，1967，《鄒文海先生政治科學文集》，台北：廣文書局。

鄒文海，1980，《政治學》，台北：三民書局。

鄒文海，1988，《代議政治》，台北：帕米爾書店。

鄒文海，1994（1937），《自由與權力：政治學的核心問題》，台北：三民書
　　局。

葉浩，2014，〈政治意識型態〉，陳義彥主編，《政治學》：79-113。台北：
　　五南出版社。

葉浩，2011，〈價值多元論與自由主義──兼論伯林的政治理論方法論〉，
　　《社會與政治哲學評論》，39：59-113。

Berlin, Isaiah. 1969. *Four Essays on Liberty*. Oxford, UK: Oxford University
　　Press.

Dahl, Robert. 1971. *Polyarchy: Participation and Opposition*. New Haven, CT:
　　Yale University Press.

Dworkin, Ronald. 2002. *Sovereign Virtue: The Theory and Practice of*

Equality. Cambridge, MA: Harvard University Press.

Hay, Colin, Michael Lister, and David Marsh. 2005. *The State: Theories and Issues*. London, UK: Palgrave.

Hayward, Jack. 2003. "British Approaches to Politics: The Dawn of a Self-Deprecating Discipline." In *The British Studies of Politics in the Twentieth Century*, eds Jack Hayward, Brian Barry, and Archie Brown. London, UK: British Academy.

Kelly, Paul. 1999. "Contextual and Non-contextual Histories of Political Thought." In *The British Study of Politics in the Twentieth Century*, eds Jack Hayward, Brian Barry, and Archie Brown. Oxford, UK: Oxford University Press.

Kramnick, Isack. 1996. "Liberalism, Marxism, and the Enlightenment: The Case of Harold Laski." In *Liberalism Without Illusion: Essays on Liberal Theory and the Political Vision of Judith N. Shklar*, ed Bernard Yack. Chicago, IL: Chicago University Press.

Laborde, Cécile. 2000. *Pluralist Thought and the State in Britain and France, 1900-25*. London, UK: St. Martin's Press.

Lamb, Peter. 2004. *Harold Laski: Problems of Democracy, the Sovereign State, and International Society*. New York, NY: Palgrave Macmillan.

Laski, Harold. 1917. *Studies in the Problem of Sovereignty*. New Haven, CT: Yale University Press.

Laski, Harold. 1919. *Authority in the Modern State*. New Haven, CT: Yale University Press.

Laski, Harold. 1921. *The Foundations of Sovereignty and Other Essays*. London, UK: Allen and Unwin.

Laski, Harold. 1922. "The Civil Service and Parliament." In *The Development of the Civil Service: Lectures Delivered before the Society of Civil Servants, 1920-21*, ed Society of Civil Servants. London, UK: P.S. King and Son.

Laski, Harold. 1925. *A Grammar of Politics*. London, UK: Allen and Unwin.

Laski, Harold. 1931. *An Introduction to Politics*. London, UK: Allen and Unwin.

Laski, Harold. 1989. "The Personality of Associations." In *The Pluralist Theory of the State*, ed. Paul Q. Hirst. London, UK: Routledge.

Runciman, David. 1997. *Pluralism and the Personality of the State*. Cambridge, UK: Cambridge University Press.

Smith, Martin. 2006. "Pluralism." In *The State: Theories and Issues*, eds Colin Hay, Michael Lister, and David Marsh. London, UK: Palgrave.

Stears, Marc. 2010. *Demanding Democracy: American Radicals in Search of a New Politics*. Princeton, NJ: Princeton University Press.

政治風氣的意涵：初探浦薛鳳的政治思想

陳建綱
政治大學政治學系助理教授

壹、浦薛鳳的著作與講學

整體而言，浦薛鳳的思想與著作呈現了自有的體系性與連貫性。浦薛鳳的著作不僅數量豐富且內容嚴謹，若依其主題加以區分，大致涵蓋以下數類：

一、以介紹與詮釋西洋政治思想史為主：包括《西洋近代政治思潮》、《現代西洋政治思潮》。前者自柏拉圖開始一直介紹到功利主義與德國唯心論在 19 世紀的發展，由商務印書館於 1939 年 9 月印行，時值浦薛鳳任教於西南聯大期間。然這部作品成書在此之前，為浦薛鳳依據他在清華大學講授「西洋近代政治思潮」的教材寫成，可視為浦薛鳳在清華任教多年累積而成的心血結晶（浦薛鳳 1979,〈序言〉, 16）。《西洋近代政治思潮》對中國政治學界產生了深遠的影響，此書與蕭公權的《中國政治思想史》分別被視為是研究中、西政治思想最重要的兩部著作（金耀基 1979, 26）。浦薛鳳的好友蕭公權稱讚《西洋近代政治思潮》「是一部成熟淵博而客觀的西洋近代政治思想史」（孫宏雲 2005, 183），亦誠如浦薛鳳的高徒鄒文海（1981, 427）在評介中指出：「獨浦先生能勾其玄，刪其繁，納此二千年的思想史於一章（浦著第二章自柏拉圖至孟德斯鳩）辭簡義備，使後學者無摸索的辛苦，其有功儒林，自不待言」。觀諸《西洋近代政治思潮》的初版〈序言〉可以得知，浦薛鳳對於此書未能涵蓋西洋政治思想自功利主義之後的發展——如民治理論、族國主義及社會主義——早有意識，只是這些思潮屬當代之範圍，加上

思想理路與理論背景複雜，難以扼要交代，故他當時便有書寫續集的準備。只因「抗戰軍興，藏書悉在常熟故里損失」（鄒文海 1981, 428），所以直到《現代西洋政治思潮》於民國 52 年 3 月出版後，這個寫作計畫才告完成。《現代西洋政治思潮》，據浦薛鳳（1981, 49）自述，「乃予在政治大學授課之成績」。

二、以闡釋浦薛鳳自身的政治思想與針貶時局為題，此類論文多收錄於下列文集，《政治論叢》（民國 44 年在台初版）、《戰時論評集》（民國 62 年初版）、《政治文集》（民國 70 年初版）等。

三、依浦薛鳳長年累積的隨筆與日記輯錄而成的回憶錄：《浦薛鳳回憶錄》，共有上、中、下三冊，依序為《萬里家山一夢中》、《太虛空裡一游塵》、《相見時難別亦難》（民國 98 年出版）。另外，《音容宛在》（民國 73 年出版）一書則為浦薛鳳追憶友人與尊長之作。[1]

與其卓越質量的著作相伴的，是浦薛鳳一生幾乎未曾中斷的教學生涯；或者不妨說，浦薛鳳的著作所呈現的，相當一部分正是他在教學授課的過程中所累積而成的智識觀點。浦薛鳳曾先後任教於東陸（雲南）大學、浙江大學、清華大學、西南聯大、政大政研所，執教清華期間亦曾在北京大學與北平大學兼課講授「西洋近代政治思想」。其中，浦薛鳳在清華大學任教長達十年（1928 年 8 月至 1937 年 7 月），主要講授「政治學概論」、「西洋政治思想史」、「西洋近代政治思潮」、「政黨政治」等課程，並在此期間結婚成家與生兒育女。又於 1933 年夏天適用於清華大學初次任教滿五年得申請赴歐美大學研究一年的規定，前往德國柏林大學研修，這或許解釋了何以浦薛鳳（2009a, 141）稱此一階段為他的「生平黃金時代」。

浦薛鳳在政大任教可分兩個時期：第一個時期是自 1954 年秋天至

1　據言，浦薛鳳自九歲時開始寫日記，此習慣伴其終生而未曾中斷；此外，他也隨身攜帶記事簿，為中華民國近代史的發展與許多政壇逸事做了見證。浦薛鳳並稱此為他唯一、也是最珍貴的財產（孫宏雲 2005, 20）。

1958 年 8 月初，其後應時任清華大學校長兼任教育部長的梅月涵先生之邀，出任教育部政務次長。兩年多以後，浦薛鳳（2009c, 105）回政大政研所專任教授，曾被聘為「國家研究講座」。根據浦薛鳳的描述，應政大聘任之初，他首先著手整理在清華授課時期各課程講稿的詳細綱要，並選購必要的課程用書。浦薛鳳（2009c, 107）回憶道：在英文書籍的部分，「一方面開列詳單，先後由校中購置，另方面由我自己陸續函囑吾女麗琳及吾兒大邦，分別自美寄來」，總計約有 60、70 冊。其次，在授課方面，「則仍採用曩年在北平清華園之習慣作風」，亦即：

> 聲明不發講義，須由學生自作筆記；指定若干可供各自選擇閱讀之書籍，或全本，或專章；閱讀後須照定期繳扼要札記，每學期舉行預定日期之小考；總成績乃小考、札記與大考之總平均（浦薛鳳 2009c, 107）。

由此可知，浦薛鳳在政大政研所的教學方式是延續自清華時期，再予以修改和更新。之後，浦薛鳳於六十二歲時赴美講學，先後任教於漢諾浦大學（Hanover College，1962 年 8 月至 1963 年 1 月）與港橋大學（University of Bridgeport，1963 年 1 月至 1971 年 8 月）。原預計在兩校各講學一個學期，合計一年，後受到港橋大學校長留任，並改聘為卓越教授（Distinguished Professor），故而延長在該校講學時間直到規定的退休年限將至，繼而受到於聖若望大學（St. John's University）創辦與主持亞洲研究中心的薛光前之邀前往講學（1971 年 9 月至 1974 年 8 月）。浦薛鳳在美講授課程以中國哲學、中國政治史與中國政治思想為主。

貳、浦薛鳳的思想軌跡與理論結構

浦薛鳳曾被譽為「中國拉斯基」（吳碧涵 1981, 466），這自然與他對於政治學研究在我國學術界之紮根與茁壯的卓越貢獻有關，若進一步

探究其原因，或許可以歸納出以下三項。首先，在教學貢獻方面。浦薛鳳長年投身教育，不論是早期在清華政治學系任教，或是隨國民政府遷台之後執教於政大政研所，他均視「上庠」為自身初衷之所在（浦薛鳳1984b, 147）。浦薛鳳不僅教學嚴謹認真，課餘更定期邀請學生至其寓所聚餐，對學生關懷備至，故此栽培出英才無數，其舉止間所流露出的「溫潤的嚴肅」更深受學生感念（金耀基 1979, 26），此些在浦薛鳳的眾多門生高徒為追弔浦師母陸佩玉女士所撰寫的文集《慕思》中可以獲得很好的印證。其次，浦薛鳳獲此美譽的另一個原因，或許與他曾當面向拉斯基（Harold Laski, 1893-1950）請益有關。在其前往德國柏林大學進修期間，浦薛鳳曾造訪巴黎，一方面旅遊，一方面也前往巴黎大學之文法學院（Sorbonne）旁聽有關西洋政治思想之演講。之後，再由巴黎而至倫敦，當面拜訪倫敦政經學院（The London School of Economics and Political Science）的著名政治學權威拉斯基。此次會面的目的，在於浦薛鳳欲請教拉斯基對於政治五因素論之觀點。然而，結果卻不盡如人意，浦薛鳳（2009a, 167）回憶道：「相見之後，伊對予之五因素觀點，認為勇氣十足可佩，結果殊歸失敗」。此番經歷並未使浦薛鳳（2009a, 167）氣餒，他在自傳中寫道：「但思維再四，予對自持政治五因素觀點之信仰，毫不動搖，反而益屬堅強」。第三，浦薛鳳受到如此推崇的另一個原因，應得自他終生致力於政治哲學研究，並且有系統地發展自身的思想體系。浦薛鳳的政治思想之所以蘊涵一個讓人較容易親近的系統性與連貫性，推想可能與兩個因素有關。

　　首先，浦薛鳳受西方科學觀念的影響，深信人類的政治領域就如同自然世界一般，只要以歸納與分析為研究工具詳加鑽研，定能穿透繁複多變的現象，探尋隱含在其背後而主導著國家之治亂興亡的原理。其次，在前述基本立場的影響下，浦薛鳳的政治論文與政治思想因此具備了一項明晰的特徵，亦即格局清晰、有條不紊的寫作與論述架構，我們或許可以從兩方面來理解此一特徵所顯露的意涵。一方面，在後設的層次中，浦薛鳳的寫作架構有助於讀者親近他的立論與觀點，這不僅是一

項體貼入微的舉措，使讀者免於陷入過於繁複的文章結構與立論主張中，同時更需要長時間的反思與沉澱才能達成。另一方面，就其理論意涵而言，浦薛鳳所提出的著名的「政治五因素論」或許可以被視為是此一思考格局下的結晶，而在應用政治五因素論解析諸多政治情勢的同時，此理論所實際發揮的效力也回過頭去強化了浦薛鳳思想中的體系性。換句話說，浦薛鳳的政治思想之發展與他所仰賴至深的理論工具──即政治五因素論──兩者之間形成一種微妙的互動關係。關於這一點，我們可以從以下事實得知一二：早在民國 15 年浦薛鳳應東陸大學之聘，在他準備政治學課程的過程中即形成了政治五因素論，自此之後，除了進一步發展與闡釋此理論之內容並頻繁地將其應用於研究與教學之外，始終未曾加以更動刪修（孫宏雲 2004, 103）。這意味著，約莫自浦薛鳳 26 歲起，政治五因素論就形成了他分析政治問題的理論架構。由此我們不難推想，浦薛鳳先是創造了此一理論，而在長期反覆應用與驗證的過程中，此一理論可能也影響了浦薛鳳的思維架構與思想發展。

在進一步闡釋浦薛鳳的政治思想之前，我們有必要先釐清他的政治思想之發展軌跡。衡諸浦薛鳳的著作可以得知，蘊涵其政治思想之作品主要是以論文或講稿的形式呈現，在經歷相當時間的累積之後，再以論文集的形貌問世。這邊所指的，主要是出版於民國 44 年的《政治論叢》和出版於民國 70 年的《政治文集》。誠如浦薛鳳（1981,〈序言〉, 3）所謙言：「不佞之政治思想蓋在此兩叢集之內」。由此可知，欲探索浦薛鳳的政治思想，這兩部著作具有相當的重要性。若我們將《政治論叢》、《政治文集》兩部作品與《西洋近代政治思潮》及《現代西洋政治思潮》兩者相比，可以發現，不論是浦薛鳳自身的政治思想之表述，或是他對於西方政治思想的詮釋，可能都與他的生活實踐密切相關。之所以這麼說，是因為近代與現代兩部《西洋政治思潮》所記載的分別是浦薛鳳在清華大學與政大政研所的授課內容。此外，於《政治論叢》出版時，浦薛鳳已歷任國防最高委員會參事、中央日報總主筆、並曾赴美出席頓

．

巴登橡樹園會議；而在《政治文集》出版時，他也已經歷四任台灣省政府秘書長、教育部政務次長、政大政研所主任兼教務長等重要職務。由此不難想見，浦薛鳳的學問與思想是在他執教與歷任公職的生涯中逐步「長成」的。

　　此處所用「長成」的這個概念並非本文的創見，而是借用自浦薛鳳的著作。閱讀浦薛鳳於民國 44 年為《政治論叢》寫下的〈序言〉便發現，他共列出了 16 項條目或研究要點，並強調「提綱挈領而言，本集各篇所反覆闡論，強調指陳者，要皆有關下列各項；綜合起來，亦可謂為構成本人之基本政治思想」（浦薛鳳 1955,〈序言〉, 1）。在這 16 點當中，第 12 點即為「法制『長成』」，其餘 15 點則分別為：「政治原理」、「治興定律」、「政治範圍」、「政治因素」、「『治』重於『政』」、「培植政風」、「秉公守法」、「道德修養」、「民主政治」、「地方自治」、「政黨政治」、「主權觀念」、「安全機構」、「世局前途」、「計劃歷史」等。以上各點彼此間雖互有聯繫，涉及面向卻不甚相同，如「安全機構」這個主題所涵蓋的是浦薛鳳對於國際局勢發展的觀察，「世局前途」所透露的則為浦薛鳳對於民主與專制兩種政治勢力之間的抗衡將如何影響人類命運之憂心。本文限於篇幅與主旨，難以對浦薛鳳的政治思想做出全面性的探討，我們所特別關心的，主要是浦薛鳳的政治思想中所蘊含的一個重要觀點，此即：政治秩序的建立，也就是浦薛鳳所關注的「致治」或「治興」之達成，實難以在政府勢力的強勢主導下或單獨憑藉憲政及法律等制度之建立來實現，還必須考量到一國的政治風氣、民情習俗對於一般人的深遠影響。從這個角度來說，唯有當一國的政治風氣與風俗習慣提升到相當的道德水準之後，亦即在美德的薰陶之下，法治才能真正在社會中、也就是在人民的日常生活中生根。如此，法治便不僅僅是與社會大眾的生活習慣相互平行的政治理念，反將成為大眾的具體生活方式。既然每個國家的政治風氣與民情風俗各異，適合施行的法律與政治制度便不盡相同。倘若未就此點加以考量，而以為在他國施行成功的法律與制度必然能夠適應於本國，因此欲加以單向地移植，這就犯了視

法制為「造成」的毛病，而忽略它實以一國之民情風俗為土壤所「長成」。最終，難免因為徒有法制的形式，卻不具備相應的公民素養與政治風氣，難以實現「致治」的目標。

必須說明的是，浦薛鳳並非主張政治制度之建立對於達成治興毫無助益，相反的，政治制度仍扮演相當關鍵的角色；然而，浦薛鳳所要彰顯的是，倘若主政者僅把自己的眼光侷限在有形的政治制度之建立與法律之施行，卻忽略了政治風氣的培植與民間社會的道德素養之提升，則主政者充其量只履行了有形的政治勢力，卻未能掌握更重要的無形勢力，也就是思想與政治風氣。故他說：

> 所謂法治，不外指一切依據規定，鐵面無私，嚴格執行，絕不因人而異。可是「徒法不能以自行」，往往紙面規定之「制度」如此，而實際執行之「現象」如彼。以故，最後分析，「法」之所以能實行，「人」之所以能執「法」，全憑社會之中具有人人守法之政風（浦薛鳳 1955, 28）。

在同一篇論文中相隔兩個段落之後，浦薛鳳（1955, 29）再次強調：「一國之治興究亦有賴於國民道德。惟茲所謂國民道德，非指經典書籍中提倡之深奧理想，而指一般國民所能了解，所願躬行實踐的行為準則」。尤其，在民主國家中政風之培植更顯關鍵：「民主國家之國民道德，更屬重要。……易詞言之，民主政治需要民主美德，亦即需要民主的良好政風。此則有賴於相當的經驗，長期的培植，並非隨著紙面制度而俱來」（浦薛鳳 1955, 30-31）。

從前段的引文可以看出，浦薛鳳甚為強調社會中的政治風氣之培養對於一國建立良好政治秩序的重要性。若說這個觀點就如同「政治五因素論」一般，兩者皆為浦薛鳳一生所信守堅持的基本立場並不為過。因為，在相隔26年之後，《政治文集》中相似的觀點仍俯拾皆是，更有數篇論文專門就這個主題進行探討，如〈政風之培植〉、〈修養與治興之

關聯〉、〈培植良好風氣〉等。[2] 在下文中，我們將扣住政風這個概念而循兩個途徑加以闡釋。首先，我們關注的是政風在浦薛鳳的政治思想中之重要性，要在此方面加以探究，我們必須釐清政風與其他政治原理及政治五因素論之間的關聯性。其次，我們將試著走得更遠一些，亦即，我們將探索浦薛鳳的政治思想與英國政治思想家休謨（David Hume, 1711-1776）的立場之間存在何種有趣的相似性。

參、浦薛鳳的政治五因素論

先從第一個面向著手。要觀察浦薛鳳如何以政治五因素論來描述與分析政治風氣的意涵，首先應當釐清前述兩者在浦薛鳳的思想架構中各占據何種地位。整體來說，如本文稍早已經提到，浦薛鳳的政治思想之發展受到一個基本關注的驅動，那就是他深信在人類多元而歧異的政治活動背後，必然存在他所稱的定律（亦時常與定理、原理或鐵律等概念交換使用），只要以歸納為方法，政治學家將能發現此定律。故浦薛鳳（1955,〈序言〉, 1）說：「萬事萬物均有其原理，政治亦然。所貴乎政治學，在能透視錯綜複雜之政治事實，抽出其中亙古不變之政治原理」。時隔 26 年之後，浦薛鳳的信念仍未有所更易：

> 即一切政治確有其原理或鐵律。例如每一朝代盛衰興亡，個別情狀固然形形色色各不相同，而其中支配著盛衰興亡之原理鐵律則完全無異。……本人根據探索深信政治定律雖然發現不易，公認更難，然而確實存在，當可漸次確立（浦薛鳳 1981, 14-15）。

2　浦薛鳳一生從事學術研究與寫作所呈現出的理論連貫性令人敬佩，如在《政治文集》的〈序言〉中他告訴讀者：「《政治論叢》所載三十四篇論文及序言，其範圍、性質、與旨趣所在，正與本冊《政治文集》完全相同」（浦薛鳳 1981,〈序言〉, 3）。

　　所謂漸次確立，指的是經由考察與梳理人類的歷史軌跡，逐步歸納出政治的定律，這也是浦薛鳳相信中華文化對於政治學的進展能有顯著貢獻之處：

> 吾中華歷史之悠久，對於政治學之前途，亦有極大貢獻，何則？此蓋因為歷史許多政治因素，如內則廢立篡弒，外則交戰和親，以及姦佞宦寺之用事，盜寇反叛之猖獗，又如外族之屢次入主中原，中華文化之融化胡夷，無不層見迭出，往復循環，此種歷史之中，自有治亂興亡之線索可尋（浦薛鳳 1981，11）。

　　由此不難看，在浦薛鳳辛勤從事數十年的政治思想研究中，他所念茲在茲的便是要尋得人類政治生活的根本法則。若此，我們要問，著名的政治五因素論是否就是浦薛鳳所歸納出來的根本法則呢？答案恐怕是否定的。原因在於，政治五因素論是浦薛鳳用以釐清與統整政治事件的理論工具，他相信在政治五因素論的協助下，研究者才不至於迷失在錯綜複雜、千變萬化的政治實踐之中，進而得以探尋其背後的原理。這便是為何浦薛鳳（1955，〈序言〉，2）說：「祇有認清政治五項因素，才能兼籌並顧，統觀全局，才能貫串事實，確認定律」；他又說道：

> 二十餘年來，本人對於研究政治定律，極感興趣。在清華大學執教的時候，對此問題，用過些功夫，覺得政治有它的基本元素。分析和認識了基本元素，似可以幫助我們求知政治原理（浦薛鳳 1955，44）。

　　據此，政治五因素論並非浦薛鳳所要探尋的政治原理本身，政治五因素論是浦薛鳳提出並用以進行政治學研究的一項理論工具或分析架構。那麼，我們接著要問，政治五因素論是否是一項有效的理論工具呢？換言之，在運用此一理論之後，浦薛鳳是否已能發現政治的原理呢？對此，答案應該是肯定的。而且，正因為在浦薛鳳所發現的原理

中，政治風氣具有相當的重要性，它因此成為本文所關注的對象。在分別介紹五因素論與政治風氣的意涵之前，我們已經先觀察到兩者之間的關係，以及藉由此一關係所呈現出來的浦薛鳳之政治思想的架構，亦即：以探尋政治原理這個根本動機為基礎，浦薛鳳於其上建立了兩大支柱，分別是政治五因素論與他所歸納出的政治原理，而此一地基與兩大支柱所共同支撐構築的，則是浦薛鳳所提出的符合其理想之政治生活，諸如：一、統一與安寧；二、秩序與法治；三、建設與進步；四、富足與強盛；五、福利與安全（浦薛鳳 1955, 17）。在此，我們希望提醒讀者的是，本文第二節所提及的微妙互動關係正是存在於浦薛鳳的政治五因素論與政治原理之間。進而言之，浦薛鳳提出的政治原理乃是他以政治五因素論為分析工具所得到的研究成果，但在逐步達成這個成果的過程中，政治五因素論作為一項理論工具的效力也反覆地受到驗證。依後見之明來看，浦薛鳳始終未曾大幅修改更動他的五因素論，而此一事實所證明的不僅是該理論本身的有效性，尚有浦薛鳳對該理論的仰賴與重視，以及他的諸多學術成果與此一理論之間的密切關聯性。

浦薛鳳首次系統性地闡述政治五因素應是在〈政治學之出路〉一文，該文發表於民國 26 年春季《清華學報》，後收錄於《政治論叢》。政治五因素包含：政治現象、政治人物、政治觀念、政治制度、政治勢力，此就各因素加以扼要說明：

一、政治現象：指一切情形、狀況、活動、經過，也就是一切政治事實。如貪汙、投票、立法、訂約、戰爭和平、治亂興亡，無一不是政治現象。

二、政治人物：指參與政治之人，如治者與被治者、個人與團體、種族與民族等。

三、政治觀念：舉凡零星信念、系統學說與崇高理想均屬此類。

四、政治制度：指組織管理之工具。分為成文與不成文兩種，成文制度訂為法律有條文可參考；不成文制度只根據習慣成立，而人自發性遵守之。

五、政治勢力：指影響制度、變更觀念、左右人物及支配現象的一切力
　　量。分為**有形**與**無形**兩種，前者如軍隊兵力，後者尤指**政治風氣**。
　　浦薛鳳曾數度感嘆，古今中外的統治階層大抵專重有形勢力卻忽略
　　無形勢力，殊不知無形勢力的影響更為廣泛與深入。以政治風氣為
　　例，它雖然看不見、摸不著，卻支配著政治制度之運行，控制著社
　　會大眾之趨向。[3]

　　五項因素之中，浦薛鳳雖言難以區分重要性與形成次序，但就性
質來說，人類所追求的並不僅止於塑造觀念與建立制度，更在於進一步
達成現象，因此現象可視為政治生活中最終的追求目標。何以觀念之塑
造與制度之建立不等同於現象之形成呢？以民主政治為例，僅是讓社會
大眾接受人民主權的觀念，以及建立一套以民為本的憲政制度尚不足
夠，因為只有當大眾將心中的觀念加以實踐，並且培養出遵守制度的習
慣時，民主才能真正落實為現象，而若非假以時日實難以達成這樣的目
標。因此，浦薛鳳（1981, 111）主張：「就五項因素而言，人類在實際
上終究的企求者乃是相對的良好政治現象；而良好政治現象之得到，要
以政治勢力為最大關鍵」。除此之外，尚有其他數點是浦薛鳳歷來每逢
提及五因素論必定會提示給讀者的，本文在此一併說明。首先，浦薛鳳
認為每一個政治事項必定包含這五個因素，假若研究者僅偏重一二而忽
略其餘，將難以對政治問題取得整全性的理解與觀察。其次，每一個政
治事項，由於研究的角度不同，可以看作不同的因素。例如戰爭雖然是
一政治現象，但作為解決國際爭端之途徑，亦不失為一種制度。在戰爭
中，各交戰國無不傾自身之兵力與資源以求克敵制勝，因此勢力的因素
亦包含於其中等等。第三，每一政治事項，在條件具備之後，可由一

3　浦薛鳳所看重之政治風氣與民情風俗，或曰社會的道德水準對於建立穩定政治秩
　　序之重要性，可見諸以下文本（由於篇幅眾多，此處僅列出部分供讀者參考）：
　　浦薛鳳 1955, 8, 23, 27-28, 29-30, 31-32, 37-38, 40, 50, 92-93, 96-99, 116, 335; 1981, 6,
　　32-33, 44, 111, 134, 211, 365-371。

個因素轉化為另一個因素。以民主國家為例，其在成立之初，諸多制度的建立乃是依據觀念而來，如教育資源平等共享、男女不論性別皆享有參政權等。而在一段時日之後，當這些制度不僅止於形式上的條文與法規，還能徹底落實在人民的日常生活中，而成為他們習以為常的行為規範與生活方式之後，制度便能進而轉化為現象。第四，這五項因素之間彼此交互影響，斷無止息。例如，美國的總統制與英國的內閣制對於兩國的首長之形成、所掌握之權力、及施政之形式產生了不同的效應，此即制度因素影響人物因素之例。[4]

　　在扼要闡述五項政治因素各自的內涵，以及它們彼此之間的連結與轉化關係之後，我們希望介紹浦薛鳳的門生楊樹藩對於其師之理論的詮解，如此有助於提供讀者另一個理解政治五因素論的視角。楊樹藩以政治型態為五因素的載體，其中人物與制度兩者他稱之為「具象因素」；

4　浦薛鳳主張，所有政治事項都必然包含他所提出的這五項因素，然研究者仍不免質疑，是否在徹底掌握這些因素以及它們彼此之間的複雜聯繫以後，便能全面性地掌握一個政治事項而不至於有所遺漏呢？換句話說，我們或許會問，為何是五個因素而非更多或更少呢？對此，本文試舉休謨的理論為例，以求對照說明。英國思想家大衛休謨在建立其政治理論時，首先從知識論出發，通過剖析人類做為一個主體如何與外在的經驗世界互動，休謨提出了著名的「觀念理論」（theory of ideas）。在這個理論當中，休謨主張人類一切的經驗都是由印象（impression）與觀念（idea）所構成，而不同的觀念看似能夠在人類的心智中自由地進行組合，實際上它們乃是依循三個觀念連結原則（the principles of the association of ideas）而運作，即相似性（resemblance）、時空鄰接性（contiguity in time and space）以及因果性（cause and effect）（Hume 1999; 2000）。也由於歸納出這三項人類心智運作所依循的法則，休謨難掩興奮地在其匿名發表的《撮要》中（An Abstract of a Treatise of Human Nature）表示：「若有什麼能夠使作者（即休謨自身）名符其實的被冠上發明家（inventor）這個光榮的稱號，那便是在他的哲學中幾乎隨處可見他對於觀念連結原則的運用」（Hume 1938, 31）。倘若對照於認知心理學結合了腦神經科學在當代所取得的長足研究進展來看（例如，可參見 Sternberg 2009），休謨的觀念理論恐怕只剩下極為有限的正確性與參考價值。然而，欲理解休謨的哲學與政治思想，他的觀念理論仍然是一個無可避免且甚為關鍵的起點。同樣的，若依本文的寫作目的來說，政治五因素論也是我們欲初探浦薛鳳之政治思想的一個重要基礎。關於批判性的質疑與可能的修正與改造，恐非本文力所能及，只能留待日後的研究處理。作者感謝一位匿名審查人在此議題上的提醒與啟發。

思想與勢力由於並不彰顯，故被歸類為「抽象因素」；此外，現象則是政治形態中表露出來連續而不同的樣相，它既不具體，也不抽象，因此被稱為「表象因素」。具象因素發揮一種顯相作用，在整個政治形態中，居於前面操作；抽象因素則具備隱相作用，它在政治型態的背後進行支配；表象因素則發揮呈相作用，它扮演政治型態的成果展示（楊樹藩 1981, 479）。若引用楊樹藩的分類，則接下來我們要關注的是抽象因素在浦薛鳳的政治思想中所被賦予的重要性。當諸多民眾皆以具象因素之完備，例如政治制度的建立、法治的施行、以及主政者的能力與操守等做為達成致治的主要條件時，浦薛鳳反而用心良苦地再三強調蘊含於抽象因素中的政治風氣之深遠影響，其背後的深意值得我們省思。

肆、政治原理以及政治風氣的重要性

欲瞭解政治風氣的重要性，比較實用的方法或許是先釐清政治風氣與其他政治原理之間的關係。關於這個議題，浦薛鳳在政大政研所的另一位門生，同時也是我國依據《博士學位授與法》獲得此項學位之第一人的周道濟提出了精闢的見解。依據〈介紹浦薛鳳先生著《政治論叢》──並祝浦師七十壽慶〉一文，周道濟提煉出一條蘊含在浦薛鳳思想中的脈絡，此脈絡之精華可以依序表述為如下主題，同時也可視為浦薛鳳所發現的政治原理，它們分別是：「萬題之題」，「治興之道」，「治重於政」，「政風為致治之本」，與「政治學的新出路」（周道濟 1981, 445-456）。[5] 本文基於篇幅與主題之考量，擬僅就第一、三、四項加以

5　至此我們應已注意到，政治風氣不僅在浦薛鳳的政治五因素論（特別是政治勢力此一因素）中扮演重要角色，同時也是他所提出的五項政治原理之一。從本文的詮釋觀點來說，五因素論在浦薛鳳的政治思想中扮演了解釋性（explanatory）與描述性（descriptive）的理論架構，政治原理則是浦薛鳳所提出的規範性（prescriptive）命題。在以五因素論解釋與描述政治現實，並以政治原理加以引導與規範之後，浦薛鳳的政治理念如統一與安寧、秩序與法治、建設與進步、富足

闡述。在一篇名為〈萬題之題〉的論文中，浦薛鳳（1955, 75）指出：
「每一個時代總有其特殊的『時代精神』；每一個時代亦必有其中心的
『時代問題』」。所謂時代問題，在該文出刊之際的民國 21 年，浦薛鳳認
為是政治問題——即如何組成一個現代國家並維繫獨立存在的問題。浦
薛鳳主張，若此一根本問題沒能得到解決，其餘問題亦難以尋得妥善的
出路：

> 政治不上軌道而欲使社會大規模「科學化」「工程化」勢必等
> 於夢囈！經濟民生固屬重要，但政治混亂，安有民生。當然，
> 政治本身亦同時有賴於其他問題之改進，如經濟，軍事，教
> 育，科學，道德，等等；但謂必俟教育普及或民生解決而始可
> 謀健全政府之組成或民族國家之獨立未免抹殺歷史事實（浦薛
> 鳳 1955, 77）。

　　浦薛鳳的簡短數頁文章，扼要幾行文字，在相隔 80 餘年的今日，
仍猶如一記響鐘，驚醒幾乎凡事皆以經濟發展為唯一之標準，卻任由政
治場域表演化、道德論述空洞化，而今日已漸開始自食其果的我們社
會。

　　其次，在〈治重於政〉一文中，浦薛鳳援引孫中山先生的定義：
「政就是眾人的事，治就是管理。管理眾人的事便是政治」，並詳加擴充
與具體化以說明政與治兩者之間的關係。依據浦薛鳳（1955, 81）的觀
察：「一切條文法令是『政』，一切實施狀況是『治』」。「如保障生命之
典章，懲治盜匪之律令，整理財政之辦法，推行教育之規程，維持風化
之例禁」等皆屬於政的範疇，而「獨裁或代議，守法或徇私，廉潔或貪
汙，尤其是一切法制律令如何運行」，皆屬於治的範疇（浦薛鳳 1955,

與強盛、福利與安全等才有可能逐步落實。換言之，政治風氣是浦薛鳳用以連結
實然與應然，亦即，不僅是用以解釋政治現實、更是依此而對政治現實提出針砭
的重要概念。作者感謝一位匿名查人在這個問題上的提醒。

81）；前者專指經由訂定法令來管理一般民眾，即「為政」；後者則指涉務必嚴格遵行法令以節制政府自身，即「致治」。浦薛鳳強調，為政與致治兩者密切相關，難以分割；但若嚴加比較，仍以致治尤為首要。原因在於，「惟能貫澈法令，乃能增訂法令。不能貫澈法令，而從事法令之增損，則北轍南轅，相去甚遠」（浦薛鳳 1955,〈序言〉, 3）。由此亦可看出浦薛鳳的政治思想所蘊含的穩健與漸進之傾向。

再次，浦薛鳳所提出的「政風為致治之本」益加值得深思。所謂的政風，即政治風氣，也就是關於為政致治的良好風氣。風氣即為習慣，在個人為習慣，在社會為風氣，習慣是個人的第二天性，政風是國家政治的第一條件，其重要性不宜等閒視之。透過以下文字，我們不難看出浦薛鳳對於政治風氣的重視：

> 法度成功之條件，固然在其能適合環境，然而適合環境的法度，也得要化成風氣慣例，才能見效。……訂定法度易，樹立政風難。訂定法度，可限以時日；樹立政風，則務須經歷歲時，循序漸進。風氣之為物，固然聽而不聞，視而不見，但其影響政治，左右成績，則莫能否認（浦薛鳳 1955, 98）。

> 一國流行的思想風尚，即是一國的政治風氣，簡稱政風。政風實在是招致治興的最重要條件，最強大的原動力。政風之培植需要久長的時期，不可一蹴而幾。蓋社會之政風猶諸個人之習慣。習慣因非一朝一夕所能養成，但經年累月，既已養成，則此項習慣，堅不可移，牢不可破，所謂少成若天性，習慣成自然。一國之政風，更復如此。對於政風之釀成在上者之行為措施，最具決定因素，當其初成風氣，整個社會逐步於不知不覺之中，蒙受影響；終則整個社會變本加厲，一般民眾之思想風尚與統治階級之思想風尚，相互溝通，打成一片（浦薛鳳

1955, 27-28）。[6]

　　藉由強調政風之重要性，乃至於剴切的指陳：「吾國憲政失敗之最大原因在無憲政之政風」（浦薛鳳 1981, 112），浦薛鳳所念茲在茲的很可能是政治哲學中一個久經爭辯的核心問題，即人民之道德義務的基礎。舉英國政治思想家休謨為例，休謨在建立他的政治理論時，承襲霍布斯（Thomas Hobbes, 1588-1679）與洛克（John Locke, 1632-1704）等人的論述方式，以政府與法律的出現為描述人類群體生活與道德狀態的重要分水嶺。與霍布斯不同、而與洛克相似的是，休謨主張正義或人類的道德義務早在政府與法律出現之前便已存在。既然在政府出現之前的自然狀態中，人類就已受到道德義務的約束，那麼霍布斯將自然狀態描

6　依據浦薛鳳於此處的敘述可以看出，當論及政風的培植，他甚為強調在上位者務求以身作則、自我惕勵，以期對一般百姓產生上行下效、風行草偃的功用。因此，他強調：「政風之培植，全在上者之努力實行。風尚乃由上而下，斷難自下而上。在上者以權力及地位之關係，一舉一動足以影響風尚。惡劣政風，既非由下而上；良好政風，亦必由上而下」（浦薛鳳 1981, 118）。這意味著，在國家的公務體系中，倘若在上位者貪贓枉法、是非莫辨，則要求在下位者秉公守法，實與空談無異。同樣的，倘若一國之公務體系或政府機關內充斥了各種不良的政治風氣，則冀望在平民百姓中培養出優良的政治風氣，亦可說是難上加難。從這個角度來說，政治因此是萬題之這、致治因此重於為政，此二者連同浦薛鳳對於政風的強調，都顯示了他對於國家內的執政者與肩負公職者的所作所為之苦心呼籲與嚴格要求。進而言之，在閱讀浦薛鳳的政治思想時，我們確實可以感受到他對於政治領域的重視與彰顯；然而，我們或許無須過於憂慮這種看似廣泛的政治概念將侵蝕了人類生活中的其他範疇，如道德、經濟、文化等，而有導向極權的可能性。原因在於，首先，浦薛鳳眼中顯然看到在政治外尚有其他數個無法完全為它所吸納與涵蓋的範疇，因此僅就風氣此一課題而言，他便區分了政風、民風、社風、國風等（浦薛鳳 1981, 115）。其次，浦薛鳳看待政治的角度帶有些許功能論的色彩。也就是說，既然現代人無可避免的生活在政治社會之中，再加上在政治混亂中求取社會風氣清明簡直是緣木求魚，因此我們首先應當著眼於矯正政風，欲達此目的，「撥亂反治端在統治階級之重行輕言。不寧惟是，撥亂反治不可避免嚴刑峻法。嚴刑峻法蓋尤應對付統治階級自身」（浦薛鳳 1981, 33）。此番對於統治階級的審慎監督與嚴格要求，反而能夠發揮防堵極權之效果。作者感謝一位匿名審查人在此一議題上的提醒。

繪成所有人與所有人為敵的戰爭狀態便不為休謨所認同（Hobbes 1994, 76; Hume 2000, 316-317）；在此一重要的觀點上，休謨受到了洛克的影響。然而，在解釋何以人們進入政治社會之前，就已受到道德義務的約束時，休謨提出了與洛克不同的見解。洛克的主張是，人類乃是上帝的造物與財產，因此每個人沒有傷害自己與他人的權利。在自然狀態中，人應該依照自然法而生活，當面對那些違反自然法而對他人造成傷害之人，每個人都有權利加以懲罰。這樣的權利來自上帝所賦予，因為人有義務為上帝保存其自身；而且，在自身的生存無虞時，人還有義務去保存其他人（Locke 1988, 卷 2, §6）。據此，在一個權利與義務的觀念俱以自然法或上帝之意旨為基礎而發揮約束力的狀態中，人因此過著道德的生活，並且此一道德狀態還將成為其後政治社會之建立與法律體系之形成的規範性標準。簡言之，對洛克而言，正義乃立基於自然法且先於政治社會中的法律體系與政府機構而存在。稍後，在休謨的政治思想中，我們發現了相似的論述軌跡，兩者的差別在於，休謨的正義理論中不存在洛克所賴以做為道德與規範性基源的上帝，休謨因此必須在一個世俗化的哲學體系中，去論證何以人們在受到法律的約束之前就已經承載了某些道德義務。換言之，對於休謨與洛克而言，他們思考與論證的一個核心課題在於，即便在某些狀況底下人們可免於受到法律的監督，或可從事違法之舉而僥倖逃過法律的制裁，他們心中的是非觀念並不會隨之而嘎然中止；相反的，他們仍將受到道德義務的約束而節制自身的作為。休謨在這裡所提出並用以取代上帝的道德基礎，即為人類與生俱來的同情共感（sympathy），以及在同情共感的作用下所形成的社會道德與民情風俗。舉例來說，在自然狀態之中，個人之所以會節制自身的舉措而不至於淪為恣意妄為，休謨提出的解釋是，若我們肆無忌憚的舉動對他人造成了傷害因此引發他人心中的痛苦感受，受害者的負面情緒如不悅與憤怒、和旁觀者的不悅情緒如譴責與不齒等，將會通過同情共感的作用而傳遞給我們，因此令我們如感同身受一般地體會他人的情緒（Hume 2000, 320-321）。既然在休謨的觀察中，趨樂避苦為人類之天

性，再加上同情共感的心理機制之作用令我們無法對他人的遭遇和感受漠然以對，我們便會約束自身的行為舉措以避免造成他人之痛苦，義務與規範的觀念因此於焉而生。除此之外，由於感受他人之感受是人類與生俱來的稟賦，情感的傳遞與價值判斷的流傳便不會僅限於少數的個體之間，還將逐步向外擴散於社會群體而促成社會多數成員所共同分享的價值觀之形成，此即公共價值。假以時日之後，當公共價值逐漸累積而構成此一群體生活中無形的土壤時，它所孕育出來的便是這個社會的風氣與民情。

　　較諸有形且具備強制力的法律、政府、警察等，風氣或風俗實則發揮更顯著的影響力，在日常生活中無處不形塑著我們的觀點、引導著我們的行為。法律與風氣，或者說，有形勢力與無形勢力之間的關係在於，一國的法律體系不易全面性的規約其成員的行為，倘若在法律止步的地方、或者法律雖未止步但監督者（如象徵國家權力之行使的警察和擔任旁觀者的社會其他成員）缺席的場合中，人們便不再有遵守法律或依循正義而行的理由，則此一國家很可能是公民素養低落與政治風氣敗壞的。若此，一種可能發生的情況是，以挽救沉淪的道德為名，政府似有充分的理由擴大立法的範圍與向度，同時加強取締與監督以挽救日益敗壞的社會秩序，如此受到侵蝕的便是公民所享有的自由。從這個角度來說，倘若一個社會能夠培養出良好的風氣，此一風氣將會與法律產生相輔相成之效，一來在法律尚未聞問之處發揮規範的效用，二則在法律已經干預之面向中，強化法律所具備的效力，杜絕法治僅流於形式的弊端。這樣的關懷是浦薛鳳與休謨等具備代表性之西方思想家所共同分享的，對此，以下引述自浦薛鳳的段落提供了有力的支持：

> 「法」之所以能實行，「人」之所以能執「法」，全憑社會之中具有人人守法之政風。具有守法之政風，則雖時值夜半，四顧無人，苟遇紅燈明亮彼駛到三叉路口之汽車，必能不加思索照章剎車，遵守交通規則。無此守法政風，則雖係光天化日，眾

目昭彰，亦多不願交通管制揚長前進，甚即交通警察，視若無睹。此非「人」的問題或「法」的問題，而係風氣問題。此例雖小，可以喻大（浦薛鳳 1955, 28）。

對於浦薛鳳與休謨來說，風氣與習俗象徵的是獨立於政治勢力之外的道德規範，而且就其功能而言，兩人都同意，若欲政治秩序得以穩固或者治興能夠達成，唯有仰賴社會成員所具備的高尚道德素養方有可能。在此共識之外，兩人的差異則在於各自對培養政治風氣的途徑提出了不同的見解：相較於休謨所彰顯的同情共感之重要性，浦薛鳳似乎提出了更加具體的實踐方針，如遵守信條實行主義、明禮好義尚廉知恥、秉公去私貫澈法令，以及培養出務實、謀遠、尚公、守法之政治風氣（浦薛鳳 1955, 19; 1981, 116-117）。

伍、結論

本文從扼要介紹浦薛鳳的生平與著作開始，之後的闡釋主要著眼於浦薛鳳自身的政治思想，為了要能夠在單篇文章中將浦薛鳳深厚且富有原創性的思想加以提綱挈領地呈現，本文因此聚焦在《政治論叢》與《政治文集》兩部著作。通過閱讀與比較這兩部連貫性顯著的著作，一個蘊含於浦薛鳳思想中的架構似乎逐漸浮現。這個架構的基礎是浦薛鳳信守不渝的學術職志，即以分析與歸納為方法來理出人類政治生活背後的定理。在此基礎上，浦薛鳳建立了兩支主要的理論支柱以期達成他所擘劃的那個具有現實感的美好政治願景，這兩大支柱分別是浦薛鳳匠心獨具所創發的政治五因素論，以及數項重要的政治原理如政治為萬題之題、治重於政、政風為致治之本等。其中，又以浦薛鳳對於政風的強調最為本文所著墨。經由探討政風所象徵的意涵——即存在於政治社會中的道德風氣及人民所具備的公民涵養，以及它對於落實法治、達到治興的關鍵作用，我們始能體會何以浦薛鳳再三強調法制是長成的而非造成

的。

　　也是通過探討浦薛鳳的政治風氣之概念，我們發現了他的思想與休謨的政治理論之間存在有趣的契合之處，亦即兩人都對於單憑法制便足以致治此一觀點抱持著深刻的懷疑態度，並且不約而同地指出，若欲建立穩定的政治秩序或企求政治清明，則在法制所象徵的有形勢力之外，民情風俗、政治風尚等所象徵的無形勢力實則扮演了更為關鍵的角色。此一觀點督促我們思考的是法律與政府之強制力的侷限性，而這種侷限性又與人類所珍視的自由有關。假若我們不願自己猶如襁褓中的嬰兒一般處處受到政府的監管，假若我們對於民間社會或公民社會有較高的期許，而認為它應該具有獨立於政治權威的自主性與自發性的運作規則，那麼，或許我們就不該忘記浦薛鳳與休謨對於民情風尚的重視和對於美德的提倡；或許我們就應該體認到，浦薛鳳這位中文學界中少見具有原創性的政治思想家，其辛勤筆耕、反覆思繹所留下的思想軌跡，其中必定蘊含著足以啟發後世的立論觀點。吾輩今日在指南山下從事政治思想的教學與研究，延續浦薛鳳與其他前輩所共同開創逾一甲子的思想典範，是責任也是榮耀。

參考文獻

吳涵碧，1981，〈浦薛鳳發明政治五因素〉，浦薛鳳主編，《政治文集》：466-469，台北：臺灣商務印書館。

李玉琇、蔣文祁譯，2014，《認知心理學》，台北：新加坡商聖智學習。譯自 Robert J. Sternberg. *Cognitive Psychology*. Belmont, CA: Wadsworth Publishing. 2009.

金耀基，1979，〈懷逖師・憶師母〉，個別回憶錄編委會編，《祝嘏與慕思》中的《慕思》，台北：編者自刊。

周道濟，1981，〈介紹浦薛鳳先生著《政治論叢》——並祝浦師七十壽慶〉，浦薛鳳主編，《政治文集》：445-456，台北：臺灣商務印書館。

孫宏雲，2004，〈浦薛鳳「政治五因素」論的形成與展開——兼論其在中國

現代政治學史上的意義〉，《中山大學學報》，44（4）：103-107。

孫宏雲，2005，《中國現代政治學的展開：清華政治學系的早期發展（一九二六至一九三七）》，北京：三聯書店。

浦薛鳳，1955，《政治論叢》，台北：正中書局。

浦薛鳳，1963，《現代西洋政治思潮》，台北：正中書局。

浦薛鳳，1973，《戰時論評集》，台北：復興書局。

浦薛鳳，1979（1939），《西洋近代政治思潮》，台北：臺灣商務印書館。

浦薛鳳，1981，《政治文集》，台北：臺灣商務印書館。

浦薛鳳，1984a，《音容宛在》，台北：臺灣商務印書館。

浦薛鳳，1984b，《沙裏淘金滄桑鴻爪：浦薛鳳�7占集》，台北：正中書局。

浦薛鳳，2009a，〈萬里家山一夢中〉，《浦薛鳳回憶錄（上）》，合肥：黃山書社。

浦薛鳳，2009b，〈太虛空裡一游塵〉，《浦薛鳳回憶錄（中）》，合肥：黃山書社。

浦薛鳳，2009c，〈相見時難別亦難〉，《浦薛鳳回憶錄（下）》，合肥：黃山書社。

鄒文海，1981，〈評介《西洋近代政治思潮》〉，浦薛鳳主編，《政治文集》：426-428，台北：臺灣商務印書館。

楊樹藩，1981，〈從政治五因素看中國古代政治趨向——兼論政治定律問題〉，浦薛鳳主編，《政治文集》：470-488，台北：臺灣商務印書館。

Hobbes, Thomas. 1994. *Leviathan*. Indianapolis, IN: Hackett Publishing Company, Inc.

Hume, David. 1938. *An Abstract of a Treatise of Human Nature, 1740: A Pamphlet hitherto unknown by David Hume*. Cambridge, UK: Cambridge University Press.

Hume, David. 1999. *An Enquiry Concerning Human Understanding*. Oxford, UK: Oxford University Press.

Hume, David. 2000. *A Treatise of Human Nature*. Oxford, UK: Oxford University Press.

Locke, John. 1988. *Two Treatises of Government*. Cambridge, UK: Cambridge University Press.

第三部分

經驗研究的發展與
前瞻

台灣選舉研究：記錄民主化的軌跡

俞振華
政治大學選舉研究中心副研究員暨政治學系副教授
余家炘
政治大學政治學系碩士

壹、前言

　　台灣在日治時代末期，就已經有地方（村、里層級）選舉了。國民黨政府播遷來台後，也從 1950 年開始辦理地方基層選舉。因此，雖然台灣一直到 1980 年代末才步入民主轉型期，且遲至 1990 年代初才開始有中央層級的民意代表及政府官員選舉。不過，台灣的選舉活動在 70 多年前即已展開，選舉歷史也應從日治時期計算起。

　　儘管在威權體制下，但既然有選舉活動，自然就有學者投入相關的研究。若以鄒文海在 1964 年所完成的《台灣省地方選舉的研究》算起，台灣的選舉研究已開展了超過半世紀。在這段期間，學者累積了豐富的選舉研究文獻，不論是探討選舉制度面，或是投票行為面，都有很可觀的成績。當然，台灣進入民主化進程後，選舉研究也同時進入了一個全新的時代：不但可供研究的主題增加了，且在更多總體及個體資料的情況下，與選舉相關的實證研究獲得更寬廣的發展空間。

　　台灣選舉研究的發展主軸為何？從 1980 年代中期開始，陳義彥（1986）與吳統雄（1986）即撰文介紹過台灣早期選舉研究的發展，並把焦點置於和調查研究較為相關的選舉行為研究。之後陳義彥（2003）又於 2003 年台灣選舉與民主化調查（Taiwan's Election and Democratization Studies, TEDS）學術研討會中，補充了過去的觀點，並將台灣的選舉行為研究分成四個時期。游清鑫（2013）則在近期針對 TEDS 資料使用的情況，補充說明 2000 年以後（即 2001 年 TEDS 計畫

開展後）台灣選舉研究的發展。王業立、蘇子喬、郭銘峰（2013）則是系統性地回顧 1990 年代中期後，探討選舉制度的學術專書、重要期刊論文、及博士論文。總之，上述文獻透過不同的角度，介紹台灣的選舉研究發展。

　　本文旨在透過另一個角度，回顧台灣過去的選舉研究。由於近年來，期刊論文成為台灣學者發表研究成果的主要途徑。自 2001 年開始，當時的國科會（現在的科技部）評選並定義臺灣社會科學引文索引（Taiwan Social Science Citation Index, TSSCI），作為評鑑社會科學期刊良窳的基準。基本上，列名 TSSCI 的期刊並非包括所有的學術研究成果，但 TSSCI 的期刊都有一定的歷史，其編輯嚴謹程度及學術重要性普遍為台灣學者認可。普遍來說，在 TSSCI 期刊上所發表的學術論文皆有一定的水準。因此，本文以 TSSCI 期刊為篩選基準，回溯搜集自 1988 年至今，在 TSSCI 期刊上刊登之與選舉研究相關的論文，並依不同的主題分類及分析。透過這樣的期刊論文分析，本文希冀找出過去 25 年來，台灣選舉研究發展的主軸，並探討各個主題發展的持續與變遷。[1] 本文後續各節的編排包括：第貳節將簡述並歸納過去文獻所描繪之台灣選舉研究（特別指選民行為研究）發展歷程；第參節補充 2000 年以後，台灣選舉研究的發展脈絡；第肆節則以台灣主要政治學期刊（即 TSSCI 期刊）中與選舉研究相關的論文為基礎，分析各項選舉研究主題的發展趨勢，並探討學術研究與民主化歷程之間的關聯性；第伍節除了結論外，還將點出未來台灣選舉研究可能的發展方向及本文的研究限制。

---

[1] 雖然過去 25 年來，也有許多刊登在國外期刊有關台灣選舉研究的論文或是外文專書篇章。不過，在量的方面與台灣本土期刊論文有很大的差距，因此本文不特別納入那些文章，僅針對近期的一些文章擇要介紹。

貳、2000 年以前台灣選舉研究的歷程與範圍

　　提到台灣選舉研究的範疇，大家第一個想到的應該是選民行為的研究。依照陳義彥（1986; 2003）的分類，過去台灣選民行為研究約略可分為四個時期，包括 1964 到 1975 年的萌芽時期；1976 到 1988 年的關鍵時期；1989 到 2000 年的發展時期；及 2001 年後的國際接軌期。這四個時期各有核心發展主題，也各有不同的時空脈絡。陳義彥提到，台灣的選民行為研究和國外的相關理論及方法連接度是很高的，而這樣的連接，自然反應在本土研究主題的選擇及新研究方法的引進上。由於陳義彥及後續游清鑫的補充和整理都已經很完整，本文就不再贅述過去台灣選民行為研究的細節，而僅以三個角度，包括「時空脈絡與研究環境」（context）、「核心研究主軸」（subject）、及「研究方法與途徑」（approach），總結陳義彥所描繪的台灣選民行為研究（如表 1）。我們認為，透過檢討研究社群的外部環境變遷、內部主題選擇、及所引進的研究途徑等三方面，能夠更清晰、扼要地呈現過去台灣選舉研究的面貌。

表 1　歸納陳義彥所述之台灣選舉研究發展歷程

時期	時空脈絡與研究環境	核心研究主軸	研究方法與途徑
萌芽時期（1964-1975）	蔣中正高壓統治，台灣只有地方選舉，無太多自由研究的空間，研究多由學者單打獨鬥完成。	1. 地區性的政治參與； 2. 小學、國中、及大學生的政治社會化。	1. 社會學途徑研究； 2. 在缺乏母體資料的情況下，調查研究難以採用科學方法。
關鍵時期（1976-1988）	蔣經國威權統治，中央增額民代選舉開始，有限度的研究空間，並於 1980 年代開始有政府補助的全國性研究計畫及研究團隊成型。	1. 民眾的政治價值、態度、及參與（投票行為）； 2. 政治社會化的研究也仍持續進行。	1. 社會心理學研究途徑； 2. 調查方法科學化； 3. 各類型統計資料分析方法陸續引進。

| 發展時期
（1989-2000） | 民主轉型前期，歷經國會全面改選、總統大選、政黨輪替等，學者開始有自由的研究空間。由政府資助的全國性乃至於跨國性的研究計畫與團隊紛紛成型，成員數量與資源規模都遠勝以往。 | 1.政治民主化與政治文化的研究；
2.選舉預測。 | 1.社會心理學途徑為主；
2.經濟學途徑引入；
3.以多變量分析為主的各類精進量化分析模型；
4.質性研究。 |
| 國際接軌期
（2001- ） | 進入民主鞏固期，歷經二次政黨輪替，學者的研究空間完全沒有限制，大型的調查研究計畫成果漸成為公共財，並積極參與國際學術社群，鼓勵跨國研究。 | 1.政治民主化與民主品質；
2.跨國民主化比較研究。 | 1.社會學、社會心理學、經濟學等並存；
2.各類最新的量化分析工具。 |

資料來源：陳義彥（1986; 2003），作者自行整理後製表。

　　從時空脈絡來看，早期在蔣中正與國民黨威權統治之下，選舉研究能夠探討的標的極為有限，只能分析地區性的首長與民意代表選舉。蔣經國逐步開放中央民意代表增額補選後，使選舉研究的標的慢慢擴散至中央民意代表層級。至 1980 年代之後，政府補助的大型研究計畫與團隊相繼成立，同時社會氛圍漸漸走向開放，選舉研究也愈加蓬勃開放及自由多元。自 1992 年國會全面改選、1996 年總統直選及 2000 年政黨輪替，一連串重大政治情勢轉變，提供了選舉研究學者非常豐富的研究素材，研究的限制也愈來愈少，研究資源及人員也愈加充沛，而政府補助的大型研究計畫之調查研究資料漸臻完備，同時也提升資料及研究與國際接軌的程度。

　　隨著時空脈絡的轉變，各個時期也有不同的核心研究主題。在威權統治前期，受限於封閉的政治環境，只能探討地區性的政治參與，及公民在不同階段的政治社會化進程。當時適值西方（特別是美國）行為主義興起，實證分析與調查方法漸成選舉研究的主流，研究途徑則多採社會學的視角，強調團體及人文區位對於個人的影響。該研究途徑也影響了正在起步的台灣選舉實證研究，不論在理論建構或方法應用等各方

面，都有西方選舉研究的影子。但該時期台灣的調查研究缺乏母體資料，科學方法（譬如隨機抽樣方法）的應用與推論並不盛行，使得研究成果侷限於現象描述，較缺乏理論意涵。

當威權統治趨緩、社會逐漸開放、統計與抽樣方法陸續引進後，自1970年代中開始至1980年代末，學者漸以科學方法探討台灣民眾的政治參與，並且以美國1960年代展開的社會心理學途徑為主要視角。在這段台灣選舉研究發展的關鍵時期，嚴謹的全國性調查研究方法漸趨成熟，學者也不再單打獨鬥，其中包括臺大、政大、及中研院等學術研究團隊也在這段時期逐漸成型。

隨著政府解除戒嚴、台灣開始步入民主轉型階段後，大量且公開的選舉素材，讓研究者得以切入更多選舉研究的主題，譬如派系競爭、選舉文宣、政黨配票、選舉預測等。此外，威權時期就開始的選民行為及政治社會化研究，在民主化後也沒有偏廢，反而隨著選舉更頻繁而更加系統化。總之，學界針對台灣選舉的研究和觀察，使得台灣的政治文化及民主化過程留下更完整的研究紀錄。

從研究方法的角度來看，進入1990年代後，台灣的選舉研究也跟隨美國1980年後的發展，加入了理性選擇學派的視角。於是，先前的社會心理研究途徑還納入了經濟學研究途徑，並佐以更細緻的質性與量化研究法，使得此時的學術研究能量大幅提升。至今，台灣的選舉研究在多元的研究途徑下，除了繼續深耕既有研究領域外，並開始探討民主治理品質，同時嘗試在各相關研究領域與國際社群對話。換言之，將台灣選舉研究置於比較民主政治的的框架中思考，成為近期學者戮力推動的方向。

總結來說，台灣選舉行為研究的主題設定，與資源多寡和民主化歷程息息相關：在威權體制下，相關學者多半默默進行自身的研究，或是採小規模、以區域為主的選民行為研究。但民主化後，政府的補助使得大型調查研究計畫得以成型，自然推動相關的研究蓬勃發展。另外，研究主軸也隨著民主化歷程而變化，從政治態度的形成面，譬如政治社會

化研究，漸漸轉移至態度的影響面，譬如影響投票行為的因素。此外，
伴隨著調查資料公開，研究資源共享的原則逐漸普及，我國和其他各國
民主化及投票行為的比較研究自然而然較過去容易開展。而這樣的比較
研究也更益於學者將實證研究所建立的理論通則化，而非僅止於將台灣
視為一個個案研究。

　　陳義彥所描繪的選舉研究發展軌跡雖然是過去台灣選舉研究的核
心，但範圍以選民行為研究為主，較少論及選民態度面及行為面以外的
研究。然事實上，除了選民個體的態度與行為面的研究外，選舉研究
還包含其他數個「次主題」，譬如王業立、蘇子喬、郭銘峰（2013）所
探討的選舉制度研究。王業立等的分析方式不以時間為軸線，而是將
1990 年代以降的選舉制度相關文獻歸類至三個類別，包括選制成因、
選制內涵、及選制影響，並介紹各類別主要文獻的內容。我們發現，過
去相關文獻的研究標的，多半圍繞著台灣幾次選制變遷（及修憲）。換
言之，台灣過去 25 年來的選舉制度研究發展，同樣以民主化歷程所發
生的事件為主軸。而之前與選舉相關的制度選擇，多半和政黨的黨內競
爭及黨際競爭有很密切的關係。而選舉制度的變遷，也同時形塑了台灣
政黨體系的發展。

參、2000 年之後台灣選舉研究的特色

　　透過陳義彥的整理，我們已可清晰地描繪出 2000 年之前，台灣選
舉研究發展的輪廓，因此本文將不再贅述細節，而是進一步補充說明
2001 年之後台灣選舉研究的發展。我們認為，陳義彥將 2000 年之後歸
納為國際接軌時期雖符合現況，但原本發展時期（1989-2000）的特色
仍延續了下來，即 2001 年之後台灣選舉研究依然與當時政治脈絡緊密
連接，相互呼應。主要特色有以下四點，包括：新興的研究主題、多樣
的研究方法、跨國的比較、以及對民主治理的日漸重視。許多近期的研
究同時具備了上述這四項特色，有的則只是突顯其中一項。總之，這四

項特色反應了近期選舉研究的發展方向，結合發展時期與國際接軌時期的特色。

　　例如，台灣分裂投票的實證研究開啟得很早，在過去僅有地方公職人員選舉時，學者即已展開相關的討論（洪永泰 1995；黃德福 1991）。2000 年之後，學界對於分裂投票的研究旨趣，不僅只在於解釋分裂投票行為，而進一步探討分裂投票對於民主治理的影響（黃紀、吳重禮 2000；劉從葦 2003），以及民眾對於分立政府認知與分裂投票的關係（吳重禮、徐英豪、李世宏 2004；吳重禮、許玉芬 2005）。又如競選策略的研究，已往學者多半將焦點放於傳統動員與配票策略的功效上（包正豪 1998；游清鑫 1996；盛杏湲 1998）。然近年來傳播科技日新月異，候選人文宣戰比例增加，有關競選策略的研究也逐漸聚焦於探討各式平面與電子媒體（譬如廣告和電視辯論會）及網路宣傳對選舉結果的影響（林正士、周軒逸 2014；周軒逸、練乃華 2010；莊伯仲 2005；莊伯仲 2006；鈕則勳 2007；溫偉群、游梓翔 2009）。此外，隨著負面選舉宣傳增加，近年來也有學者探討負面選舉對於選民的功效（王鼎銘 2005；張傳賢 2012），選舉危機的處理（姚惠忠、汪睿祥 2008）、以及隨之衍生的誹謗訴訟對於選情的影響（Wu and Su 2014）。至於過去學者最關注的投票抉擇研究，也從以往最常使用的社會心理途徑，逐漸納入議題關注、治理評價與經濟投票等項目（王柏燿 2004；施純純、徐永明 2002；俞振華 2012；黃智聰、程小綾 2005；黃德福、黃靖麟 2008；楊孟麗 2003；蕭怡靖、黃紀 2011），藉以探討民主體制下，政府政策與民意之間的互動關係。總之，上述研究皆為 2000 年之後，台灣政治環境及選舉生態所帶出來的新興主題。雖然這些都屬於實證研究，但皆具有同樣的規範性意涵：即民主體制應該要能夠回應民意。於是，隨著民主化進程及選舉常態化，學者自然會將焦點放在民意與政策輸出的關聯性、選舉課責、政治資訊傳播等與民主品質習習相關的議題上。

　　在 2005 年，台灣修憲變更立法委員選舉制度，將原本的「複數選區單記不可讓渡——封閉名單政黨比例代表混合制」（multi-member district

single non-transferable vote plus close-list proportional representation）改為
「單一選區——封閉名單政黨比例代表混合制」（mixed electoral system
with single-member district and close-list proportional representation），並且
於 2008 年首度實施。這一項台灣選舉制度的重大變革，也帶起選制變
遷研究的熱潮，為選舉研究添增新的研究主題。不過，選制變遷的研
究並非只在變革之後才出現。自 1990 年代中期開始，就有不少制度學
者，從較為宏觀的角度討論國內（王業立 1995；吳重禮 2002；蔡學
儀、柯三吉 2001）與國外（吳明上 2003；吳東野 1996；林繼文 1997；
謝相慶 1999）不同選舉制度所可能帶來的影響。而確定選制變遷後，
則有學者預估新選制對於哪些層面會帶來影響（盛治仁 2006），以及在
新選制正式施行後，利用實證資料評估選制變遷所帶來的實質影響（游
清鑫 2012；廖達琪、李承訓、陳柏宇 2013）。另外，由於台灣立法院選
制變革與 1990 年代中的日本眾議院選制變革極為相似，因此在新選制
實施後，也興起一波日本經驗的研究（王鼎銘、郭銘峰、黃紀 2008；
林繼文 2008；郭銘峰、黃紀、王鼎銘 2012；黃紀、王鼎銘、郭銘峰
2008），可做為和台灣經驗比較的基礎。除了日本以外，學者也討論其
他國家的選制變革經驗與實施情形（蘇子喬、王業立 2010; 2013），供
國內參照。這些與制度面相關的實證研究，都有很強的政策意涵，研究
發現多可做為日後制度變革的參考。總之，當國內政治環境發生重大轉
變時，新的研究主題也相應而生，學界也會進一步介紹其他國家的經
驗，或進行比較研究。

　　在研究方法方面，原本與選舉相關的研究即是以量化分析途徑為主
軸。2000 年後，隨著電腦硬體與統計軟體的精進，量化模型的應用更
加廣泛，有針對民意調查方法（杜素豪 2004；杜素豪、羅婉云、洪永
泰 2009；盛杏湲、周應龍 2008； 劉正山、朱淑華 2012），有針對投票
行為（吳親恩、林奕孜 2012；張順全、莊文忠 2008；黃紀 2005；黃信
豪 2006），或是針對選舉預測（周應龍、盛杏湲 2005；俞振華、蔡佳泓
2006；范凌嘉 2001）等。另有以地理與空間觀點衍生的研究（林昌平

2014；徐永明、吳怡慧 2013；黃偉峰 2004；賴進貴、葉高華、張智昌 2007），更擴大了總體選舉資料的應用範疇。我們認為，在研究方法不斷推陳出新的情況下，以新的研究方法或統計模型為核心的應用研究會愈來愈多。這樣的研究途徑除了有助於學者使用新的視角，來重新檢視過去實證研究的發現外，還有助於探討過去受限於方法而無法開展的研究主題。

　　之前陳義彥主要是從研究主題自由化及調查資料公共財化這兩個宏觀的角度，來定義 2000 年後台灣的選舉研究，進入了所謂國際接軌期。我們進一步以較微觀的視角發現，這段期間除了有更多國外研究成果及研究方法被引進國內以外，與台灣選舉直接相關的研究也有頗高的頻率見諸於國際頂尖的專業期刊。[2] 除了探討選舉過程中的議題設定（Ho, Clarke, Chen, and Weng 2013; Huang 2004; Huang 2010; Wu 2008; Yap 2011）、選舉後的司法訴訟（Wu and Su 2014）、投票行為當中非傳統因素的影響（Huang, Wang, and Lin 2013; Huang and Wang 2014）以及導入新的研究視角分析選舉競爭（Lin and Lee 2009）以外，近來聚焦的主題還包括台灣國會選制變遷的過程（Chang and Chang 2009; Hsieh 2009）與變遷後的影響，包括新選制下立法委員個人選票（personal vote）的重要性（Batto 2009）、新選制對女性立委參政的限制（Batto 2014）、或對政黨議席分布與運作的影響（Fell 2014; Jou 2013; Lin 2014）。另外，台灣與日本選制變遷經驗的比較也是台灣選制變遷後，選制研究與比較政治的焦點，自然也受到國外學界的重視

2　由於本文是以國內期刊論文為主要分析標的，因此這裡我們只檢閱了少數（4 本）外文期刊。其實有很多與台灣政治相關的論文散見於各類區域研究期刊，但由於本文聚焦於選舉研究相關理論，我們認為最直接相關的頂級專業期刊有兩本，分別是 *Electoral Studies* 及 *Party Politics*。另外，由於 *Issue and Studies* 是過去台灣出版，唯一收錄在 SSCI（Social Science Citation Index）資料庫的期刊，雖然其性質屬於一般性期刊，但我們仍將其納入。最後，由於 2000 年後台灣選舉研究和民主發展習習相關，因此我們把探討各國民主發展最重要的期刊的 *Journal of Democracy* 也納入本文檢閱的範圍中。

（Lin 2006; 2011）。

　　由前述整理可以看出，與國際接軌的確是 2000 年之後，台灣選舉研究發展的特色。但除此之外，台灣選舉研究仍然相當程度地跟隨本土民主政治發展的脈絡，不斷產生新的研究主題及新的研究方法。而跨國經驗的比較，更是將本土化與國際化相連接的重要指標。

肆、民主化後的本土學術期刊分析

　　為了擴大探討台灣過去選舉研究所涵蓋的各項議題，本文蒐羅科技部人文社會科學研究中心台灣社會科學引文索引（Taiwan Social Science Citation Index, TSSCI）2014 年收錄之 11 本政治學類期刊中與選舉研究相關之文獻，時間範圍自解嚴後一年，即 1988 年始至 2014 年底，共計 381 篇。

　　但所謂與選舉研究相關的論文應如何定義？又該如何歸類？在檢閱期刊論文後，我們依論文的研究主題將所有論文歸納成五個主要類別，包括：

　　一、選舉制度研究：包括所有探討選舉制度成因、內涵、及影響的論文。這裡所謂的「影響」，包括選舉制度對於選民行為及其它制度或行為的影響。

　　二、選舉競爭研究：包括所有從候選人或政黨的視角出發，探討選舉競爭策略及台灣本土特色的派系政治相關主題。

　　三、選民行為研究：包括以調查研究為核心的選民投票參與和投票抉擇的分析，及與行為相關的態度研究。

　　四、選舉與民主治理：包括選舉與民主制度間的關聯性及因選舉而產生的各項政策措施等。

　　五、研究方法：包括因探討選舉相關主題而延伸出來的方法論探討。

這樣的分類或許稍微粗略，但分類過細則不利我們進一步進行量化

分析。此外，我們認為，這樣依主題分類的模式，至少包涵了制度面、行為面、及研究方法面等三個面向，其中制度面包括了選舉制度本身及選舉制度與其他民主制度的關聯性，而行為面則包括了候選人（政黨）及選民兩個層次。當然，有些文章內容其實跨了多重主題類別，但我們歸類的標準是以論文主軸為依據，將每一篇文章歸類到某特定單一主題。表 2 列出本文歸類時採用的主類別及次類別分類標籤及各分類的論文數量。[3]

表 2　期刊論文主、次類別一覽表，1987-2014

主類別	次類別
選舉制度類 （N＝69）	選制改革研究（N＝4） 選制與其影響（N＝34） 國外選制研究（N＝31）
選民行為類 （N＝120）	群體與政黨認同（N＝17） 候選人特質、評價與投票行為（N＝16） 分裂投票與策略投票（N＝20） 議題與投票行為（N＝19） 選民特性與投票行為（N＝30） 政治世代研究（N＝1） 心理分析與投票行為（N＝6） 施政評價與投票行為（N＝2） 經濟投票（N＝2） 國外選民行為研究（N＝7）

3　我們在檢視論文的過程當中，發現有許多論文雖以選舉為主題，但屬於評論國外選舉結果或分析的文獻。這些文獻當然是選舉研究的一部分，但和本土選舉研究的交集較小，因此我們特別將這 47 篇單獨列為一個類別，但並未進一步設定次類別。

選舉競爭類 （N＝48）	動員策略與效應（N＝6）
	競選策略（N＝21）
	賄選相關研究（N＝2）
	派系相關研究（N＝4）
	選舉與政治傳播（N＝12）
	國外競選過程研究（N＝3）
選舉與民主治理類 （N＝48）	選舉與政黨體系（N＝3）
	選舉與民主深化（N＝27）
	選舉與公共行政（N＝8）
	選舉與經濟變化（N＝3）
	國外選舉與民主治理（N＝7）
研究方法類 （N＝49）	選舉預測（N＝17）
	選舉研究方法（N＝24）
	選舉地理研究（N＝8）
國外選舉與政局分析與其他相關研究 （N＝47）	（無次類別）

資料來源：作者自行整理。

　　從表2的主類別來看，有關選民行為的論文還是最多，共有120篇，約佔總數的31%，其次是選舉制度類的69篇（18%）。研究方法類的論文也不少，有49篇（13%），排第三。較少的兩類則分別是選舉競爭類及選舉與民主治理類，各有48篇（13%）。這樣的分布和資料來源顯然有很大的關聯性。選民行為的論文多半奠基於調查資料分析，而台灣選民行為調查行之多年，資料豐富，自然提供學者諸多素材撰寫論文。反之，如選舉競爭類的論文，實證資料往往需要候選人或政黨同意才能取得，而這些資料機密等級高，除非有特殊管道，不然不易蒐集，自然增加分析的困難度，也影響論文的產出。

　　這11本TSSCI期刊當中，約半數（6本）以上是政治學一般性期刊，但《選舉研究》[4]及《政治與社會哲學評論》是分別針對選舉相關

4　《選舉研究》是由政治大學選舉研究中心自1994年開始發行的專業期刊。經過20

研究及政治思想類的專門期刊，《公共行政學報》及《行政與政策學報》則是公共行政類的專門期刊，《遠景基金會季刊》則屬於探討國際或兩岸關係的專門期刊。因此我們可以預期，多數和選舉相關的研究應該會刊登在《選舉研究》，而其他專門期刊應該收錄最少與選舉相關的論文。

　　如預期般，《選舉研究》收錄最多相關研究，達到 155 篇，占了總數約 41%，其中選民行為類占 37% 居最多，其他各項類別按論文數排名依序為研究方法的 27%，選舉競爭類的 17%，選制研究類的 14%，及民主治理類的 5%。換言之，發表在《選舉研究》上的論文以行為面的研究為大宗，制度面的論文則相對少很多。可能的原因是：選舉制度面的探討往往牽動整個政府甚至憲政體制，而非單純聚焦於選舉研究，因此學者或許較可能將該類文章投稿至政治學一般性的期刊，而不一定投至《選舉研究》。而論文總數次多的是《問題與研究》，然其中收錄的 68 篇文章當中，有超過六成的研究屬於國外選舉與政局分析，或屬於選舉制度主類中，國外選制研究次類別。這些文章多數發表於 1996 年我國總統直選前，介紹國外的元首或國會選舉及政局影響。另外數本政治學一般性的期刊，收錄選舉相關研究的論文數量差距並沒有很大。至於其他的專門期刊，有關選舉研究的論文比例都很低。

多年來的發展與努力，該期刊已成為台灣選舉研究相關領域最重要的文獻。政大選舉研究中心是 1989 年正式掛牌，成為政大的校級研究中心。該中心之所以得以成立，主要是依靠包括雷飛龍、荊知仁、及陳義彥等諸位政大政治學系教授的奔走與推動。在該中心成立之前的 1970、80 年代，前述的諸位政治學系教授即已分別進行了許多選民行為與政治社會化的研究。中心成立後，早期的歷任主任也由當時在政治學系任教的老師兼任，包括陳義彥、黃德福、洪永泰、劉義周等。長期以來，選舉研究中心與政治學系的關係即相當密切，相關研究與教學相互支援，成為這兩個單位的常態，直到目前也有多位合聘的研究員與教師，做為兩個單位之間的連接。而政大政治學系也透過選舉研究中心這個平台，建立了該系在選民行為、乃至於經驗研究方面的學術傳統。

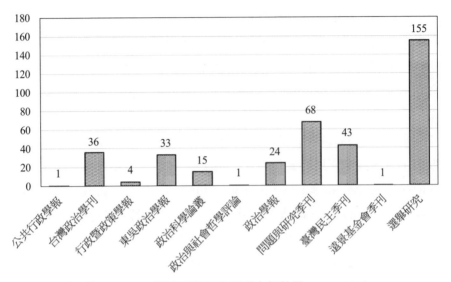

圖1　TSSCI期刊選舉研究相關文獻數量，1988-2014

資料來源：作者自行整理。

　　接著，我們以十年為一個區間，將總時程切割成三期，即第一期1988至1997、第二期1998至2007，以及第三期2008至2014（最後一段時間僅7年），並觀察各類研究的總體趨勢，以分析不同年代內各類研究的比重。需要說明的是，這樣的時間區隔基本上配合台灣民主化歷程：第一期突顯民主轉型前期，即從解嚴到1996年的第一次總統大選。第二期則突顯民主轉型後期，主要特徵是2000年政黨輪替。第三期則為民主鞏固期，主要特徵為2008年的二次政黨輪替。圖2顯示各類研究在時間軸上的趨勢，我們發現以下兩項特徵：

　　第一，選舉制度、選舉與民主治理、及研究方法等三類論文都是一期比一期多。以選舉制度研究來說，前兩期的論文數加起來約占這一類論文的六成，但另外四成都出現在第三期。選舉與民主治理方面，第一期的論文比例僅略超過一成五，幾乎大部分都出現在第一次總統大選之後，甚至有將近五成的該類論文出現在民主鞏固期（第三期）。研究方法類論文出現的比例也大致符合這樣的分布。

　　會出現這樣的現象，我們推斷有以下三點原因：首先，選制影響的研究及國外選制與比較研究在第二、三期是選制研究的主流（占選制研究類 63.8%），且國外選制與比較研究在第三期有上升的趨勢。可以想見，選制研究類在第三期的攀升，應與我國立法院選制改革有關，且多數的比較研究以台、日比較為主。其次，政黨輪替之後，學界除了關心民主程序外，也漸漸開始注意民主鞏固與民主治理的內涵（譬如民主品質與選舉課責性）。因此，民主治理類的研究多半出現在晚近時期並不意外。最後，研究方法類的論文之所以也多發表在晚近時期，不外乎和資料取得較容易及統計方法普及有關。隨著資料庫建置愈來愈完整，各項總體與個體資料較容易取得，且統計方法及軟體使用門檻逐漸降低，研究方法方面的論文同樣較可能在晚近期出現。

　　第二，選民行為與選舉競爭兩類的論文在第二期是研究的高峰期，而非以第三期為高峰。我們認為，在我國尚未執行合併選舉前，自 1998 至 2007 十年間，共有 8 次大小選舉（含總統、立法委員、國大代表、縣市長與議員、直轄市長與議員、村里長等），在高選舉頻率的年代，不同層級與類別的候選人選舉競爭與選民投票行為幾乎年年都有變化，自然催化這兩類研究的成長。另外，大規模資料庫建置（譬如中央研究院人社中心調查研究專題中心的學術調查資料庫）及整合型調查計畫實行，特別是 2001 年開始的台灣選舉與民主化調查（Taiwan Election and Democratization Studies, TEDS），將個體層級的選民調查資料公共財化，也是促進選民行為研究的因素之一。

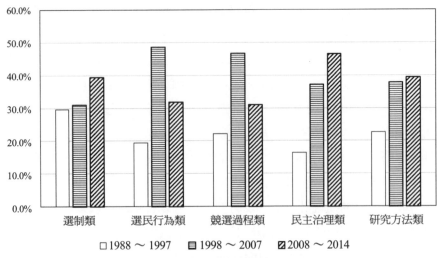

圖 2　選舉研究各類別論文量趨勢，1988-2014

資料來源：作者自行整理。

　　最後，我們比較三個時代，各類型研究論文所占的比例。圖 3 顯示，在第一期中，選制與選民行為研究占多數（兩者相加超過五成），而在第二、三期中，皆是選民行為研究占多數。更仔細比較二、三期的研究類別，第二期針對選民行為的研究比例高出他者甚多，占了將近四成，但第三期中，針對選制的研究比例又與選民行為研究拉近，前者約占兩成三，後者則只剩下約兩成八左右。我們認為，在我國國會選制變遷後，比較選制的研究增加（即國外選制與比較研究次類中由第二期之 27.2% 增長至 42.4%），此結果可與圖 2 的結果共同參照。另外，民主治理與研究方法類的論文占同期所有論文的比例同樣逐期增加，顯示學者不再只偏重選民行為的研究，而是愈來愈廣泛地探討與選舉相關的各項議題。至於選舉競爭類的論文比例在三期中都不高，皆持平在 10-15% 之間。我們認為主要的原因還是在資料方面。由於探討候選人策略的研究往往不易有量化資料，甚至許多是參與式的研究，研究社群自然比較小。

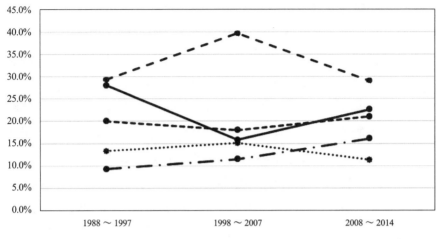

圖 3　不同年代各類別研究比重

資料來源：作者自行整理。

伍、結語：兼容本土化與國際化的選舉研究

　　對於台灣選舉研究的發展歷程，陳義彥在 2003 年即以四個時期綜觀，可謂卓見。陳義彥認為，台灣選舉研究歷經 1964 至 1975 年以自填問卷、非隨機抽樣、基礎統計分析為主的萌芽時期，1976 至 1988 年使用隨機抽樣、相關與迴歸分析的關鍵時期，1989 至 2000 年隨著民主化浪潮一同蓬勃的發展時期，乃至 2001 年之後與跨國研究計畫同步問卷設計、研究相同議題、並在分析方法上與國際接軌時期。陳義彥對於台灣選民行為研究的描繪深具啟發性，其優點不僅在於時間劃分的準確性，且在於其對未來相關研究的想像並非僅停留於國際接軌期。陳義彥當時即指出，台灣未來選舉研究的方向，最後一項便是建構本土化理論，發掘台灣選舉的特色。十餘年後的今日，我們在資料蒐集、理論應用、與分析方法上與國際接軌程度有目共睹，但我們是否已邁入了下一個時期：本土化與國際化的兼容時期？

　　以選制研究而言，更深層的國際對話在 2008 年我國立法委員選舉制度變革後，與日本眾議院選制的比較研究。其中較為代表性的討論，應推前述黃紀、王鼎銘與郭銘峰等三位學者的一系列針對日本選制變遷的相關著作。這三位學者不僅關注日本選制本身的特色及效果，並進一步將台灣納入比較（王鼎銘、郭銘峰 2009）。透過分析，他們認為雖然兩國選舉制度類似，但些許的制度性差異仍會使兩國的政治情景產生差別，例如日本的雙重提名制度即為台灣所無，這也影響了單一選區制下有效政黨數的收斂情形。諸如此類更深入的比較，確實在 2008 年選制變遷後更為豐富。然而，就本土化的理論而言，由於我們的國會選舉制度高度參考日本，在比較研究仍然興盛之際，反而是總統與地方首長的選舉在結合台灣的脈絡之後，產生較多本土性的討論。此外，我國於 2012 年實施總統與立法委員合併選舉，更於 2014 年首度將所有地方公職人員選舉合併，關於合併選舉與其影響的研究在近年也逐漸出現，此類結合本土選舉與政治特色的研究，豐富了台灣本土性選舉研究的內涵。

　　再如選民行為研究，我們長期以來應用密西根學派的社會心理投票模型，來解釋台灣選民的投票參與。然而，社會心理學投票模型中最重要的概念與變數——政黨偏好，在台灣的研究中，一直存在著概念與測量上的分岐（吳重禮、許文賓 2003）：究竟選民的政黨偏好是長期的心理認同概念，還是短期的理性支持概念，一直沒有定論。如果我們只是硬生生地搬移國外的概念應用在本土的研究，雖然在量化分析解釋上不見得產生太大的問題，但我們可能會因為忽略了理論本身在原型脈絡下的由來，進而忽略存在於台灣與國外之間更值得探究與解釋的細微差異。總之，在我們力求與國際接軌的同時，我們仍需致力於提供西方既有理論本土化的經驗意涵。

　　發掘本土化的理論並非易事，尤其在我們引用國外的理論、測量方式及分析架構後，我們更容易受到既有理論意涵的影響來詮釋台灣的政治現象。不過，仍然有許多研究類別，可作為我們深化本土理論，同

時與國外理論或概念對話的代表。例如在政治分歧與意識形態方面，「統獨立場」與「台灣人／中國人認同」的討論在台灣政治脈絡的重要性，就比起國外重要的政治分歧如階級、左右等更為重要，亦可謂台灣選舉研究、乃至其他政治類研究中長久以來最為本土的研究主題。關於統獨研究的理論貢獻，從以往我們將統獨立場視為個體層次的基礎政治態度，乃至於成為測量台灣政治極化的重要指標（蕭怡靖、林聰吉2013），以及更細緻的探討「統」、「獨」兩者在意識形態上分屬不同面向。

　　然而，做為重要基礎政治態度的統獨立場，在 2012 年之後有了微妙的變化，並且反應在 2014 年的地方公職人員選舉中。貧富不均、社會正義、分配公平等和左右意識形態密切相關的概念在 2014 年選舉中一湧而出，將本來在地方公職人員選舉中就不甚顯著的統獨議題掩蓋，且如此情勢極可能繼續發酵至即將到來的總統與立法委員選舉。甚且，從國立政治大學選舉研究中心歷次對於統獨與台灣人／中國人認同的調查資料趨勢來看，這兩項政治態度的變異性愈來愈小，我們尚不清楚其對於政治現象，尤其是對於未來選舉研究的解釋能力如何變化。但不論如何，統獨研究確實為台灣特有研究類別。

　　台灣經歷民主化之後，選舉研究呈現何種發展趨勢？透過分析主要期刊論文主題的分布，我們發現選民行為方面的研究雖然長期以來一直是選舉研究的主軸，但綜觀整個選舉研究主題的發展趨勢，其消長原則上和民主化歷程息息相關。譬如在第一次總統大選前，許多憲政體制尚未到位，選制也未確立，因此學者針對制度面提出了不少見解，同時也借鏡國外的制度經驗，提供政策建議。但第一次總統大選後，台灣選舉制度面相對穩定。而學界調查資料的整合及開放，促使選民行為的研究在第二期大幅成長，而此時期的政黨裂組及政黨輪替，使得學界有更多的理論空間（譬如分裂投票）來探討選民投票行為。但由於我國立委選制在 2008 年改變，於是進入第三期後，我們又發現選制方面的文章再度成長，許多跨國比較研究發表，探討選制變遷所可能帶來的影響。另

外，選舉與民主治理的論文數，也在民主鞏固期開始有較顯著的上升。總之，台灣選舉研究的主題原則上反應著民主化的脈絡，並愈來愈多樣化。

關於未來的發展的建議，我們認為有以下三點值得關注：

一、大型的政府補助研究計畫，確實有帶動研究的功能，這在陳義彥前後期的兩篇論文中皆有提及，本文的資料也可看出此一趨勢。因此，以大型計畫提供學者公共財，讓學者能更容易地接觸資料，絕對有利實證研究的開展。此外，透過政府資源將各類型資料庫整合，使研究者能更方便的使用資料，也絕對有助於新研究題材的開展。

二、目前選舉研究與國際接軌的腳步已邁開，但速度仍可加快。雖然近年跨國研究已增加，但有相當的侷限性，多半是在選制變遷這個部分。隨著跨國資料增加，更全面地跨國比較研究應該是未來的發展趨勢，這樣的發展方向也更能夠促進理論一般化。

三、近年來有關選舉競爭方面的論文，多半出自傳播學者甚至商學院的教授。2003 年陳義彥即呼籲過，應該加強這一塊的研究，畢竟這方面的研究應該是學院與選舉實務之間的橋樑。過去宥於這方面的資料取得不易（不論是量化還是質化資料），因此研究較不易開展。但近來各類型研究方法不斷推陳出新，不論是實驗設計或大數據分析，都有助於我們對選舉競爭的理解。譬如，實驗設計有助於我們瞭解選舉廣告效益，大數據分析有助於我們探討網路選舉動員及議題設定。

我們期待，進入國際接軌時期後的台灣選舉研究，除了加速國際接軌的程度，對於制度、選民行為、政治分歧，以及競選過程等研究類別的本土化理論也將逐漸茁壯，並且進入下一個嶄新的階段：本土化與國際化兼容發展的新時期。

最後，目前本文有以下三項研究限制：

一、有許多與選舉競爭相關的論文發表在傳播學類的期刊，另外，社會

或經濟學類的期刊也會有與選舉研究相關的論文。本文除了政治學
類的期刊論文外，並沒有檢視其他方面的論文，這或許會造成分析
上的偏頗，也是本研究的限制。

二、採用論文而捨棄專書的討論，當然會造成許多主題選樣上的偏頗。
但因為本文是從「量」的角度來探討選舉研究的發展，因此以論文
為基準。

三、雖然本文呈現了選舉研究各項主題大致的發展趨勢，但細部的發展
方向，包括理論或方法上的變遷，並沒有太多的討論，尚待日後更
全面、更細緻的分析。

參考文獻

王柏燿，2004，〈經濟評估與投票抉擇：以 2001 年立委選舉為例〉，《選舉
　　研究》，11（1）：171-195。

王業立，1995，〈單記非讓渡投票制的政治影響：我國民意代表選舉制度的
　　探討〉，《選舉研究》，2（1）：147- 167。

王業立、蘇子喬、郭銘峰，2013，〈台灣選舉制度研究的回顧與前瞻〉，吳
　　玉山、林繼文、冷則剛主編，《政治學的回顧與前瞻》：329-358，台
　　北：五南出版社。

王鼎銘，2005，〈負面競選對 2002 年高雄市選情影響的探討〉，《東吳政治
　　學報》，20：83-114。

王鼎銘、郭銘峰、黃紀，2008，〈選制轉變過程下杜佛傑心理效應之檢視：
　　從日本眾議院選制變革的經驗來觀察〉，《問題與研究》，47（3）：
　　1-28。

王鼎銘、郭銘峰，2009，〈混合式選制下的投票思維：台灣與日本國會選舉
　　變革經驗的比較〉，《選舉研究》，16（2）：101-130。

包正豪，1998，〈新黨平均配票策略交界之研究──以八十四年立法委員選
　　舉為例〉，《選舉研究》，5（1）：95-138。

吳明上，2003，〈日本眾議院議員選舉制度改革之探討：小選舉區比例代表
　　並立制〉，《問題與研究》，42（2）：79-94。

吳東野，1996，〈「單一選區兩票制」選舉方法之探討──德國、日本、俄羅斯選舉之實例比較〉，《選舉研究》，3（1）：69-102。

吳統雄，1986，〈薪火與生食──讀陳義彥「我國投票行為研究的回顧與展望」〉，《民意》，113：3-31。

吳重禮，2002，〈SNTV 的省思：弊端肇因或是代罪羔羊？〉，《問題與研究》，41（3）：45-60。

吳重禮、許文賓，2003，〈誰是政黨認同者與獨立選民？──以二〇〇一年台灣地區選民政黨認同的決定因素為例〉，《政治科學論叢》，16：101-140。

吳重禮、徐英豪、李世宏，2004，〈選民分立政府心理認知與投票行為：以2002 年北高市長暨議員選舉為例〉，《政治科學論叢》，21：75-116。

吳重禮、許玉芬，2005，〈選民「垂直式分立政府」心理認知與投票行為：2002 年北高市長選舉的實證分析〉，《臺灣民主季刊》，2（2）：1-30。

吳親恩、林奕孜，2012，〈經濟投票與總統選舉：效度與內生問題的分析〉，《台灣政治學刊》，16（2）：175-132。

杜素豪，2004，〈投票意向問題不同類型項目無反應之分析：以 2000 年總統大選為例〉，《選舉研究》，11（2）：111-131。

杜素豪、羅婉云、洪永泰，2009，〈以入選機率調整法修正調查推估偏差的成效評估〉，《政治科學論叢》，41：151-176。

周軒逸、練乃華，2010，〈時間距離對負面競選廣告效果之影響〉，《臺灣民主季刊》，7（2）：33-76。

周應龍、盛杏湲，2005，〈選樣偏誤模型在選舉預測上的應用〉，《選舉研究》，12（2）：1-44。

林正士、周軒逸，2014，〈總統大選電視辯論對於首投族之政治傳播效果：以 2012 年台灣總統選舉為例〉，《選舉研究》，21（1）：47-87。

林昌平，2014，〈空間訊息與鄰近效果：台灣總統選舉的配適與預測分析〉，《東吳政治學報》，32（4）：57-123。

林繼文，1997，〈制度選舉如何可能：論日本之選舉制度改革〉，《台灣政治學刊》，2（1）：63-106。

林繼文，2008，〈以輸為贏：小黨在日本單一選區兩票制下的參選策略〉，《選舉研究》，15（2）：37-66。

姚惠忠、汪睿祥，2008，〈選舉危機情境分類之探討〉，《選舉研究》，15

（2）：67-90。

俞振華，2012，〈探討總統施政評價如何影響地方選舉：以2009年縣市長選舉為例〉，《選舉研究》，19（1）：69-95。

俞振華、蔡佳泓，2006，〈如何利用全國性民調推估地方民意？多層次貝式定理估計模型與分層加權的應用〉，《台灣政治學刊》，10（1）：5-38。

施純純、徐永明，2002，〈報紙議題、事件與民意的流動：以台灣2000年總統選舉為例〉，《台灣政治學刊》，6（1）：241-285。

洪永泰，1995，〈分裂投票：八十三年台北市選舉之實證分析〉，《選舉研究》，2（1）：119-145。

范凌嘉，2001，〈選舉預測誤差控制的嘗試：以特質調整模型（JIAModel）為例〉，《選舉研究》，8（1）：25-69。

徐永明、吳怡慧，2013，〈選票的政治地理測量及其立法影響：以2012年臺灣大選與瘦肉精議題為例〉，《東吳政治學報》，31（4）：161-207。

張順全、莊文忠，2008，〈探索選民的投票行為變化：應用機率分配模型的預測方法〉，《選舉研究》，15（2）：91-117。

張傳賢，2012，〈政黨認同、負面資訊的競爭與選民投票抉擇：2010年五都選舉的實證研究〉，《選舉研究》，19（2）：37-70。

盛杏湲，1998，〈政黨配票與候選人票源的集散度：一九八三年至一九九五年台灣地區立法委員選舉的分析〉，《選舉研究》，5（2）：73-102。

盛杏湲、周應龍，2008，〈選樣偏誤模型在調查研究中項目無反應問題的應用〉，《台灣政治學刊》，12（1）：147-183。

盛治仁，2006，〈單一選區兩票制對未來台灣政黨政治發展之可能影響探討〉，《臺灣民主季刊》，3（2）：63-86。

莊伯仲，2005，〈2004年總統大選國民黨網路選戰策略——行動研究法之觀點〉，《選舉研究》，12（2）：79-109。

莊伯仲，2006，〈負面競選廣告：1996-2004年台灣與美國總統大選之分析〉，《東吳政治學報》，24：213-243。

郭銘峰、黃紀、王鼎銘，2012，〈並立式混合選制下兩票之連動效果：日本眾議院選舉自民黨重複提名策略之分析（1996-2005年）〉，《問題與研究》，51（2）：35-67。

陳義彥，1986，〈我國投票行為研究的回顧與展望〉，《民意》，110：3-28。

陳義彥，2003，〈台灣選舉行為調查研究的回顧與展望——「TEDS2001」

學術研討會圓桌論壇講詞（特稿）〉，《選舉研究》，10（1）：1-6。

鈕則勳，2007，〈競選廣告策略初探——以 2004 年總統大選陳呂陣營為例〉，《臺灣民主季刊》，4（1）：141-178。

溫偉群、游梓翔，2009，〈2008 年總統大選電視廣告之功能分析〉，《選舉研究》，16（2）：71-100。

游清鑫，1996，〈選舉制度、選舉競爭與選舉策略：八十四年北市南區立委選舉策略之個案研究〉，《選舉研究》，3（1）：137-177。

游清鑫，2012，〈初體驗與粗體驗：台灣民眾對立委新選制的認知、參與及評價〉，《選舉研究》，19（1）：1-32。

游清鑫，2013，〈台灣選舉研究的回顧與前瞻——以 TEDS 十年來的資料使用為例〉，吳玉山、林繼文、冷則剛主編，《政治學的回顧與前瞻》：359-76，台北：五南出版社。

黃信豪，2006，〈多層模型於選民投票行為研究的應用：以 2004 年總統選舉為例〉，《東吳政治學報》，22：161-205。

黃紀，2005，〈投票穩定與變遷之分析方法：定群類別資料之馬可夫鍊模型〉，《選舉研究》，12（1）：1-37。

黃紀、王鼎銘、郭銘峰，2008，〈「混合選制」下選民之一致與分裂投票：1996 年日本眾議員選舉自民黨選票之分析〉，《選舉研究》，15（2）：1-35。

黃紀、吳重禮，2000，〈台灣地區縣市層級「分立政府」影響之初探〉，《台灣政治學刊》，4（1）：105-147。

黃偉峰，2004，〈從選票區結構試探影響 2004 年「和平公投」之相關因素〉，《臺灣民主季刊》，1（3）：73-98。

黃智聰、程小綾，2005，〈經濟投票與政黨輪替——以台灣縣市長選舉為例〉，《選舉研究》，12（2）：45-78。

黃德福，1991，〈台灣地區七十八年底選舉分裂投票之初探研究——以台北縣、雲林縣、高雄縣為個案〉，《政治學報》，19：55-80。

黃德福、黃靖麟，2008，〈回溯投票或議題投票：2005 年台北縣與高雄縣縣長選舉之比較分析〉，《選舉研究》，15（1）：19-49。

楊孟麗，2003，〈投票意願與經濟不景氣：台灣的情形〉，《選舉研究》，10（2）：159-191。

廖達琪、李承訓、陳柏宇，2013，〈選舉制度與立法者競選政見及立法表

現：台灣立法院第六屆及第七屆區域立委之比較〉,《選舉研究》, 20（1）: 73-119。

劉正山、朱淑華, 2012,〈不中間的中間選民：以質性方法初探有政黨傾向選民隱藏政黨傾向的原因〉,《東吳政治學報》, 30（4）: 177-233。

劉從葦, 2003,〈中央與地方分立政府的形成：一個空間理論的觀點〉,《台灣政治學刊》, 7（2）: 107-147。

蔡學儀、柯三吉, 2001,〈單一選區兩票制於我國實施之研究〉,《行政暨政策學報》, 33: 101-122。

蕭怡靖、林聰吉, 2013,〈台灣政治極化之初探：測量與分析〉, 黃紀主編,《台灣選舉與民主化調查（TEDS）方法論之回顧與前瞻》: 89-133, 台北：五南出版社。

蕭怡靖、黃紀, 2011,〈施政表現在不同層級地方選舉中的影響：2009 年雲林縣縣長及鄉鎮市長選舉之分析〉,《選舉研究》, 18（2）: 59-86。

賴進貴、葉高華、張智昌, 2007,〈投票行為之空間觀點與空間分析──以台灣 2004 年總統選舉為例〉,《選舉研究》, 14（1）: 33-60。

謝相慶, 1999,〈日本眾議院議員新選舉制度及其政治效應──以 1996 年選舉為例〉,《選舉研究》, 6（2）: 45-87。

蘇子喬、王業立, 2010,〈為何廢棄混合式選舉制度？義大利、俄羅斯與泰國選制改革之研究〉,《東吳政治學報》, 28（3）: 1-81。

蘇子喬、王業立, 2013,〈選擇投票制與英國國會選制改革〉,《東吳政治學報》, 31（2）: 71-137。

Batto, Nathan F. 2009. "Change and Continuity in the Personal Vote after Electoral Reform in Taiwan." *Issues & Studies* 45 (2): 99-123.

Batto, Nathan F. 2014. "Was Taiwan's Electoral Reform Good for Women? SNTV, MMM, Gender Quotas, and Female Representation." *Issues & Studies* 50 (2): 39-76.

Chang, Alex Chuan-hsien, and Yu-tzung Chang. 2009. "Rational Choices and Irrational Results: The DPP's Institutional Choice in Taiwan's Electoral Reform." *Issues & Studies* 45 (2): 23-60.

Fell, Dafydd. 2014. "Measuring and Explaining the Electoral Fortunes of Small Parties in Taiwan's Party Politics." *Issues & Studies* 50 (1): 153-188.

Ho, Karl, Harold D. Clarke, Li-khan Chen, and Dennis Lu-chung Weng. 2013.

"Valence Politics and Electoral Choice in a New Democracy: The Case of Taiwan." *Electoral Studies* 32 (3): 476-481.

Hsieh, John Fuh-sheng. 2009. "The Origins and Consequences of Electoral Reform in Taiwan." *Issues & Studies* 45 (2): 1-22.

Huang, Chi. 2004. "Explaining Referendum Voting Choices in Taiwan." *Issues & Studies* 40 (3): 316-333.

Huang, Chi, Hung-chung Wang, and Chang-chih Lin. 2013. "Knowledge of the Electoral System and Voting: Taiwan's 2008 and 2012 Legislative Elections." *Issues & Studies* 49 (4): 1-45.

Huang, Chi, and T.Y. Wang. 2014. "Presidential Coattails in Taiwan: An Analysis of Voter-and Candidate-Specific Data." *Electoral Studies* 33: 175-185.

Huang, Hsin-hao. 2010. "Split-Voting in Taiwan's Concurrent Election and Referendum: An Exploratory Test of Social Context." *Issues & Studies* 46 (2): 87-126.

Jou, Willy. 2013. "Examining Biases in the Single-Member District Tier of Taiwan's Electoral System." *Issues & Studies* 49 (4): 47-74.

Lin, Jih-wen. 2006. "Electoral Systems Today: The Politics of Reform in Japan and Taiwan." *Journal of Democracy* 17 (2): 118-131.

Lin, Jih-wen. 2011. "The Endogenous Change in Electoral Systems: The Case of SNTV." *Party Politics* 17 (3): 365-384.

Lin, Jih-wen. 2014. "Resource Allocation and the Performance of Taiwan's Democratic Progressive Party in Mixed-Member Majoritarian Elections." *Issues & Studies* 50 (2): 1-38.

Lin, Tse-min, and Feng-yu Lee. 2009. "The Spatial Organization of Elections and the Cube Law." *Issues & Studies* 45 (2): 61-98.

Wu, Chung-li. 2008. "A Simple Model for Predicting the Outcome of the 2008 Legislative Yuan Elections in Taiwan." *Issues & Studies* 44 (4): 1-28.

Wu, Chung-li, and Xiao-chen Su. 2014. "Taming the Tongue: Political Resource Inequalities and Court Decisions in Defamation Litigation in Taiwan." *Issues & Studies* 50 (4): 157-189.

Yap, Ko-hua. 2011. "Incorporating Local Contexts into Explaining Voting Behavior in Taiwan." *Issues & Studies* 47 (2): 119-149.

台灣的政黨政治研究（1955-2014）[*]

蘇彥斌
政治大學政治學系助理教授

壹、前言

E. E. Schattschneider（1942）曾說過：「沒有政黨的現代民主國家是不可思議的。」政黨在許多國家的政治場域中，扮演極重要的角色；而政黨體系的發展，也與一國的政治變遷息息相關。在台灣的政治學界，政黨政治研究已累積豐碩的成果，若以特定的歷史分期觀察，則可看出相關知識演進的脈絡。

本文主要目的在於系統性地討論 1955 至 2014 年台灣學界的政黨政治研究，以及部分在國際學界發表之台灣政黨政治研究成果，試圖歸納各時期的研究特色，並為將來的台灣政黨政治研究提出建議。本文透過線上學術資料庫，整理出 950 篇中、英文之政黨政治期刊論文（詳見下節）。同時，本文根據呂亞力（1987）以及朱雲漢等（2011）對於中華民國政治學發展史的考察，分成四個時期對於政黨政治研究文獻進行探討，分別是：萌芽期（1955-1970）、茁壯期（1971-1990）、興盛期（1991-2000），以及成熟期（2001-2014）。

在逐一檢視所蒐集的文獻後，本文發現，在萌芽期階段（1955-1970），政黨政治的相關研究大多由與政府關係密切的學術單位

* 本論文發表在「1955-2015 年台灣政治學知識史的回顧與前瞻」研討會（台北：政治大學政治學系，2015 年 5 月 15-16 日）。作者在此感謝中研院吳重禮老師對文本所提供的批評與指教，同時也感謝政大政研所碩士生涂志揚、陳宏哲與鍾孟勳對於本文資料蒐集的協助，以及感謝張銀珍助教協助作者匯整政大政治學系歷年來所開設、關於政黨政治主題之系所課程資訊。

所出版，且內容多以中國朋黨與政黨的歷史分析與對外國政黨政治的譯介為主；其次，在茁壯期階段（1971-1990），許多旅外學人於1970年代返國為台灣政治學界效力，而1980年代台灣政治自由化與黨外運動的興盛，也為政黨政治與選舉研究開啟有利的機會。第三，在興盛期階段（1991-2000），台灣進入民主化時期，政黨政治的研究主題、研究方法與理論取向，均呈現多元發展的樣貌。第四，在成熟期階段（2001-2014），台灣的政黨政治研究開始與國際學界密切接軌，不僅相關的主題漸受國際學界重視，本土的政黨研究者也在國際期刊有豐碩的發表成果。

展望未來，本文認為目前在台灣關於政黨體系變動（party system volatility）和政黨體系全國化（party system nationalization）的研究方興未艾，值得學者投入更多關注；同時，未來學者也應採取新興的實證研究方法，期能回答更多有意義的研究問題。本文的行文結構如下：首先將討論本文如何對於政黨政治文獻進行分類並蒐集相關的文獻資料；其次探討不同時期的政黨政治研究並歸納各時期的主要特色；最後，本文討論未來台灣政黨政治研究可以努力的方向。

貳、文獻分類與資料蒐集的方法

吳重禮（2013a）對於當前政黨政治研究文獻進行系統性回顧與評析之後，將相關的文獻分成「政黨組織」（party organization）、「政黨與政府」（party-in-government），以及「政黨與選民」（party-in-the-electorate）三大範疇。這種的分類為政黨政治研究提供了鳥瞰式的角度，可充分掌握這個研究領域的核心。深入來看，前兩類文獻是「以政黨為主體」的研究，而第三類文獻則是屬於「以選民為主體」的研究。本文認為，就政黨組織的研究，應可從個體層次與總體層次兩種角度再予以細分。因此，本文將政黨政治的文獻分成四大類：

一、政黨的組織、策略與主張，其子題包括：政黨的理念、意識型態、

政策主張、黨內組織發展與變遷、黨內初選與提名、政黨的政見文
宣、選舉策略、派系政治等；

二、政黨體系、制度法規與選舉競爭，其子題包括：政黨體系的發展與
演進、選舉制度與憲政制度對於政黨體系的影響，以及規範政黨行
為的相關法規等；

三、政黨與政府，其子題包括：國會中的政黨行為、黨團協商運作、黨
鞭與黨紀、黨政關係、分立政府、聯合政府、政黨對政策的影響、
政黨對國家發展的影響，以及政黨與政治改革；

四、政黨與選民，其子題包括：政黨態度（偏好、認同與支持）的形
成、發展與影響、政黨形象、媒體與選民的政黨態度，以及獨立
（中間）選民的研究。

　　囿於作者能力與本文篇幅所限，本文無法逐一審視歷年來所有政黨
政治文獻的內容。因此，本文設定了特定的條件（詳下），以政黨政治
為主題的專題論文（以中文為主、英文為輔）作為探討的對象。在蒐集
方法上，本文透過國家圖書館的「臺灣期刊論文索引系統」以及線上搜
尋引擎 Google Scholar（http://scholar.google.com）進行文獻蒐集，總計
整理出 950 篇中、英文學術期刊論文。這些文獻，同時滿足以下所有條
件：

一、文獻題名含有「黨」或「派系」之字詞；

二、期刊論文之篇幅達 10 頁（含）以上；

三、論文為發表在人文學科或社會科學領域期刊的學術論文（不包括譯
介、書評、黨員人物傳記、政令宣傳、會議紀實、文獻書目索引、
時論評析、演講稿、訪談錄、史料選輯、新聞傳媒之論述分析，以
及政論雜誌的文章）；

四、排除以下主題的相關論文：1. 中共、蘇共與東歐共黨研究；2. 會黨
（例如洪門、清代地方秘密會黨等）；3. 古代黨爭（例如牛李黨爭、
黨錮之禍等）；4. 非政黨相關的派系組織（例如軍閥派系、宗教派
系等）；5. 對政黨政治文獻的後設分析（meta-analysis）；

五、出版者以台灣學術期刊為主、英美學術期刊為輔（不包含中華人民
　　共和國出版之期刊）。

　　本文認知到這些搜尋標準有其侷限。首先，有些篇名不含「黨」的
論文，有可能與政黨政治密切相關；第二，以 10 頁作為篩選論文的標
準，主要是考量早期許多期刊論文篇幅不長，大多是譯介式的短文，或
是總論性質的文章。從現今的角度來看，這些「論文」與當今政治學期
刊的專業化要求相距甚遠，因此應可排除。然而，根據這個篩選標準，
本文也有可能會排除掉一些篇幅不長、但仍有學術貢獻的文章；或是收
錄了篇幅雖長，但內容仍為介紹性質的泛泛之論。即便如此，在審視超
過四千條學術論文索引之後，本文認為上述的篩選方式雖然難免會出現
「漏網之魚」，但應不致於產生系統性的偏差。綜言之，本文認為利用上
述搜尋標準蒐集本文所需文獻應堪稱合理。

　　另外，由於研究人力與時間所限，所以只能利用線上資料庫就學術
期刊論文進行整理，而無法考量成冊專書（例如葉陽明 1990）、論文集
或編著（例如雷飛龍主編 1991）、專書篇章（例如吳重禮 2013b），以及
教科書性質的論著（例如陳水逢 1991；吳重禮 2008）。本文採取這樣的
作法，並不表示作者認為期刊論文以外的其他形式之文獻不具重要性。
事實上，作者在文中仍然回顧不少期刊論文以外的重要文獻。惟避免掛
一漏萬，本文將以期刊論文索引作為討論的主要資料基礎。

參、台灣政黨政治研究的萌芽期（1955-1970）

　　「政黨」在當今政治學界裡是一個非常重要的研究主題，然而，台
灣學界對於現代政黨的學術討論，卻在很晚近才開始興盛。自 1947 年
開始，臺灣大學（1947）、東吳大學（1954）、政治大學（1955）、東海
大學（1958）、文化大學（1964）等大學紛紛設置政治學相關系所，但
對於政黨政治的課程教學，亦呈現低度發展的狀態。政大應是最早開設
政黨相關課程的大學，從 1958 年開始，政大政治學系即已規劃「政黨

論」（大學部）以及「政黨研究」（研究所）的選修課程。[1]然而，這兩門課一直沒能開成，直到 1964 年談子民應聘任教，政大政治學系才出現第一個開設「政黨論」的老師（政治大學 1965），而談子民也在 1968年出版《政黨論》，[2]為國內第一本關於政黨政治的大學教科書。

在國民黨政府統治台灣初期，政黨政治的專題研究並不特別受重視。例如薩孟武（1953）所著的《政治學》，將政黨政治的討論置於該書的最後一章，就頁數來看，其篇幅僅占全書 5% 左右。這個時期仍有以政黨政治作為專題的著作，但主題大多為政黨政治的總論（例如鄧公玄 1953；劉文島 1956），或是外國政黨的介紹（例如邱昌渭 1954；荊知仁 1969）。

在 1955 至 1970 年這段期間，政大政治學系對於台灣政黨政治研究的開創扮演非常重要的角色。1958 年，馬起華（1958）於《法學叢刊》出版〈政黨的心理因素——對政治動力的一個分析〉，成為台灣政治學界自 1955 年以來第一篇使用較嚴謹研究方法進行分析的政黨政治專題論文。該論文結合實證和比較的觀點，以政黨競爭的角度為基礎，探討選民的意識型態如何影響政治態度與投票行為。1964 年，鄒文海主持的「台灣省地方選舉的研究」計畫（鄒文海 1973），運用官方統計資料對於台灣地方選舉的投票率進行分析，並在臺大、政大與淡江大學進行抽樣調查，成為台灣政治行為研究的開山之作。該研究雖然並不直接觸及政黨認同的相關議題，但仍啟發了往後台灣以經驗政治途徑為基礎的政黨政治研究。

1　至於其他大學的情況，東海大學政治學系到 1966 年出現「政黨與選舉」的課程，由蔡啟清講授（東海大學 1991）；臺灣大學在 1960 年代末期開設「政黨論」的課程，由袁頌西講授（國立臺灣大學 1968）。

2　自 1979 年起，政大政治學系開設「政黨與選舉」為大學部必修課目（政治大學 1980）；1984 年起，研究所將「政黨研究」課程轉型成為「比較政黨制度」（政治大學 1985）。從政大政治學系在台復系以來至 2014 年為止，開設政黨政治相關課程的老師包括談子民、雷飛龍、郎裕憲、陳水逢、謝復生、劉義周、何思因、游清鑫、蘇彥斌。

　　另外，雷飛龍對於政黨政治研究亦具有重大的貢獻。雷飛龍於1956年取得政大政治學系碩士學位，其碩士論文〈英國工黨的組織與發展〉為政大在台復校後第一篇以政黨為主題的學位論文；1962年，雷飛龍取得政大政治學博士學位。隨後，雷飛龍發表了〈朋黨與政黨的比較觀〉，該論文從比較歷史的角度探討中國古代朋黨與現代政黨的差異（雷飛龍1965a），頗具創見。同時，雷飛龍以其博士論文為基礎，發表一系列論文，包括從學術立場差異（雷飛龍1965b）、皇位繼承（雷飛龍1966a）以及家世地域（雷飛龍1966b）等因素解析中國古代黨爭的過程。

　　就學術出版單位而言，關於政黨政治的學術研究成果，主要見諸於隸屬政治大學的期刊，[3]例如1960年創刊的《國立政治大學學報》、政大國關中心於1961年創刊的《問題與研究》、以及政大東亞所於1969年創刊的《東亞季刊》，幾乎年年出版關於蘇共、中共以及其他國家政黨的研究與評論。相較之下，由臺大法學院發行、於1950年創刊的《社會科學論叢》，在此時期未曾出版過與政黨政治相關的研究論文。

　　大體而言，在台灣政黨政治研究的萌芽期裡，相關的著作大多散見政論雜誌，內容多半為譯介性質的短文或是政治評析；至於較嚴謹的學術論文，其主題大多以中國古代朋黨與外國政黨研究為主，且絕大多數論文採取的是傳統的歷史研究途徑。再者，這個時期出版政黨政治專題論文的單位以政大所屬的期刊為主，會有這樣的情況，可能的原因有二：第一、由於威權高壓統治的關係，政黨政治的研究主題非常敏感，使大多數的出版單位沒有興趣、或不被允許刊登關於政黨政治的研究；第二、朱浤源（1995, F10）認為，1950至1970年代的台灣政治學者大多「與決策當局合流意願高……而其目的，無不以一黨專政重整統治威

3　由政大政治學系所組織的「政大政治學會」於1962年創刊《政治與研究》，主要刊登該系師生的時論短評、學術心得以及生活感想。該刊從第2期開始（1964），幾乎每期都有刊登與政黨政治相關的評論短文。

權」，從這個觀點來看，或許可以解釋與政府關係密切的政大為何較有機會出版政黨政治的相關研究成果。

肆、台灣政黨政治研究的茁壯期（1971-1990）

自 1970 年開始，由於投入政治學相關領域的學術人才日益增多，研究環境改善，以及學生人數增加等因素，為往後政治學研究蓬勃發展提供重要的基礎（呂亞力 1987, 633）。同時，在研究取向這個方面，傳統的規範性研究、以及公法與制度途徑逐漸失去其主流地位（朱雲漢等 2011, 271）。馬起華於 1977 年出版《政治學》，將此學科分成政治學論、政治理論、政治制度與政治行為等四個領域，反映了當今政治學研究的主要範疇（曹日新 1997, 24），為台灣政治學界定了大致的研究範圍。同樣在 1977 年，陳義彥取得政大政治學系博士學位，完成國內第一本以經驗研究方法為基礎的博士論文。在馬起華、鄒文海、雷飛龍與陳義彥的努力下，政大政治學系成為國內經驗政治研究的重鎮，同時也將經驗研究的傳統進一步延續到後來的政黨與選舉研究。

就學術期刊的專業化方面，1970 年開始，美國行為主義與後行為主義的辯論讓政治學的知識更加豐富，也影響了台灣的政治學界。1970年代，《思與言》出版了不少探討社會科學理論的論文（朱雲漢等 2011, 272），《憲政思潮》幾乎每年都有出版關於政黨政治譯作和專業論文，其中政大政治學系的學者貢獻良多（例如羅志淵 1972；郎裕憲 1980；雷飛龍 1987）。1971 年，中國政治學會發行《政治學報》創刊號，象徵台灣政治學學術期刊邁向專業化的起點；[4] 其他重要的政治科學期刊，包括《政治科學論叢》與《東吳政治學報》，皆於 1990 年代初期創刊，為台灣政治學的專業化向前推進一大步。整體來看，在 1971 到 1990 年

4　值得注意的是，呂亞力（1987, 634）認為該期刊在創刊到 1980 年代這段時間，其審稿工作皆由編輯擔任，缺乏委員會組織，因而影響該期刊的學術品質。

這段期間，政治學研究論文的一大特色為篇幅較長，且具備較完整的架構，而不再只是夾敘夾議的評論文章。

就研究主題而言，這個時期近半數的文獻，主要是在探討政黨的組織、策略與主張，而對象以中國國民黨為主，其次是外國政黨。至於黨外運動、以及後來在 1986 年宣布成立的民主進步黨之相關論文，大部分仍以政論分析的形式為主（例如李鴻禧 1978）。值得注意的是，盛杏湲（1986）對於 1983 年增額立委補選候選人政見的分析，應該是台灣政治學者首次以「黨外」作為主題所進行的系統性實證研究。第一篇關於民進黨的學術期刊論文，則是林佳龍（1989）的研究成果。

另外，這個時期關於政黨組織的一個新興議題為地方派系研究。趙永茂在 1978 年所出版的關於台灣地方派系政治之專書，可說是開台灣地方派系政治實證研究之先河；而趙永茂於 1986 年所發表的論文，從政治精英的角度討論地方派系與民主價值態度的關聯，為台灣地方派系政治實證研究的第一篇學術期刊論文。

關於政黨與政府的文獻，其研究對象亦以中國國民黨為主，特別是聚焦國民黨與台灣政經發展的關係（例如葛永光 1986；龐建國 1992）；其次，則為介紹外國政黨與政府的論文，但這些論文大多集中對於東亞國家的討論（例如朱一鳴 1977；朱少先 1981），至於西方民主國家之政黨政治的相關研究，到 1989 年以後才增多（例如張台麟 1989；郭秋慶 1990）。

至於政黨與選民以及政黨體系這兩類文獻，其數量雖然不多，但其中有很多著作拓展了往後學者的研究興趣。1980 年代中期，《政治學報》開始出版關於民眾的政黨態度之專題論文。胡佛與游盈隆（1984）的研究可說是台灣政黨認同調查與研究的開山之作，該論文以 754 個選民調查資料為基礎，試圖解釋其在 1980 年立委補選的投票選擇。該研究發現，支持國民黨的選民和獨立候選人的選民在國家認同、基本人權、政治參與等議題取向有顯著差異；同時，該論文也發現台灣人較支持獨立候選人。

1986年，劉義周在當年立委補選的台北市以及台灣省第一選區（台北縣、宜蘭縣與基隆市）主持民意調查計畫，探討選民對於「黨內」與「黨外」的傾向。劉義周（1987）的研究發現，台灣的政黨偏好在選舉期間並不穩定；同時，可能是因為還未解嚴的關係，表態傾向黨外的受訪民眾，其比例顯著偏低。1990年，何思因發表台灣學界第一篇以「政黨認同」為題名的論文（何思因1990），該文回顧了政黨認同的理論意涵，同時也從方法論的角度檢視政黨認同的測量方法。

政黨體系相關研究在台灣的萌芽，始自1978年開始，淦克超（1978）在該年於《再生》雜誌發表了一篇書評，評介了政黨研究大師Giovanni Sartori（1976）的學術鉅作，引進當代西方政黨研究的主流理論。1986年，前政大政治學系教授謝復生（1986）運用理性選擇論（rational choice theory）的觀點，探討選舉制度對一國的政黨數目所造成的影響，為國內學界第一篇從經驗政治的角度所進行的跨國政黨體系研究。謝復生利用文獻檢閱以及部分實證資料，發現單一選區多數決可有效導致兩黨制。然而，對於我國所採取的單記非讓渡投票方法，在學理上來看應該會產生多黨制，但從實證角度來看，採取單記非讓渡投票法的國家中，「日本是多黨制……至於韓國及我國的情況，仍有待觀察」（謝復生1986, 161）。

1987年7月，蔣經國政府宣布解嚴，政黨體系發展的研究與評論開始大量出現。1988年，東吳大學政治學系教授吳文程以英文發表一篇關於台灣政黨體系轉型的論文（Wu 1988），為解嚴後學界第一篇關於台灣政黨體系發展的專業學術著作。該研究運用西方學界所發展的政黨理論模型，對於台灣黨國體制的演進過程進行解釋。

伍、台灣政黨政治研究的興盛期（1991-2000）

1992年12月，台灣國會全面改選；1996年3月，台灣進行首次總統民選。這一系列的政治變遷，不僅使我國民主化邁向一個全新的紀

元，同時也帶動我國政黨政治研究的蓬勃發展。例如，台灣政治學領域的專業化持續加深，許多重要的學者從 1990 年代中期起對於台灣政治學界的發展與現況進行了數次的調查（吳玉山等 2013, 1），為台灣政治科學領域的專業化奠定極為重要的基礎。1994 年，「台灣政治學會」成立，並在 1996 年創立《台灣政治學刊》，與歷史悠久的中國政治學會及其《政治學報》互別苗頭。

在 1991 至 2000 年這段時期，台灣政黨政治研究的最大特色在於研究主題的多元化，以及科際整合途徑的盛行。首先，就「政黨的組織、策略與主張」文獻而言，關於中國國民黨的歷史研究分析，和前期相比明顯減少許多。相對而言，學者較重視的主題包括：台灣政黨的選舉策略（例如陳陸輝 1994；王金壽 1997）；政黨初選與提名策略（例如王業立 1996；吳重禮 1998）；政黨組織與立場（例如黃德福 1992）。派系政治的研究也在此時期呈現高速成長，研究議題包括地方派系的形成與發展（陳明通、朱雲漢 1992；丁仁方 1999）、地方派系與選舉（黃德福 1994；高永光 2000），以及地方派系與民主化的關聯（趙永茂 1996；王業立 1998）。

其次，關於「政黨體系、制度法規與選舉競爭」的文獻，其研究主題包括：政黨法規與政黨發展（雷飛龍 1993；陳佳吉 2001）、憲政制度、選舉制度與政黨體系（吳文程 1994；謝復生 1994），以及政黨體系的發展與演進（黃德福、張佑宗 1994；游清鑫 1995; Chu 1996）。第三，關於「政黨與政府」的文獻，其主題包括國會中的黨團運作、協商與黨紀（雷飛龍 1994；廖達琪 1996）、政黨與政府的組成（黃德北 1996；韋洪武 1996）。至於政黨的政治效應之相關研究，其主題包括政黨對公共政策的影響（周世雄、吳英明 1993）、政黨對國家發展的影響（魏鏞 1997），以及政黨與憲政改革的關係（楊日青 2000；Noble 1999）。

第四，在 1990 年代，由於實證分析方法以及民意調查研究的普及，「政黨與選民」的相關研究出現長足的進展。例如，許多學者從長

期的角度探索台灣選民政黨認同（何思因 1994；陳陸輝 2000）以及政黨形象（劉義周 1994；游盈隆 1995）的變化及其效應；更值得注意的是，許多學者開始以「密西根學派」（Michigan School）的投票行為理論為基礎，進行了一系列關於政黨認同與投票抉擇的實證研究（徐火炎 1991; 1992; 1996；陳義彥、蔡孟熹 1997）。

另外，從 1990 年代開始，除了政治學者之外，亦有其他學科的學者從科際整合的角度探討政黨認同，例如王甫昌（1998）從社會學與族群政治的角度解釋政黨認同，吳乃德（1999）則從家庭社會化的角度探究政黨認同的世代差異；翁秀琪與孫秀蕙（1994）以及金溥聰與沈慧聲（1998）的研究，則從大眾傳播的角度，理解媒體與政黨態度的關聯。

陸、台灣政黨政治研究的成熟期（2001-2014）

在經過了 1990 年代的興盛期之後，台灣的政黨政治研究逐漸成熟。2000 年，國科會人文處對於社會科學學門的學術期刊進行評比，建立「台灣社會科學引文索引」（TSSCI）制度。在政治學專業化加深的趨勢之下，學者也開始為政黨政治研究尋找學科的定位。例如，中國政治學會在 2000 年舉辦「政治學各領域發展之回顧與前瞻」研討會，將政黨政治研究歸類為「政治理論」範疇裡的「經驗政治理論」領域（吳玉山 2000, 8）；2012 年，中央研究院政治學研究所舉辦「政治學的回顧與前瞻」研討會，將政黨政治研究定位在「比較政治」與「台灣政治」兩個範疇（吳玉山等 2013）。

在 2001 到 2014 年這段期間，台灣的政黨政治研究主要有三個特色，分別是：一、新興研究主題呼應實際政治的變遷；二、重視研究方法與測量；三、台灣政黨政治研究逐漸與國際學界接軌。

首先，台灣政治在 2000 年代的劇變，影響了台灣政黨政治研究的發展。西元 2000 年，台灣經歷首次政黨輪替；2004 年，陳水扁連任；2008 年，馬英九勝選，國民黨再次執政。這一連串的變化，讓台

灣政黨政治研究有了新的主題。例如，有愈來愈多學者探究政黨輪替的成因與效應，除了以台灣作為討論對象的研究之外（湯京平、陳冠吾2013），也有學者探究外國的政黨輪替（胡祖慶2014；蕭國忠2009）。

政黨輪替除了意味民主進一步深化之外，更代表分立政府的出現，因而帶動相關研究（廖達琪、洪澄琳2004；陳宏銘2009；邱訪義2010；吳重禮2013c；Wu and Huang 2007）。另外，國會議員行為的相關研究在這個時期日益興盛（盛杏湲2008；楊婉瑩2003；黃秀端2004），同時也因為政黨競爭的劇烈，出現愈來愈多的「獨立（中間）選民」研究（吳重禮、許文賓2003；劉正山、朱淑華2012）、選舉策略研究（石振國、林水波2005；林長志2009）、政黨提名策略研究（包正豪2010；林超琦2013）、以及媒體與政黨態度的相關研究（劉正山2009；張傳賢2012）。

除了政黨政治研究的主題漸趨多元、以及調查資料日益豐富之外，[5]在2001至2014年這段時期，另一個新發展是對於研究方法與測量的重視，例如有愈來愈多學者探討政黨認同與形象的測量（鄭夙芬2004；蔡佳泓2007；莊淑媚、洪永泰2011），或是探討政黨位置的測量（劉從葦2006a；蕭怡靖2014；Fell 2004）；同時，也有學者採用較新的研究方法，例如對於定群追蹤資料的使用與分析，目的在於估計比較精確的因果關係（王鼎銘等2004；盛杏湲2010；劉嘉薇、黃紀2012）。另外，也有學者將地理空間的概念與方法，納進對於政黨競爭的分析（郭迺鋒等2008；Lay et al. 2006）。

成熟期的第三個特色則是台灣政黨研究在國際的接軌。在早期，關於台灣政黨政治的出版品以專書為主，而在國際期刊發表的台灣政黨政治專題論文極少，大多以政黨組織的發展為主題（例如Domes 1981）。相對而言，在興盛期與成熟期，除了政黨組織發展的議題外

5　例如政大選舉研究中心從2001年起所舉辦的「台灣選舉與民主化調查」（TEDS）。關於使用TEDS資料的文獻之後設分析，可參考游清鑫（2013）。

（Dickson 1993; Rigger 2001），其他關於台灣政黨政治之研究主題也陸續受國際學者重視，例如政黨提名制度（Fell 2006; 2013），政黨、選舉與政治發展（Niou and Paolino 2003; Tan 2002），台灣政黨體系的比較研究（Jou 2009; Solinger 2001），國會議員行為（Batto 2012; Rich 2014）等。此外，更重要的是，有愈來愈多台灣學者在國際學術期刊發表關於政黨政治的專題論文，包括吳重禮（Wu 2001; 2003）、林繼文（Lin 2002; 2014）、林瓊珠（Lin 2006）、徐永明（Hsu 2006）、游清鑫（Yu 2005）、蔡佳泓（Tsai 2005）、劉正山（Liu 2010）、劉義周（Liu 1995），以及蘇彥斌（Su 2014; 2015）等。

柒、台灣政黨政治研究的前景與建議

台灣自從民主化開展之後，關於政黨政治的研究呈現高速成長，不論在主題與方法上皆呈現多元的樣貌。然而，相關的研究仍有許多可加強的面向。本節針對政黨政治研究的趨勢來觀察台灣學界可進一步探索開拓的方向，就研究主題與方法整理出初步建議，希望能提供學界參考。首先，下圖 1 綜合比較了政黨政治文獻在不同時期的數量變化，而表 1 則顯示政黨政治研究文獻比例在不同時期的變化。

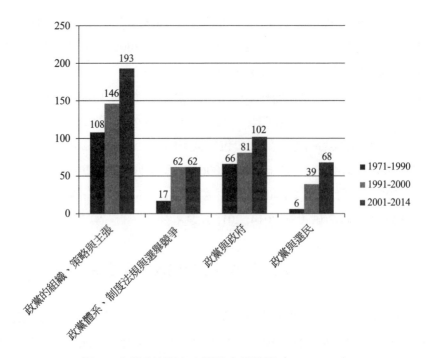

圖 1　政黨政治研究主題與文獻數量（1971-2014）

資料來源：作者自行整理。

表 1　政黨政治研究文獻比例的變化（1971-2014）

研究文獻的種類	茁壯期 （1971-1990）	興盛期 （1991-2000）	成熟期 （2001-2014）
政黨的組織、策略與主張	54.8%	44.5%	45.4%
政黨體系、制度法規與選舉競爭	8.6%	18.9%	14.6%
政黨與政府	33.5%	24.7%	24.0%
政黨與選民	3.1%	11.9%	16.0%
總計	100%	100%	100%

資料來源：作者自行整理。

　　我們可從圖 1 與表 1 得知，在茁壯期與興盛期，文獻種類依多寡排序分別為：「政黨的組織、策略與主張」的文獻最多，「政黨與政府」次之，「政黨體系、制度法規與選舉競爭」第三，最少的是「政黨與選

民」。而在成熟期時，「政黨與選民」的論文數略多於「政黨體系、制度法規與選舉競爭」。從動態的角度來看，「政黨的組織、策略與主張」以及「政黨與政府」這兩類文獻，在比例上似乎隨時間有衰退的現象，而「政黨與選民」的文獻，則呈現爆作性的成長，從苗壯期到成熟期，成長了近 5 倍之多。有趣的是，「政黨體系、制度法規與選舉競爭」的文獻從苗壯期到興盛期雖然呈現倍數成長，但到了成熟期，卻略為衰退，顯示學者研究興趣的變化。上述的描述性統計結果，相當程度地呼應了吳重禮（2013a, 2）的看法，亦即我國學界關於政黨組織的研究動力在近年來有所趨緩，反倒是關於政黨與政府以及政黨與選民的主題成為許多學者關注的焦點。

若我們進一步探討近十五年來（2000-2014）[6] 關於政黨政治的學術期刊成果，並特別檢視 SSCI、TSSCI 與 THCI 之期刊論文，則可發現值得深思的現象。下表 2 顯示，大多數關於「政黨與選民」的專題論文被刊登在 SSCI、TSSCI 與 THCI 等級期刊；其次，在 195 篇刊登在 SSCI、TSSCI 與 THCI 期刊的政黨政治專題論文中，「政黨的組織、策略與主張」為最常見的主題（40.5%），其次是「政黨與選民」（24.1%）和「政黨與政府」（21.5%），數量最少的文獻為「政黨體系、制度法規與選舉競爭」（13.9%）。

6　以 2000 年作為始點是因為國科會人文處在該年建立「台灣社會科學引文索引」（TSSCI）制度。

表2　刊登在 SSCI、TSSCI 與 THCI 期刊之政黨政治專題論文比例（2000-2014）

研究文獻的種類	刊登在人文與社會科學學術期刊之政黨政治專題論文總數（A）	刊登在 SSCI、TSSCI 與 THCI 期刊之政黨政治論文數（B）	刊登在 SSCI、TSSCI 與 THCI 期刊之論文數占總論文之比例（B／A*%）	占 SSCI、TSSCI 與 THCI 期刊政黨政治論文總數之比例（B／195*%）
政黨的組織、策略與主張	207	79	38.2%	40.5%
政黨體系、制度法規與選舉競爭	65	27	41.5%	13.9%
政黨與政府	110	42	38.2%	21.5%
政黨與選民	73	47	64.4%	24.1%
總數	455	195	42.9%	100%

資料來源：作者自行整理。

　　表2的統計結果，顯示了 SSCI、TSSCI 與 THCI 等級期刊所著重的研究焦點，但也顯示了我國政黨政治學者對於政黨體系發展的相關研究缺乏強烈的興趣。因此，本文認為我國政黨研究學者應該要多關注政黨體系發展的相關議題。

　　目前，國際學界把政黨體系發展當作依變項的實證研究，主要有三大研究關懷，分別是政黨有效政黨數目（effective number of parties）、政黨體系變動度（party system volatility）以及政黨體系全國化（party system nationalization）。從先前的回顧可得知，早在 1980 年代中期，謝復生（1986）就已對政黨數目的科學研究進行過討論，而接下來也有學者利用總體的選舉資料進行相關的實證研究，例如李柏諭（2006）從不同層級選舉的資料探討台灣政黨體系的有效政黨數，蘇子喬與王業立（2012）則從比較的觀點對於台灣的政黨數目進行實證研究。

　　第二個關於政黨體系發展的研究主軸為政黨體系變動度，其重要測量指標為「彼得森指數」（Pedersen Index）（Pedersen 1983）。這個指數的計算方法為：以兩次選舉的結果為基礎，將每個政黨的得票率（或席次率）之變化淨值加總後，再除以 2。當一國的彼得森指數

愈高，則代表該國國內各政黨在兩次選舉之間的表現很不穩定。彼得森指數在理論概念上常被用來反映「政黨體系制度化」（party system institutionalization）的程度，廣為許多政黨研究學者所使用（Kuenzi and Lambright 2001; Mainwaring and Scully 1995）。然而，望諸台灣政黨政治文獻，目前只有何振盛（2010）曾利用彼得森指數對於台灣政黨體系進行研究。

其次，政黨體系全國化也是近年來在國際學界非常熱門的研究主題。要了解政黨體系全國化，必須先了解政黨全國化的概念。一般而言，政黨全國化可分成「靜態全國化」（static nationalization）與「動態全國化」（dynamic nationalization）兩種（Morgenstern et al. 2009）。靜態全國化指的是一個政黨的選舉表現在全國各選區的一致程度，而動態全國化則指的是一個政黨在各個選區的選舉表現在兩次選舉變化的一致程度。目前學界主要關注靜態全國化的討論，探討政黨的選舉支持在全國各選區是否普遍具有一定的競爭力，還是只集中在部分的地區。[7] 若一個政黨在全國各地的得票率變異性不大，則可將之定義為「全國性政黨」。若一國的主要政黨大多是「全國性政黨」而非「區域性政黨」，則可說這是一個高度全國化的政黨體系，反之則否。

在台灣，關於政黨體系全國化的研究才剛開始起步。蔡佳泓等人（2008）為台灣學界引進對於政黨體系全國化的討論，劉從葦（2006b）的書評則簡介了選舉制度與政黨體系全國化的關係。張佑宗與盧信宏（2014）的研究，則是台灣學界首篇提到政黨體系全國化的學術期刊論文。該研究以雲林縣個案，從政治分歧、國家認同與政治全國化等理論視角，探討地方侍從主義動員機制對於政治變遷的反應與調適。

除了主題之外，從研究方法的角度來看，也有值得學界努力之處。

7　對於靜態全國化的測量，有學者利用吉尼係數（Gini Coefficient）的方法（Bochsler 2010; Jones and Mainwaring 2003），也有學者利用選區層次與全國層次政黨體系的差異進行較複雜但精確的計算（Cox 1997; Chhibber and Kollman 1998）。

先前已提到，近年來許多學者已開始用定群追蹤的民意調查資料進行因果分析，然而，相關的調查仍然不足，而且也有樣本代表性的問題需要處理（陳光輝、劉從葦 2006）。另外，許多近十年來在西方學界新興的研究方法，在台灣學界的應用則是方興未艾，例如以網路意見調查為基礎的類實驗設計（劉正山等 2013）、傾向分數配對法（propensity score matching）（蒙志成 2014）、結合政治學、認知心理學及神經科學研究方法的「認知政治學研究」（蒙志成、龔俊嘉 2014）、多層模型分析（multilevel analysis）（蕭怡靖、黃紀 2010）等，都是未來學者可以採取的研究方法。

捌、結論

從 1955 到 2014 年，台灣的政黨政治研究獲得了長足的進展。本文發現，萌芽期、茁壯期、興盛期與成熟期等階段的研究重心各有不同，但大體而言，由於台灣政治的劇烈變化、政治學科專業化的提升、以及與國際學界接軌等因素，使台灣政黨政治研究的主題愈來愈趨於多元，學者也非常注重實證研究方法的應用，以及概念測量的精確性。最近由吳重禮所主持的「台灣政黨的持續與變遷」整合型研究計畫（吳重禮 2013a），可說是試圖「把政黨找回」政治學界的一大努力。

然而，當前關於台灣政黨政治的研究仍有值得未來學者努力之處。本文針對 950 篇期刊論文所進行的統計顯示，「政黨與選民」的相關文獻在近年來蓬勃發展，但關於政黨體系的相關研究，卻似乎較不受學者青睞，特別是目前關於政黨體系變動度與政黨體系全國化的研究成果，可說是屈指可數，非常值得後續研究者探索。最後，本文建議台灣學者應持續參考並採取當前西方政治學界所發展的新興研究方法，俾能回答更多有意義的研究問題，進而豐富台灣的政黨政治研究領域。

參考文獻

丁仁方，1999，〈統合化、半侍從結構與臺灣地方派系的轉型〉，《政治科學論叢》，10：59-82。

王甫昌，1998，〈族群意織、民族主義與政黨支持：一九九〇年代台灣的族群政治〉，《台灣社會學研究》，2：1-45。

王金壽，1997，〈國民黨候選人買票機器的建立與運作：一九九三年風芒縣長選舉的個案研究〉，《台灣政治學刊》，2：3-62。

王業立，1996，〈我國政黨提名政策之研究〉，《政治學報》，27：1-36。

王業立，1998，〈選舉、民主化與地方派系〉，《選舉研究》，5（1）：77-94。

王鼎銘、蘇俊斌、黃紀、郭銘峰，2004，〈日本自民黨之選票穩定度研究：1993、1996及2000年眾議院選舉之定群追蹤分析〉，《選舉研究》，11（2）：81-109。

石振國、林水波，2005，〈政黨合併的意涵與鑑定——以國親兩黨為例〉，《政治學報》，39：1-40。

包正豪，2010，〈政黨政治甄補的影響因素：以1992到2008政黨不分區立委提名人選為範例〉，《選舉評論》，9：49-82。

朱一鳴，1977，〈日本政黨政治現狀與展望〉，《憲政思潮》，38：151-167。

朱少先，1981，〈韓國政黨政治的現狀與展望〉，《憲政思潮》，55：159-173。

朱浤源，1995，〈政治學研究方法的發展（1945-1995）〉，朱浤源主編，《分析社會的方法論文集》：F1-F40，屏東市：屏東師範學院。

朱雲漢、林碧炤、蕭高彥，2011，〈中華民國政治學發展史〉，王汎森主編，《中華民國發展史：學術發展（上冊）》：259-285，台北：聯經出版社。

吳乃德，1999，〈家庭社會化和意識型態：台灣選民政黨認同的世代差異〉，《台灣社會學研究》，3：53-85。

吳文程，1994，〈憲政體制、政黨政治與選舉制度〉，《東吳政治學報》，3：151-186。

吳玉山，2000，〈政治與知識的互動：台灣的政治學在九〇年代的發展〉，何思因、吳玉山主編，《邁入廿一世紀的政治學》：3-48，台北：中國政治學會。

吳玉山、林繼文、冷則剛，2013，〈政治學的回顧與前瞻〉，吳玉山、林繼文、冷則剛主編，《政治學的回顧與前瞻》：1-17，台北：五南出版社。

吳重禮，1998，〈國民黨初選制度效應的再評估〉，《選舉研究》，5（2）：129-60。

吳重禮，2008，《政黨與選舉：理論與實踐》，台北：三民書局。

吳重禮，2013a，〈台灣政黨的持續與變遷：理論與資料的對話〉，《台灣政治學刊》，17（2）：1-14。

吳重禮，2013b，〈誰是泛藍、泛綠認同者？台灣民眾政黨認同的實證分析〉，張茂桂、羅文輝、徐火炎主編，《台灣的社會變遷1985-2005：傳播與政治行為》：129-174，台北：中央研究院社會學研究所。

吳重禮，2013c，〈台灣分立政府研究〉，吳玉山、林繼文、冷則剛主編，《政治學的回顧與前瞻》：377-393，台北：五南出版社。

吳重禮、許文賓，2003，〈誰是政黨認同者與獨立選民？——以二〇〇一年台灣地區選民政黨認同的決定因素為例〉，《政治科學論叢》，18：101-140。

李柏諭，2006，〈選舉制度對政黨體系之影響：台灣總統、縣市長、立法委員、任務型國大選舉之實例比較〉，《政治科學論叢》，27：69-111。

李鴻禧，1978，〈民主憲政與選舉——給政府執政黨與黨外人士之諍言〉，《法論月刊》，20：5-8。

呂亞力，1987，〈我國政治學的現況與展望〉，賴澤涵主編，《三十年來我國人文及社會科學之回顧與展望》：629-638，台北：東大圖書。

何思因，1990，〈比較政黨認同研究〉，《問題與研究》，29（13）：62-72。

何思因，1994，〈台灣地區選民政黨偏好的變遷：1989-1992〉，《選舉研究》，1（1）：39-52。

何振盛，2010，《政黨體系變遷與憲政體制發展》，台北：時英出版社。

邱昌渭，1954，《美國政治與政黨制度》，台北：華國書局。

邱訪義，2010，〈台灣分立政府與立法僵局——理論建立及其實證意涵〉，《臺灣民主季刊》，7（3）：87-121。

周世雄、吳英明，1993，〈歐美政黨與對公共政策之影響〉，《美國月刊》，8（2）：53-64。

金溥聰、沈慧聲，1998，〈大一學生的媒體使用與政黨思維結構體〉，《民意

研究季刊》，206：18-49。

林佳龍，1989，〈威權侍從政體下的台灣反對運動：民進黨社會基礎的政治
　　解釋〉，《台灣社會研究季刊》，2（1）：117-143。

林長志，2009，〈立委選舉中民進黨的「聯合競選策略」：以北高兩市為
　　例〉，《台灣政治學刊》，13（1）：55-106。

林超琦，2013，〈從日本參議院全國選區談日本政黨與利益團體的關係〉，
　　《台灣政治學刊》，17（1）：107-183。

東海大學，1991，〈政治教育者的執著—專訪政治系蔡啟清教授〉，
　　http://alumnus.thu.edu.tw/story/396/6328，查閱時間：2015/4/17。

韋洪武，1996，〈論多黨競爭與多數統治〉，《問題與研究》，35（1）：
　　17-29。

郎裕憲，1980，〈中、外民主政黨選擇其候選人之方式〉，《憲政思潮》，
　　50：172-186。

胡佛、游盈隆，1984，〈選民的黨派選擇：態度取向及個人背景的分析〉，
　　《政治學報》，12：1-59。

胡祖慶，2014，〈府院關係本質對於政黨輪替的影響：以法國第五共和為
　　例〉，《全球政治評論》，45：47-63。

徐火炎，1991，〈政黨認同與投票抉擇：臺灣地區選民的政黨印象、偏好與
　　黨派投票行為之分析〉，《人文及社會科學集刊》，4（1）：1-57。

徐火炎，1992，〈民主轉型過程中政黨的重組：臺灣地區選民的民主價值
　　取向、政黨偏好與黨派投票改變之研究〉，《人文及社會科學集刊》，5
　　（1）：213-263。

徐火炎，1996，〈台灣選民的國家認同與黨派投票行為：一九九一至
　　一九九三年間的實證研究結果〉，《台灣政治學刊》，1：85-127。

高永光，2000，〈「城鄉差距」與「地方派系影響力」之研究——1998年
　　台北縣縣議員與鄉鎮市長選舉的個案分析〉，《選舉研究》，7（1）：
　　53-85。

馬起華，1958，〈政黨的心理因素——對政治動力的一個分析〉，《法學叢
　　刊》，3（3）：22-39。

馬起華，1977，《政治學》，台北：臺灣商務印書館。

荊知仁，1969，〈當代各國憲法關於政黨之規定〉，《憲政思潮》，5：
　　159-161。

翁秀琪、孫秀蕙，1994，〈選民的媒介使用行為及其政治知識、政黨偏好與投票行為之間的關聯：兼論台灣媒體壟斷對政治認知與行為之影響〉，《選舉研究》，1（2）：1-25。

張台麟，1989，〈法國社會黨的派系特徵及其紛爭〉，《問題與研究》，29（3）：58-67。

淦克超，1978，〈評介薩托利「政黨及政黨體系」（Giovanni Sartori）〉，《再生》，8（80）：22。

張佑宗、盧信宏，2014，〈總統選舉、國家認同與侍從主義的消失？——2000 年後雲林縣的個案研究〉，《政治科學論叢》，61：1-40。

張傳賢，2012，〈政黨認同、負面資訊的競爭與選民投票抉擇：2010 年五都選舉的實證研究〉，《選舉研究》，19（2）：37-70。

黃秀端，2004，〈政黨輪替前後的立法院內投票結盟〉，《選舉研究》，11（1）：1-32。

黃德北，1996，〈英國歷來聯合政府之研究：政治制度、政黨聯合與政府組成〉，《問題與研究》，35（1）：56-72。

黃德福，1992，〈民進黨的組織體質與權力生態：一九八六至一九九二〉，《政治學報》，20：215-239。

黃德福，1994，〈現代化、選舉競爭與地方派系：一九九二年立法委員選舉的分析〉，《選舉研究》，1（1）：75-91。

黃德福、張佑宗，1994，〈邁向三黨競爭體系？——民主鞏固與台灣地區政黨體系的變遷〉，《政治學報》，23：197-225。

莊淑媚、洪永泰，2011，〈特定政黨不認同：台灣地區民意調查中關於政黨認同的新測量工具〉，《選舉研究》，18（2）：1-29。

國立政治大學，1965，《國立政治大學概況，民國 54 年》，台北：政治大學。

國立政治大學，1980，《國立政治大學概況，民國 69 年 1 月》，台北：政治大學。

國立政治大學，1985，《國立政治大學概況，民國 74 年 9 月》，台北：政治大學。

國立臺灣大學，1968，《國立臺灣大學概況，民國 57 年》，台北：臺灣大學。

曹日新，1997，〈政治學範疇之探索〉，鄭宇碩、羅金義主編，《政治學新

論：西方學理與中華經驗》：3-28，香港：香港中文大學。

盛杏湲，1986，〈民國七十二年增額區域立法委員選舉執政黨與黨外中央後援會候選人政見之分析〉，《思與言》，23（6）：41-53。

盛杏湲，2008，〈政黨的國會領導與凝聚力—— 2000 年政黨輪替前後的觀察〉，《臺灣民主季刊》，5（4）：1-46。

盛杏湲，2010，〈台灣選民政黨認同的穩定與變遷：定群追蹤資料的應用〉，《選舉研究》，17（2）：1-33。

葉陽明，1990，《西德政黨論》，台北：黎明文化事業公司。

陳水逢，1991，《現代政黨政治論》，台北：財團法人中日文教基金會。

陳光輝、劉從葦，2006，〈台灣選舉與民主化調查固定樣本（TEDS panel）之代表性探討〉，《選舉研究》，13（2）：75-116。

陳宏銘，2009，〈台灣半總統制下的黨政關係：以民進黨執政時期為焦點〉，《政治科學論叢》，41：1-55。

陳佳吉，2001，〈從憲法及相關法律修訂論臺灣地區政黨競爭規範法規之演變（民國七十六年至八十九年）〉，《復興崗學報》，72：99-137。

陳明通、朱雲漢，1992，〈區域性聯合獨占經濟、地方派系與省議員選舉：一項省議員候選人背景資料的分析〉，《國科會研究彙刊：人文及社會科學》，2（1）：77-97。

陳陸輝，1994，〈中國國民黨「黃復興黨部」的輔選效果分析〉，《選舉研究》，1（2）：53-96。

陳陸輝，2000，〈台灣選民政黨認同的持續與變遷〉，《選舉研究》，7（2）：109-141。

陳義彥、蔡孟熹，1997，〈新世代選民的政黨取向與投票抉擇——首屆民選總統的分析〉，《政治學報》，29：63-91。

郭秋慶，1990，〈西德綠黨形成的背景探討〉，《思與言》，28（2）：33-58。

郭迺鋒、梁益誠、王暐婷，2008，〈台灣總統大選政黨得票率之空間分析——地理加權迴歸方法之應用〉，《地理資訊系統季刊》，2（4）：26-37。

鄒文海，1973，《台灣省地方選舉的研究》，台北：環宇出版社。

雷飛龍，1956，〈英國工黨的組織與發展〉，台北：政治大學政治學研究所碩士論文。

雷飛龍，1965a，〈朋黨與政黨的比較觀〉，《思與言》，2（6）：473-483。

雷飛龍，1965b，〈北宋新舊黨爭與其學術政策之關係〉，《國立政治大學學報》，11：201-244。

雷飛龍，1966a，〈皇位繼承與漢、唐、宋、明的黨爭〉，《國立政治大學學報》，13：119-159。

雷飛龍，1966b，〈家世地域與漢唐宋明的朋黨〉，《國立政治大學學報》，14：95-126。

雷飛龍，1987，〈政黨的組織與發展〉，《憲政思潮》，79：21-42。

雷飛龍主編，1991，《英、美、日三國國會黨鞭制度》，台北：理論與政策雜誌社。

雷飛龍，1993，〈英國政黨與法律規範〉，《中國文化大學政治學研究所學報》，2：1-42。

雷飛龍，1994，〈論行政與立法的關係——從立法院執政黨黨鞭揮動無力說起〉，《中國文化大學政治學研究所學報》，3：67-87。

湯京平、陳冠吾，2013，〈民主化、派系政治與公民社會——以嘉義縣的社區營造與「終結派系」為例〉，《臺灣民主季刊》，10（2）：105-137。

游盈隆，1995，〈政黨形象、意識型態與臺灣選舉變遷〉，《中央研究院民族學研究所集刊》，78：61-99。

游清鑫，1995，〈臺灣政黨競爭及體系之變遷〉，《政治學報》，25：181-206。

游清鑫，2013，〈台灣選舉研究的回顧與前瞻——以 TEDS 十年來的資料使用為例〉，吳玉山、林繼文、冷則剛主編，《政治學的回顧與前瞻》：359-376，台北：五南出版社。

楊日青，2000，〈憲法修改與政黨重組對憲政體制的影響〉，《理論與政策》，14（2）：199-218。

楊婉瑩，2003，〈一致性到分立性政府的政黨合作與衝突——以第四屆立法院為例〉，《東吳政治學報》，16：47-93。

葛永光，1986，〈一黨優勢制與經濟發展：中日韓之比較研究〉，《政治文化》，5：203-224。

趙永茂，1978，《台灣地方派系與地方建設之關係》，高雄：德馨出版社。

趙永茂，1986，〈派系參與與民主價值取向之相關分析：台灣省鄉鎮（市）長、民意代表之分析〉，《政治學報》，14：59-127。

趙永茂，1996，〈台灣地方派系的發展與政治民主化的關係〉，《政治科學論

叢》，7：39-55。

廖達琪，1996，〈從衝突管理觀點──談立法院議事及黨團運作改進的方向〉，《理論與政策》，111：138-153。

廖達琪、洪澄琳，2004，〈反對黨獨大下的分立政府：高雄縣府會關係的個案研究（1985-2003）〉，《台灣政治學刊》，8（2）：5-50。

蒙志成，2014，〈「92 共識」對 2012 年台灣總統大選的議題效果：「傾向分數配對法」的應用與實證估算〉，《選舉研究》，21（1）：1-45。

蒙志成、龔俊嘉，2014，〈台灣選民投票行為的認知心理因素：以功能性腦造影實驗設計探索「候選人相貌」對投票抉擇的影響〉，行政院科技部專題研究計畫，計畫編號：MOST103-2420-H006-003-MY3，台北：行政院科技部。

鄭夙芬，2004，〈台灣民眾眼中的政黨──一個焦點團體研究法應用實例之初探〉，《選舉研究》，11（2）：185-216。

劉文島，1956，《政黨政治論》，台北：臺灣商務印書館。

劉正山，2009，〈2008 年總統大選競選期間政黨支持者選擇性接觸媒體傾向的分析〉，《選舉研究》，16（2）：51-70。

劉正山、朱淑華，2012，〈不中間的中間選民：以質性方法初探有政黨傾向選民隱藏政黨傾向的原因〉，《東吳政治學報》，30（4）：177-233。

劉正山、馮浩峻、郭明賢，2013，〈網路世代選民的政治參與及動員策略〉，梁定澎主編，《電子商務新境界 2013》：301-315，新北：前程文化。

劉從葦，2006a，〈台灣政黨的政策位置：非介入式與介入式測量的比較研究〉，《台灣政治學刊》，10（2）：3-62。

劉從葦，2006b，〈書評：全國性政黨體系的形成：加拿大、英國、印度、美國的聯邦制與政黨競爭〉，《臺灣民主季刊》，3（2）：191-196。

劉義周，1987，〈選民的政黨偏好〉，雷飛龍等主編，《轉型期社會中的投票行為—台灣地區選民的科技整合研究》：113-153，台北：行政院國家科學委員會。

劉義周，1994，〈台灣選民政黨形象的世代差異〉，《選舉研究》，1（1）：53-73。

劉嘉薇、黃紀，2012，〈父母政黨偏好組合對大學生政黨偏好之影響—定群追蹤之研究〉，《臺灣民主季刊》，9（3）：37-84。

鄧公玄，1953，《政黨政治的理論與實際》，台北：中央文物供應社。

談子民，1968，《政黨論》，台北：正中書局。

蔡佳泓，2007，〈政黨形象的測量尺度初探〉，《政治學報》，43：101-121。

蔡佳泓、王鼎銘、林超琦，2008，〈選制變遷對政黨體系之影響評估：變異量結構模型之探討〉，黃紀、游清鑫主編，《如何評估選制變遷：方法論的探討》：197-222，台北：五南出版社。

蕭怡靖，2014，〈從政黨情感溫度計解析台灣民眾的政治極化〉，《選舉研究》，21（2）：1-42。

蕭怡靖、黃紀，2010，〈2008年立委選舉候選人票之分析：選民個體與選區總體的多層模型〉，《台灣政治學刊》，14（1）：3-53。

蕭國忠，2009，〈德國首次全面性政黨輪替的重要因素：社會國改造與新中間政策〉，《中國行政評論》，17（2）：133-186。

魏鏞，1997，〈轉型中的臺灣政黨政治──兼論政黨與民主政治發展的關係〉，《研考雙月刊》，21（1）：15-24。

謝復生，1986，〈選舉制度與政黨多寡：兼論科學法則的建立〉，《國立政治大學學報》，54：151-163。

謝復生，1994，〈憲政體制、選舉制度與政黨運作〉，《理論與政策》，8（2）：5-13。

薩孟武，1953，《政治學》（初版），台北：作者自印。

羅志淵，1972，〈西德政黨研究〉，《憲政思潮》，19：1-27。

蘇子喬、王業立，2012，〈總統與國會選制影響政黨體系的跨國分析〉，《問題與研究》，51（4）：35-70。

龐建國，1992，〈國民黨與台灣地區的政治民主化〉，《中山學術論叢》，10：63-88。

Batto, Nathan F. 2012. "Differing Mandates and Party Loyalty in Mixed-Member Systems: Taiwan as a Baseline Case." *Electoral Studies* 31 (2): 384-392.

Bochsler, Daniel. 2010. "Measuring Party Nationalization: A New Gini-Based Indicator That Corrects for the Number of Units." *Electoral Studies* 29 (1): 155-168.

Chhibber, Pradeep K., and Ken Kollman. 1998. "Party Aggregation and the Number of Parties in India and the United States." *American Political*

Science Review 92 (2): 329-342.

Chu, Yun-han. 1996. "SNTV and the Evolving Party System in Taiwan." *Chinese Political Science Review* 22: 33-51.

Cox, Gary W. 1997. *Making Votes Count: Strategic Coordination in the World's Electoral Systems*. Cambridge, UK: Cambridge University Press.

Dickson, Bruce J. 1993. "The Lessons of Defeat: The Reorganization of the Kuomintang on Taiwan, 1950-52." *China Quarterly* 133: 56-84.

Domes, Jurgen. 1981. "Political Differentiation in Taiwan: Group Formation within the Ruling Party and the Opposition Circles 1979-1980." *Asian Survey* 21 (10): 1011-1028.

Fell, Dafydd. 2004. "Measurement of Party Position and Party Competition in Taiwan." *Issues & Studies* 40 (3/4): 101-136.

Fell, Dafydd. 2006. "Democratization of Candidate Selection in Taiwanese Political Parties." *Journal of Electoral Studies* 13 (2): 167-197.

Fell, Dafydd. 2013. "Impact of Candidate Selection Systems on Election Results: Evidence from Taiwan before and after the Change in Electoral Systems." *China Quarterly* 213: 152-171.

Hsu, Yung-ming. 2006. "Splitting and Making Parties: Analysis of Party Reconfiguration in Taiwan." *East Asia* 23 (1): 7-26.

Jones, Mark P., and Scott Mainwaring. 2003. "The Nationalization of Parties and Party Systems: An Empirical Measure and an Application to the Americas." *Party Politics* 9 (2): 139-166.

Jou, Willy. 2009. "Electoral Reform and Party System Development in Japan and Taiwan: A Comparative Study." *Asian Survey* 49 (5): 759-785.

Kuenzi, Michelle, and Gina Lambright. 2001. "Party System Institutionalization in 30 African Countries." *Party Politics* 7 (4): 437-468.

Lay, Jinn-guey, Yu-wen Chen, and Ko-hua Yap. 2006. "Spatial Variation of the DPP's Expansion between Taiwan's Presidential Elections." *Issues & Studies* 42 (4): 1-22.

Lin, Chiung-chu. 2006. "The Evolution of Party Images and Party System in Taiwan, 1992-2004." *East Asia* 23 (1): 27-46.

Lin, Jih-wen. 2002. "Electoral Systems, Voter Preference, and Effective

Number of Parties: the East Asian Cases." *Journal of Electoral Studies* 9 (1): 137-171.

Lin, Jih-wen. 2014. "Resource Allocation and the Performance of Taiwan's Democratic Progressive Party in Mixed-Member Majoritarian Elections." *Issues & Studies* 50 (2): 1-38.

Liu, Frank C. S. 2010. "Perceived Partisan Heterogeneity in Communication Networks and Changes in Party Choice in a National Election: Evidence from Taiwan." *International Political Science Review* 32 (1): 61-78.

Liu, I-chou. 1995. "Generational Divergence in Party Image Among Taiwan Electorate." *Issues & Studies* 31 (2): 87-114.

Mainwaring, Scott, and Timothy R. Scully, eds. 1995. *Building Democratic Institutions: Party Systems in Latin America.* Stanford, CA: Stanford University Press.

Morgenstern, Scott, Stephen M. Swindle, and Andrea Castagnola. 2009. "Party Nationalization and Institutions." *Journal of Politics* 71 (4): 1322-1341.

Niou, Emerson M. S., and Philip Paolino. 2003. "The Rise of the Opposition Party in Taiwan: Explaining Chen Shui-bian's Victory in the 2000 Presidential Election." *Electoral Studies* 22 (4): 721-740.

Noble, Gregory W. 1999. "Opportunity Lost: Partisan Incentives and the 1997 Constitutional Revisions in Taiwan." *China Journal* 41: 89-114.

Pedersen, Mogens. 1983. "Changing Patterns of Electoral Volatility in European Party Systems, 1948-1977." In *Western European Party Systems: Continuity and Change*, eds. Hans Daalder and Peter Mair. Beverly Hills, CA: Sage.

Rich, Timothy S. 2014. "Party Voting Cohesion in Mixed Member Legislative Systems: Evidence from Korea and Taiwan." *Legislative Studies Quarterly* 39 (1): 113-135.

Rigger, Shelley. 2001. "The Democratic Progressive Party in 2000: Obstacles and Opportunities." *China Quarterly* 168: 944-959.

Sartori, Giovanni. 1976. *Parties and Party Systems: A Framework for Analysis.* Cambridge, UK: Cambridge University Press.

Schattschneider, E. E. 1942. *Party Government.* New York, NY: Holt, Rinehart and Winston.

Solinger, Dorothy J. 2001. "Ending One-Party Dominance: Korea, Taiwan, Mexico." *Journal of Democracy* 12 (1): 30-42.

Su, Yen-pin. 2014. "Explaining Electoral Volatility in Latin America: Evidence at the Party Level." *Latin American Politics and Society* 56 (2): 49-69.

Su, Yen-pin. 2015. "Party Registration Rules and Party Systems in Latin America." *Party Politics* 21 (2): 295-308.

Tan, Alexander C. 2002. "Transformation of the Kuomintang Party in Taiwan." *Democratization* 9 (3): 149-164.

Tsai, Chia-hung. 2005. "Policy-Making, Local Factions and Candidate Coordination in Single Non-Transferable Voting: A Case Study of Taiwan." *Party Politics* 11 (1): 59-77.

Wu, Chung-li. 2001. "The Transformation of the Kuomintang's Candidate Selection System." *Party Politics* 7 (1): 103-118.

Wu, Chung-li. 2003. "Local Factions and the Kuomintang in Taiwan's Electoral Politics." *International Relations of the Asia-Pacific* 3: 89-111.

Wu, Chung-li, and Chi Huang. 2007. "Divided Government in Taiwan's Local Politics: Public Evaluations of City/County Government Performance." *Party Politics* 13 (6): 741-760.

Wu, Wen-cheng. 1988. "The Transition to a Democratic and Competitive Party System." *Soochow Journal of Political Science & Sociology* 12: 129-153.

Yu, Ching-hsin. 2005. "The Evolution of Party System in Taiwan, 1995-2004." *Journal of Asian and African Studies* 40 (1/2): 105-129.

政治社會化研究的主要議題與在台灣的發展

陳光輝
中正大學政治學系副教授

壹、前言

　　相較於政治學中的幾個主要領域，政治社會化（political socialization）並不是一個歷史悠久的領域，此一名詞是在 1950 年代時，才在英文文獻中被提出。由於與人們的政治行為、態度與價值相關的現象，多與政治社會化有所關連，探討政治現象常需觸及政治社會化議題，該領域在政治學的研究中具有相當程度的重要性。

　　政治社會化領域關切的主要是：人們有哪些政治態度與行為，而這些態度與行為是如何形成的？在進一步探討政治社會化領域的內涵與發展之前，我們必須先確認為什麼政治社會化是重要的？在整體層次，一個政治系統若要維持與發展，政治系統的穩定是必要的。就政治系統理論而言，公民不僅期待政府有特定作為或是不作為以滿足其需求，也必須同時對政府提供不同形式的支持，否則政府無法有效作為，也將導致政治系統的崩潰。因此，如何使公民發展出與所處政治系統之特性相合宜的態度與價值，避免公民提出超過系統所能夠負荷的需求，並能夠提供足夠的支持，是政治系統能夠維持穩定的重要因素。因此，各政治系統無不在乎政治社會化，藉由這個過程試圖培養公民特定的價值與行為，以維繫該系統的穩定與發展（Easton and Dennis 1969）。在個體層次，如何使個別公民在其政治社會化過程中發展出適合的態度、價值與行為，並且習得足夠的知識與技能，使其能夠在所處的政治系統中處理各項個人與所屬團體面對的問題，對其維持生存與發展有關鍵性影響。

簡言之，政治社會化在個體與總體這兩個層次均扮演了重要的角色，影響了個人與政治系統的維繫與發展。

　　具體而言，政治社會化領域研究者試圖回答的問題有：人們成長過程中所習得的主要政治態度與行為的內容為何？有哪些人或哪些機制對我們習得特定政治態度與行為產生影響？是哪些人或是哪些機制有比較大的影響？人們在習得特定的政治態度與行為後，這些習得的態度與行為是否持續會長期維持穩定、甚至是強化或是產生改變？若有變化的可能性，導致態度與行為發生變化的過程與因素為何？為了回答上述這些問題，政治社會化領域學者已累積豐碩的研究成果，並依據各個政治體系的個別狀況或是普遍存在的共通政治現象，提出各項研究主題。此外，在研究方法與資料上，也有新的進展。

　　本文旨在說明政治社會化領域在台灣的發展，全文分為三個部分。首先，針對政治社會化領域所處理的主要議題進行說明，並介紹近年來的發展趨勢。接著，聚焦於過去 40 年間，政治社會化研究在台灣的發展進行說明，並介紹主要的研究成果與研究焦點。最後，針對台灣社會近年來的發展與變遷，提出適合政治社會化領域處理的幾項議題。

貳、政治社會化領域的發展與主要議題

　　政治社會化領域在過去半個多世紀裡經歷了相當大幅度的興衰變動（Cook 1985; Rosenberg 1985; Sapiro 2004）。在 1960 年代末期結束前，在行為主義的影響下，政治社會化研究處於興盛期，有相當多的研究與著作產出。隨後，該領域呈現停滯的狀態，部分原因在於當時的美國出現大規模民權運動與校園運動，大學生為當中的主要參與者，在不同的議題與領域採取行動反對政府。這批大學生正是早期政治社會化研究的主要探討對象：兒童。早期研究顯示，這些兒童對於政府與領導者有著高度的支持與認同，卻在長大後成為著名的抗議世代。同一個世代的人們在孩童時期與青年期有著截然不同的態度導致了政治社會研究受到了

質疑，兒童時期的政治態度與成年期的政治行為被認為並無延續性，因而限制了該領域的發展。

到了 1980 年代末期，兩個現象的出現引發了政治社會化領域的再度興起：東歐與蘇聯的解體與西方社會裡公民德行（civic virtue）的滑落。當民主體制在東歐與蘇聯取代共產體制，民眾與政治菁英在經歷各式各樣變化的同時，如何教育年輕世代使其認識並認同民主體制，以及如何使已經習慣共產或是社會主義體制的成年人願意接受民主體制帶來的變化，是值得密切關切的議題。政治學者期待藉由社會化年輕世代與再社會化（resocialize）成人世代使其接受體制的改變對蘇聯與東歐民主的未來有重要影響。

另外一方面，調查資料顯示西方民主國家民眾的公民德行（civic virtue）普遍呈現滑落的趨勢（Dalton 2004; Putnam 2000）。相較於過去，民眾對公共事務較不關心也不願意參與，對政府較不信任，社會資本也大幅滑落。這樣的趨勢若持續發展，將對民主體系造成嚴重的挑戰。如何使年輕世代願意關切與投入公共事務是一個重要的議題，教育工作者與政治學者因而重新關注政治社會化，試圖藉由學校課程或是其他活動來培養年輕世代對公共事務的興趣與參與，化解西方民主國家公民德行滑落造成的民主危機。因此，在 1980 年代末期以來，政治社會化領域再次受到政治學者的矚目而再度興起。

此外，長期以來，研究者多以後天的社會化過程來解釋人們的政治態度與行為，未將先天的影響因素納入考量。然而，過去十餘年來，政治學者試圖由遺傳基因的角度來評估政治態度的形成，發現人們的政治態度受到了基因的影響，而非全由後天環境形塑而成（Alford, Funk, and Hibbing 2005; Hatemi et al. 2010; Shultziner 2013）。以遺傳基因來探討人們的政治態度對於既有的政治社會化研究提出挑戰，也引發了新一波民意研究與政治社會化研究的新興議題。以下我們針對政治社會化領域所處理與評估的幾項重要問題予以說明：

一、政治社會化的內容為何？

　　既有研究常針對孩童、青少年以及青年在社會化過程究竟習得了哪些態度、價值與知識進行探討。一般而言，多數研究聚焦於所屬政治社群的認知與認同、政治體制與規範以及政府運作與過程。

　　就社會化過程而言，政治社群的認知與認同通常是在孩童階段逐步發展出來，其目的在於使接受社會化者定位自己是誰以及自己與他者之間的關係。這類研究常見於早期的英文社會化文獻中，常見的態度有對於自己所屬國家的認同與驕傲感（Adelson and O'Neil 1966; Davies 1968; Greenstein 1965）、對國家領導人的感受（Greenstein 1960）以及對其他族群或國家的感受（Boehnke, Hagen, and Hefler 1998）等。

　　在政治體制與規範方面，研究者多探討人們對於各類正式與非正式規範的認知與態度。例如，青少年對於法律的認知與想法（Adelson, Green, and O'Neil 1969; Tapp and Kohlberg 1971）、對於民主價值的看法（Macek et al. 1998）以及對於自身與社會整體公共利益價值的權衡（Flanagan and Tucker 1999; Gallatin and Adelson 1970）等。這部分的研究常涉及了不同價值之間的衝突，檢視受社會化者如何看待本身的利益或是個人自由與社會整體公共利益之間的衝突，以及如何在兩者中進行選擇。社會化研究常也藉由評估兒童與青少年對於政府職責的認識來瞭解他們對於政府運作的認知狀況（Easton and Dennis 1965; Caldeira 1977）。

二、誰在政治社會化過程中產生影響？

　　通常會有多個因素在社會化過程中產生影響，父母親、學校、同儕、媒體乃至所處的環境以及特殊事件，都是重要的社會化因素。在這些因素當中，誰或是哪些機制能對年輕公民的政治態度與行為產生較大的影響一直是社會化研究中的重要議題。依據社會學習理論（social learning theory），有幾個因素影響了社會化過程的結果（Jennings and

Niemi 1974, 4-25）：

一、接觸的時間點：一般說來，越早接觸的對象對受社會化者的影響越
　　大。例如，父母親是孩子的主要照顧者，很早就對孩子有各種的影
　　響，因此，父母親被視為重要的社會化影響者。

二、接觸期間的長短：基本上，接觸越久者，產生的影響越大。例如，
　　媒體在政治社會化的影響力多寡上常取決於閱聽人接觸媒體時間的
　　多寡。

三、互動的疏密程度：社會化因素若與接受社會化者有較為緊密的互
　　動，就有可能產生較大的效果。例如，在學校裡的教師若與學生有
　　較多的互動，較可能對學生的政治態度產生影響。此外，在受社會
　　化者眼中越具有權威感、越值得尊重的人或機制對其社會化的影響
　　會越大。

四、溝通內容清晰程度：影響者在溝通互動過程中，越能夠清楚表達的
　　議題與內容，受社會化者越可能精確地接受資訊，因而會有較佳的
　　社會化效果。

　　依據上述說明，家庭在上述各項因素中，占了相當高的優勢：不
僅最早展開影響，有很長的影響期間，多數父母親與子女關係密切，
有相當深入的互動程度。因此，在既有的社會化研究中，家庭與父母
親對子女的政治社會化影響是一個很重要的議題（Glass, Bengtson, and
Dunham 1986; Niemi and Jennings 1991; Tedin 1974; Verba, Schlozman, and
Burns 2005; Zuckerman, Dasovic, and Fitzgerals 2007）。此外，親子溝通方
式對社會化效果的影響（Chaffee, McCleod, and Wackman 1973）、家庭
與父母親的影響力是否具有長期效力（Bengston, Biblarz, and Roberts
2002; Jennings, Stoker, and Bowers 2009）、或是父母親的相對影響力
（Rapoport 1985）等與家庭相關議題也為政治社會化研究者所關注。

　　家庭被視為一個重要的社會化因素，另一個常被拿來進行比較的
社會化因素是學校。孩童在達到就學年齡進入學校後，相對地受家庭影
響的時間與程度逐漸遞減。學校通常藉著課程內容（例如歷史與公民

課程等相關學科）、各項儀式性的活動（例如升旗與班會）、教師的影響以及課外活動等方式，將特定的知識、技能、態度與價值傳遞給學生（Andolina et al. 2003; Campbell 2006; Finkel and Ernst 2005; Galston 2001; Hirsch 1989; Langton and Jennings 1968; Nie and Hillygus 2001; Niemi and Junn 1998; Slomczynski and Shabad 1998）。為了評估學校教育的政治社會化效果，研究者常關注學校教育對於學生在政治態度與行為上的影響以及是否產生長期的效果（Jennings and Stoker 2006）。近來，為了提升年輕世代對於公共事務的關注與投入，學校教育中納入公共服務的課程，該課程的效果也引起了關注（Cooper and Schwerdt 2001; McFarland and Thomas 2006; Metz and Youniss 2003）。此外，在學校裡，特別是中學階段以上學生所結交的同儕友人會影響彼此的政治態度，也是一個值得關注的社會化因素（Campbell 1980; Langton 1967; Tedin 1980）。

　　此外，常被探討的的社會化因素還包括了事件與環境等因素。評估某個事件所產生政治社會化的效果為何需考量此事件的屬性，例如，此事件是否為一常規性或偶發性事件？此事件的延續時間長度為何？是否為親身經歷的事件？不同屬性的事件所形成的影響可能有所不同。此外，政治社會化研究者常常關切事件對既有政治態度與行為的影響為何，是造成既有態度與行為的轉變，抑或是強化？既有的政治社會化英文文獻多聚焦於非常規性事件的影響，但中文文獻對此議題進行處理者仍屬有限。一般說來，延續時間較久的事件，例如兵役、學生運動、女性運動等社會運動，較可能對參加者產生較長期的影響（Jennings 1987; Jennings and Markus 1977; Klatch 1999; Sapiro 1990; Sears and Valentino 1997; Erikson and Stoker 2011）。短期性特定大型事件通常造成顯著的影響，例如國家領導人遭到暗殺或是重大政治醜聞等，但這類事件產生的影響會隨時間而減退（Arterton 1974; Hawkins, Pingree, and Roberts 1975; Chanley 2002; Raviv et al. 2000）。研究者也發現常規性事件，例如選舉，也產生政治社會化的效果（Valentino and Sears 1998）。

　　除了上述特定因素與事件可能會形塑人們的態度與行為之外，環境的影響也逐漸為社會科學領域的研究者所關注，特別是近年來階層線性模式（hierarchical linear modeling, HLM）的運用更有助於研究者描繪不同層級環境對於受社會化者的影響。除了以國家為單位所進行的比較研究來評估跨國環境對於政治社會化的影響之外，國內次級環境對政治社會化影響亦為研究者所關注。在跨國的比較研究部分，研究者多針對多個國家的兒童與青少年的特定政治態度進行比較（Greenstein 1975; Jennings 1983; Gallatin and Amadeo 2003），亦有針對單一國家的政治社會化議題進行分析（Massey 1975; Percheron and Jennings 1981）。在國內環境的比較研究部分，有以特定地理區域的影響進行探討（Glaser and Gilens 1997），亦有針對族群、性別、階級等人口變數為界線的比較分析（Campbell 2006; Gimpel, Lay, and Schuknecht 2003; Greeley 1975）。

三、穩定與變動：生命週期（life cycle）與世代（generation）

　　政治社會化領域常面對的一個質疑為：孩童或是青少年時期所習得的態度與行為是否會長期維持？若無法長期維持，探索孩童與青少年的政治態度被認為是沒有意義的。因此，政治社會化領域學者對此議題相當關注，蒐集長期性經驗資料進行評估，檢視在生命早期習得的態度是否會隨著生命歷程的進展而有所改變（Alwin, Cohen, and Newcomb 1991; Krosnick and Alwin 1989; Sears 1990; Sears and Funk 1999; Stoker and Jennings 1995; Watts 1999）。整體而言，在人生早期習得的態度，在成長過程中並非穩定不變，年齡增長與生命週期對人們的態度與行為有所影響。然而，經驗證據也顯示，生命早期的態度與成年時期的態度跟行為是顯著相關的，顯示早期政治社會化所產生的影響延續至成年時期。

　　早期生命經驗與所習得的傾向會產生持續性的影響，加上成長於不

同時代背景的人在態度形成時期有不同的經驗，導致了不同世代者在政治態度與行為上的差異，導致政治世代（Mannheim 1972, 119; Jennings 1987, 368）的形成。一個世代是由一群在態度形成期受到同樣重要事件影響而導致有相似態度的人組成而成。因此，在歷史過程中，不同的關鍵事件的發生導致了不同政治世代的形成（陳光輝 2010, 5-6）。一般來說，同屬一個政治世代者年齡應該相仿。不過，年齡上有所差異者未必屬於不同政治世代，因為政治世代是在特定的政治社會情境下形成。在一個長期穩定的社會中，不同年齡者在態度形成關鍵期有著雷同的經驗，導致他們在政治態度上也相似，因此，穩定的社會不容易產生政治世代間的區隔。亦即，社會變遷是形成政治世代的關鍵因素（Mannheim 1972, 124-128）。在一個迅速變動的社會中，年齡差異有限的人們之間就可能有不同的經歷，而劃出了不同政治世代的界線。

政治世代不僅是政治社會化領域的重要概念，由於政治世代與政治變遷之間的密切關係，此概念也常為政治學各領域研究者用來解釋與了解政治現象。政治世代最常被運用在解釋不同年紀者之間在政治傾向的差異。例如：由於經濟發展所導致物質環境的變化，成長於優渥時期的世代通常對於精神層面與非自我利益等議題有較多關注，而發展出後物質主義，因此看到了不同世代間在態度、價值與行為上的差異（Inglehart 1977; Inglehart and Abramson 1994）；不同年紀者之間有不同的共同記憶也是導因於各世代間成長經驗的差異（Jennings and Zhang 2005; Schuman and Rodgers 2004）。此外，政治世代也常用於解釋政治現象的變遷。例如：政治世代的差異形塑了美國民眾在政黨態度上的極化趨勢（Stoker and Jennings 2008）以及美國民眾對於性別角色的認知與態度上的變化（Jenning 2006）。

政治世代與生命週期均可能導致同一時間點上的不同年齡者在態度與行為上有所差異。亦即，我們觀察到年輕者與年長者有呈現不同的傾向，但這個不同可能導因於他們屬於不同政治世代，也可能因為他們處於不同的生命階段。因此，如何適當區辨兩者各自的影響，也為政治

社會化領域研究者所關注。一方面，在研究設計上，研究者採取時間軸上的縱區觀察（longitudinal study），特別是在多個時間點上針對不同世代者進行觀察，來釐清政治世代與生命週期的影響（Mishler and Rose 2007; Jennings 1996; 2002）。此外，在分析方法上，研究者也使用模擬（simulation）技術來評估政治世代與生命週期所產生的影響（Jennings, Stoker and Bowers 2009）。在研究方法與資料分析技術的配合下，使我們對於政治世代與生命週期在政治社會化過程中產生的影響有了較為完整的瞭解。

參、政治社會化研究在台灣的發展

我們在上面的篇幅中，針對政治社會化研究在英文文獻裡所處理的主要議題作一扼要的說明。接下來，我們針對政治社會化領域在台灣的發展進行說明。我們分別介紹發展過程以及說明主要特色與進展。

相較於前述政治社會化研究於 1960 年代在英文文獻中的蓬勃發展，政治社會化研究較晚為台灣政治學界所認識。依據陳義彥（1978, 6）的回顧，政治社會化領域最早是由袁頌西（1969）與易君博（1970）分別於思與言以及憲政思潮這兩份期刊中撰文介紹，將此領域引進台灣政治學界。然而，約莫在同一時期，國外學者 Rosenberg（1970）、Appleton（1970a; 1970b; 1973）、McBeath（1978; 1986）、Wilson（1970; 1974）等人將他們在台灣針對國小至大學學生所進行的政治社會化研究出版。當中，Rosenberg 於 1968 年在臺灣大學教授研究所的研究方法課程時帶領研究生針對當時就讀法學院的大學生進行問卷調查，探索他們的政治態度與參與狀況。McBeath 於 1970 年在政治大學教授政治學發展趨勢的研究所課程時，不僅針對政治社會化領域進行介紹，也帶領研究生以全台中學生為母體進行抽樣執行問卷調查，蒐集資料並進行分析。

國內學者也陸續在台灣以調查研究法收集資料展開政治社會化的

經驗性研究，並在 1970 與 1980 年代發表他們的研究成果。在 1960 年代，袁頌西（1972a; 1972b; 1972c）展開台灣地區的社會化研究。較早期的社會化研究在方法上有所限制，通常在特定地區進行非機率抽樣，在母體推估上有所限制（陳文俊 1983, 23）。隨後的研究在抽樣方法與問卷設計上有進一步的發展。就研究對象而言，陳義彥（1978; 1985）與林嘉誠（1980; 1988）針對當時的大學生政治態度與政治參與進行探討；陳文俊（1983）除了針對中學生進行研究之外，也進行國中至大學各級學校學生的政治態度與價值的比較分析（Chen 1999），並針對家庭對於國小學童的影響進行分析（Chen 2001）。

　　前述時期的研究主軸多聚焦於受訪者的政治態度與政治參與，以及究竟是哪一個社會化因素對他們有較大的影響；在研究設計上，多採取單一時間點的橫斷式（cross-sectional）研究以問卷調查方式進行資料的收集，藉由社會化因素與受訪者態度間的關連程度來評估哪些人或機制對於社會化過程有所影響；就研究內容而言，當時研究受到政治系統理論的影響，多由此角度來探討各級學生的社會化經驗，也多呼應了當時西方文獻所處理的相關態度與價值，例如政治功效感、社群認同、民主態度、權利概念等。依據筆者的觀察，此時期的研究與英文文獻相互輝映，在台灣的研究者將英文文獻中所處理的主要社會化議題，配合上台灣的政治環境，將主要的政治態度與行為，以及哪些因素影響了這些政治傾向進行分析與探討，奠定日後台灣政治社會化研究的基礎。

　　橫斷式研究僅限於一個時間點上的觀察，對於瞭解人們的態度在個體層次是否維持穩定或是變化有所限制。1970 與 1990 年代末期以前，研究者多以這樣的設計進行社會化研究，進行總體層次的推論。陳義彥以其博士論文為基礎，分別在 1991 年以及 2001 年針對當時的在學大學生以機率抽樣選取具全國代表性的樣本進行問卷填答，評估這兩個年度大學生的社會化經驗（陳義彥、洪永泰、盛杏湲 1991；陳義彥 2001）。這兩筆大學生社會化調查資料在內容問卷相當完整，對於我們瞭解台灣大學生的政治態度與行為，以及在社會變遷過程中政治社會化經驗的

變化，有相當大的助益（陳義彥、陳陸輝 2004）。由於這兩個調查的受訪者都為就學中大學生，不僅位於同樣的生命階段，也有相同的教育程度，藉由這兩筆調查資料的比較能清楚地反應政治世代概念的意涵。比較這兩筆資料也能呈現出在台灣民主化過程中，不同政治世代在價值與態度上的變化（陳光輝 2010）。

　　另外，值得一提的是「政治世代」概念在台灣政治學界的發展。劉義周（1993）首度介紹政治世代概念，並運用於政黨形象的探討。隨後，從事經驗研究者除了針對政治世代的劃分方式持續探討（陳義彥、蔡孟熹 1997；陳陸輝 2000），也運用政治世代概念解釋人們的各項態度與行為（例如盛杏湲 2002；王靖興、孫天龍 2005；陳陸輝 2002; 2006；張佑宗 2011 等）。

　　如前述所言，橫斷式研究僅限於單一時間點上的觀察，無法直接針對研究對象做時間軸上的比較分析，在個體層次的推論上有較大的限制。為了克服這個限制，在西方文獻中，也陸續呈現以定群追蹤（panel study）方式進行之政治社會化研究的成果。當中，最為人知的是 M. Kent Jennings 所主持的全國性定群追蹤調查。該計畫於 1965 年首度展開，針對具有全國代表性的高三學生及其家長，進行首波的調查，接著分別於 1973、1982 以及 1997 年進行追蹤調查，並在 1997 年針對該批受訪者的子女進行首次的調查，是一筆跨時間、跨世代的定群資料。

　　國內學者也逐步將定群追蹤法運用於政治社會研究之中。陳義彥於 2004 年開始，針對政治大學當年度入學新生展開四個年度的定群追蹤，是國內第一筆完整的政治社會化定群資料（劉嘉薇、黃紀 2012）。該筆資料雖然因為研究對象限於政治大學學生，在外部效度上有所限制，但在協助我們理解大學生階段的態度與行為的變化模式有很大的助益。目前，陳陸輝正執行科技部計畫，以機率抽樣選取具全國代表性的樣本，針對 2011 年入學的大學生在大學就讀期間分別以自填式問卷與網路調查進行定群追蹤，該計畫完成所蒐集的資料將更進一步豐富台灣

的政治社會化研究。陳光輝則針對同年度入學的政治學相關科系學生進行定群追蹤調查，探索就讀政治學相關科系對他們在政治態度上的可能影響。此外，在分析方法上，除了配合定群資料進行分析之外（劉嘉薇、黃紀 2012），國內研究者將適合資料性質之統計模型納入社會化研究當中（林宗弘 2013）。

上述回顧也點出了政治大學政治學系在政治社會化台灣的發展上扮演了很重要的角色。最早由於 McBeath 於 1970 年於政大授課，影響了陳義彥與陳文俊以政治社會化為其博士論文主題，分別探討大學生與中學生的政治態度與行為的形塑過程。接著，陳義彥在政治大學任教期間，仍以政治社會化為其研究主要領域，分別於 1991 年提出「我國大學生政治社會化之研究──十五年來政治價值與態度之變遷」、2000 年提出「我國大學生政治社會化之研究：二十五年來政治價值與態度之變遷」、2004 年提出「我國大學生政治價值與態度的持續與變遷──大學四年政治社會化過程之研究」等幾項國科會專題研究計畫，針對不同世代大學生的政治社會化經驗進行研究。陳文俊於政治大學完成博士學位後，於中山大學任教期間，也持續針對不同階段的政治社會化經驗提出國科會專題計畫：「政治社會化與台灣地區的政治民主化：大學（專）學生政治態度與價值之研究」（1993 年）、「政治社會化與台灣地區的政治民主化（III）：國小學童的政治態度與價值之研究」（2000 年）、「台灣地區中學生的政治態度與價值：持續與變化」（2000 年）以及「政治社會化網站建置之研究：主題網站資料庫與教學網站資料庫」（2001 年）。此外，新一代的政治學者當中，任教於政大的陳陸輝也持續於政治社會化領域深耕，除了於 2002 年執行「台灣兒童眼中的政治符號」專題計畫，並於 2011 年延續陳義彥的大學生研究開始執行「我國大學生政治社會化的定群追蹤研究」四年期計畫。上述研究計畫提供了台灣學界重要的政治社會化經驗資料進行研究，也指出了政治大學政治學系與台灣政治社會化領域之間的密切關係。

如前所述，台灣的政治社會化研究內容，大致呼應著英文文獻中的

研究主題，與西方研究相互接軌，主要聚焦於受訪對象在政黨認同與民主價值等政治態度上的發展狀況。此外，與西方社會相同的是家庭與學校也被國內研究結果確認是最重要的兩項政治社會化因素。然而，不同於西方民主國家，台灣不僅是一個新興的民主國家，也是一個在族群與國家認同上存有分歧的社會。這樣特殊的發展背景，讓台灣學者常將人們的國家認同狀況作為政治社會化的研究主題之一，這是與西方國家政治社會化研究有所差異之處。

肆、政治社會化研究的可能議題

我們在前文中分別針對政治社會化研究在英文與中文文獻中的發展過程作一初步的介紹。接下來，我們參考既有的研究成果與台灣社會近年來的發展，提出政治社會化領域在台灣的幾項可能發展方向。

首先，近年來，台灣研究者較少關注兒童的政治社會化歷程。長期以來，政治學者相對而言給予孩童較少的關注（Jennings 2007）。可能的原因是孩童本身並未參與實際政治的運作，對於現實政治現象的影響力很低。孩童對於政治世界的認知能力也常被認為是有限的，對現實政治的認識是模糊的。質疑者也認為兒童的政治態度是不穩定的，他們認為孩童期所持有之政治態度在接下來的人生階段中將因政治經驗的持續增加而不斷地修正與改變。因此針對孩童進行研究所得之發現對政治學者而言其意義是不大的。

然而，早期的實證研究已發現國小學童不僅對於具體的政治人物與角色有所認知（Greenstein 1965），對於抽象的政治概念（例如政府）也有相當程度的理解與認識（Easton and Dennis 1965），也能運用較為複雜的道德規範來看待政治世界（Gallatin and Adelson 1970）。近年來發展心理學之進展挑戰了關於孩童認知能力不足的說法，並強調藉由觀察與了解孩童之社會分類（social categorization）與認同（identity），可提供政治學者一個適當的途徑以更進一步了解孩童們的政治社會化過程

（Sapiro 2004），故針對國小學童進行調查以了解他們的政治態度及其形成原因是有其意義的。此外，小學高年級（約 11 到 13 歲）時期正是學童政治態度迅速發展的階段（Adelson and O'Neil 1966），針對這個年齡層的學童進行探討可以讓我們對於政治態度的形成過程與週遭環境的影響有更清楚的描繪與了解。

　　然而，近年來，少有國內研究者針對兒童與青少年，進行政治社會化研究。過去已有研究者針對台灣的兒童與青少年進行政治社會化研究（陳文俊 2000；陳文俊、郭貞 1999；Chen 2001），但，台灣社會變遷速度相當快，現今兒童與青少年成長的環境與過去已經有相當大的不同，過去的政治社會化經驗未必能套用在現今的環境中。一個合理的推論是：由於現今兒童與青少年在未來可能因此有不同的政治態度與行為，研究者應該著手了解現今兒童與青少年的發展歷程，才能在未來對當時的政治現象提供合宜的解釋。

　　近年來，由於社會變遷的關係，家庭結構與親子互動模式產生幾項變動：不同於現今成年人在成長階段有較多的大家庭經驗，當代有較多的兒童成長於由父母親與子女共同居住的核心家庭；隨著離婚率上升，以及產業結構改變導致許多為人父母者至外地或是國外工作，有較多的孩童成長於（類）單親家庭或是由祖父母進行隔代教養；雙薪家庭成為普遍的家庭型態，即使是與父母親共同居住的孩童，在嬰孩時期多由保母或是托嬰機構照顧，進入小學階段後，也常在安親班度過相當長的課後時間。這些家庭型態的變動降低了父母親與子女間的互動頻率與程度，是否因此減弱了家庭與父母親對子女政治態度與行為的影響力？可能的影響為何？研究者應對當代兒童的政治社會化經驗進行瞭解與評估。

　　事實上，政治社會化領域關注的對象不應限於兒童與青少年，青年與成年人也都應該多加留意。關注青年與成年人的政治態度與行為，不僅可以協助研究者瞭解現今的政治現象，對於評估人們在成年後的政治態度與行為的發展更有所助益。政治社會化領域長期以來，對於人們

在人生初期所習得的政治態度與行為在成年後是否會有所變動或維持不變，始終有所辯論。針對人們在成年期之後的政治態度與行為進行追蹤與調查，可以提供經驗證據協助釐清此一問題。近來，除了前述關注大學生的政治社會化研究之外，台灣政治學界較少針對成年者進行探討。就總體層次來說，台灣民眾在幾項重要政治態度上一直有著不小的波動，例如認同與政黨支持。這顯示應有相當比率的成年公民在政治態度上有所變化。具有哪些特質的公民或是哪些因素導致了他們態度的變動？這些問題的回答可以使政治社會化領域的研究更加豐富。過去幾年來，國內學者陸續針對配偶對於政治態度所可能造成的影響進行評估，是一個針對成年期政治社會化研究的可能方向之一（楊婉瑩，2009；吳親恩、林政楠 2010；陳光輝 2011；楊婉瑩、李冠成 2011）。

其次，學校教育在過去 20 餘年間也陸續經歷相當程度的變動。例如，自 1990 年代起，高等教育大幅擴張，年輕世代民眾普遍進入大學就讀，延後進入職場的時間；「三民主義」不再列名於高中課程與大學聯考科目之中，公民課程則納入大學入學考科。經歷這樣的變動後，現今學校教育與公民教育課程內容對於受教者的影響為何？與以往經驗是否有所差異？這是值得研究者進行探索的議題。近年來，各大學普遍開設在職專班課程，陸續有在職教師入學進修並以公民課程為主題撰寫碩士論文，瞭解公民教育課程內容或是評估課程的影響。這些研究成果常因研究資源有限導致研究對象上有所限制而未以正式論文發表出版，是較為可惜的地方。台灣未來的民主發展與民主品質是必須持續關注的議題，台灣民眾的政治文化對此有重要的影響。廣泛的公民教育不限於學校內的公民課程，也包括了政治社會化的各項機制，對政治文化的形塑有重要的影響。因此，政治社會化領域應與公民教育領域結合，針對公民教育的內容進行分析並評估在台灣民眾的民主價值與政治行為上產生的影響。

接著，在全球化趨勢下所造成的跨國移民潮吸引了許多領域學者們的注意。對政治社會化研究者而言，過去 20 年間這波跨國

移民潮中提供了一個針對第一代之成年移民者進行成人期之再社
會化（resocialization）以及第二代移民進行早期社會化（pre-adult
socialization）進行研究的機會，然而，政治學者卻忽略掉此項蒐集資
料以進行研究的機會（Jennings 2007）。台灣在過去 20 年間在全球化浪
潮中也見證了大規模跨國婚姻以及移工現象。現今外籍配偶子女已陸續
於國中小就讀。日後，當這群學童將成為台灣公民影響台灣政治。外籍
配偶子女與本地家庭子女的政治社會化經驗是否有所不同，而導致未來
的政治態度與行為是否有所差異，是我們在評估這個新族群對台灣政治
的影響時必須考慮的問題（Chen and Luo 2013）。政治社會化學者留意
外籍配偶子女的政治社會化經驗，一方面可以在評估這群未來台灣公民
的政治態度與行為，豐富相關理論與研究；另一方面，可以依據研究發
現，提供政策建言，改善對新移民的不友善環境。

　　由於台灣與中國的特殊關係，兩岸間往來對雙方社會各自形成特殊
的影響。近年來，年輕學生至對岸就學與就業的頻率增加，對岸的親身
經驗是否會對其既有的政治態度與行為產生變化是一個可能影響台灣社
會未來走向的重要因素。王嘉州（2012; 2014）已分別針對來台陸生與
赴陸台生的政治態度進行研究，已有初步研究成果。兩岸交流的幅度與
深度在未來應會持續增長，交流經驗所產生的影響也應會持續擴大，政
治社會化學者應持續關注此一議題。

　　最後，在研究方法部分，既有研究多由受訪者進行問卷填答，完成
資料整理後，由研究者進行量化分析，進行推論。既有作法，在資料效
度上可能有所限制。政治社會化必須評估社會化因素對於被社會化者的
的影響，例如，父母親對子女的影響。既有研究多由受訪者一人填答，
常見的社會化因素，包括父母親、教師與同儕的資訊，也依據受訪者的
認知與記憶填答。依據單一的資訊來源可能帶進程度不一的誤差，導致
資料的信度與效度受到影響。因此，若在資源允許的狀況下，研究者在
進行政治社會化研究時，可以分別針對在社會化過程中的不同角色進行
資料收集，來獲取較為完整的資訊，提升資料品質與研究發現的效度。

　　此外，既有已出版的政治社會化研究多採取量化途徑，以調查資料進行分析與推論，量化研究有提升推論與研究效度的優勢，這也可能反應了政治學門在方法論訓練過程中是較為偏重量化研究的狀況。然而，政治社會化研究若能有較多的質化研究，可以帶來更為多元與豐富的研究發現。藉著質化研究，不論是以參與、觀察或是深度訪談的方式來進行較為深入與完整的資料蒐集，研究者可以得知每位研究對象的個別經驗以及認識他們政治態度形成之環境。亦即，在質化研究中，我們可以對研究對象的獨特性及其所處之系絡給予較多的關注，而得以對人們政治態度與行為的發展過程有較為完整的描繪與比較。如何使政治社會化領域研究者在學術養成過程中，可以有較多學習質化研究的機會應該是值得進一步思考的。

參考文獻

王靖興、孫天龍，2005，〈臺灣民眾民主政治評價影響因素之分析〉，《臺灣民主季刊》，2（3）：55-79。

王嘉州，2012，〈來臺陸生統一態度變遷初探──政治社會化途徑與定群追蹤法之分析〉，《臺灣民主季刊》，9（3）：85-118。

王嘉州，2014，〈交流生共識？赴陸臺生統獨立場之變遷〉，《東亞研究》，1：1-34。

吳親恩、林政楠，2010，〈省籍通婚與中國人、台灣人認同──家庭成員影響力的變化〉，《政治學報》50：41-82。

易君博，1970，〈政治社會化的分析〉，《憲政思潮》，12：1-15。

林宗弘，2013，〈再探台灣的世代政治：交叉分類隨機效應模型的應用，1995-2010〉，2013 年台灣社會學會研討會，台北：政治大學。

林嘉誠，1980，〈台北地區大學生的政治態度與政治參與〉，台北：臺灣大學政治學系博士論文。

林嘉誠，1988，《政治心理形成與政治參與行為》，台北：臺灣商務印書館。

袁頌西，1969，〈政治社會化：政治學中一個新的研究領域〉，《思與言》，7

（4）：19-29。

袁頌西，1971，〈兒童政治：台北市國小兒童政治態度之研究〉，《政治學報》，1：67-113。

袁頌西，1972a，〈我國家庭政治化與少年政治功效意識之研究（上）〉，《思與言》，11（5）：1-12。

袁頌西，1972b，〈我國家庭政治化與少年政治功效意識之研究（下）〉，《思與言》，11（6）：12-22。

袁頌西，1972c，〈家庭權威模式、教養方式與兒童之政治功效意識：景美研究〉，《思與言》，10（1）：35-55。

張佑宗，2011，〈選舉結果、政治學習與民主支持——兩次政黨輪替後台灣公民在民主態度與價值的變遷〉，《臺灣民主季刊》，8（2）：99-137。

盛杏湲，2002，〈統獨議題與台灣選民的投票行為：1990年代的分析〉，《選舉研究》，9（1）：41-80。

陳文俊，1983，《台灣地區中學生的政治態度及其形成因素：青少年的政治社會化》。台北：財團法人資教中心出版。

陳文俊，2000，〈政治的孟德爾定律？家庭與台灣國小學童的政治學習〉，《國立中山大學社會科學季刊》，2（4）：97-132。

陳文俊、郭貞，1999，〈台灣地區中學生的政治態度與價值〉，《理論與政策》，13（3）：113-138。

陳光輝，2010，〈民主經驗與民主價值——兩個世代台灣大學生之比較〉，《臺灣民主季刊》，7（4）：1-45。

陳光輝，2011，〈婚姻對身分認同之影響的初探〉，《選舉研究》，18（2）：121-156。

陳陸輝，2000，〈台灣選民政黨認同的持續與變遷〉，《選舉研究》，7（2）：39-52。

陳陸輝，2002，〈政治信任感與台灣地區選民投票行為〉，《選舉研究》，9（2）：65-84。

陳陸輝，2006，〈政治信任的政治後果——以2004年立法委員選舉為例〉，《臺灣民主季刊》，3（2）：39-61。

陳義彥，1978，《台灣地區大學生政治社會化之研究》，台北：嘉新水泥公司文教基金會。

陳義彥，1985，〈台灣地區大學生政治參與傾向影響因素之探析〉，《政大學

報》，55：77-114。

陳義彥，2001，〈我國大學生政治社會化之研究：二十五年來政治價值
　　與態度之變遷〉，行政院國科會專題研究計畫，計畫編號：NSC
　　89-2414-H-004-048，台北：行政院國科會。

陳義彥、洪永泰、盛杏湲，1991，〈我國大學生的政治社會化之研究——
　　十五年來政治價值的態度之變遷〉，行政院國科會專題研究計畫，計畫
　　編號：NSC 80-0301-H004-18，台北：行政院國科會。

陳義彥、陳陸輝，2004，〈台灣大學生政治定向的持續與變遷〉，《東吳政治
　　學報》，18：1-39。

陳義彥、蔡孟熹，1997，〈新世代選民的政黨取向與投票抉擇——首屆民選
　　總統的分析〉，《政治學報》，29：1-39。

楊婉瑩，2009，〈民族主義的父系家／族譜的繁衍與衰落：台灣個案的經
　　驗〉，《人文及社會科學集刊》，21（2）：291-323。

楊婉瑩、李冠成，2011，〈一個屋簷下的性別關係對國家認同的影響
　　（1996-2008）〉，《選舉研究》，18（1）：95-137。

劉義周，1993，《臺灣的政治世代》，《政治學報》，21：99-120。

劉嘉薇、黃紀，2012，父母政黨偏好組合對大學生政黨偏好之影響——定
　　群追蹤之研究〉，《臺灣民主季刊》，9（3）：37-84。

Adelson, Joseph, and Robert P. O'Neil. 1966. "Growth of Political Ideas in
　　Adolescence: The Sense of Community." *Journal of Personality and
　　Social Psychology* 4 (3): 295-306.

Adelson, Joseph, Bernard Green, and Robert P. O'Neil. 1969. "Growth of the
　　Idea of Law in Adolescence." *Developmental Psychology* 1 (4): 327-332.

Alford, John R., Carolyn L. Funk, and John R. Hibbing. 2005. "Are Political
　　Orientations Genetically Transmitted?." *American Political Science
　　Review* 99 (2): 153-167.

Alwin, Duane F., Ronald L. Cohen, and Theodore M. Newcomb. 1991.
　　*Political Attitudes over the Life Span: the Bennington Women after Fifty
　　Years*. Madison, WI: University of Wisconsin Press.

Andolina, Molly W., Krista Jenkins, Cliff Zukin, and Scott Keeter. 2003.
　　"Habits from Home, Lessons from School: Influences on Youth Civic
　　Engagement." *PS: Political Science and Politics* 36 (2): 275-280.

Appleton, Sheldon. 1970a. "The Political Socialization of Taiwan's College Students." *Asian Survey* 10 (10): 910-923.

Appleton, Sheldon. 1970b. "Taiwanese and Mainlanders on Taiwan: A Survey of Student Attitudes." *The China Quarterly* 44: 38-65.

Appleton, Sheldon. 1973. "Regime Support among Taiwan High School Students." *Asian Survey* 13: 750-760.

Arterton, F. Christopher. 1974. "The Impact of Watergate on Children's Attitudes toward Political Authority." *Political Science Quarterly* 89 (2): 269-288.

Bengston, Vern L., Timothy J. Biblarz, and Robert E.L. Roberts. 2002. *How Families Still Matter: A Longitudinal Study of Youth in Two Generations.* Cambridge, UK: Cambridge University Press.

Boehnke, Klaus, John Hagan, and Gerd Hefler. 1998. "On the Development of Xenophobia in Germany: The Adolescent Years." *Journal of Social Issues* 54 (3): 585-602.

Caldeira, Greg A. 1977. "Children's Images of the Supreme Court: A Preliminary Mapping." *Law and Society Review* 11 (5): 851-871.

Campbell, Bruce A. 1980. "A Theoretical Approach to Peer Influence in Adolescent Socialization." *American Journal of Political Science* 24 (2): 324-344.

Campbell, David E. 2006. *Why We Vote: How Schools and Communities Shape Our Civic Life.* Princeton, NJ: Princeton University Press.

Chaffee, Steven H., Jack M. McCleod, and Daniel B. Wackman, 1973. "Family Communication Patterns and Adolescent Political Participation." In *Socialization to Politics: A Reader*, ed. Jack Dennis. New York, NY: Wiley.

Chanley, Virginia A. 2002. "Trust in Government in the Aftermath of 9/11: Determinants and Consequences." *Political Psychology* 23 (3): 469-483.

Chen, Kuang-hui, and Ya-Hui Luo. 2013. "Political Socialization in Domestic Families and Families with Mainland Spouse in Taiwan." In *Migration to and from Taiwan*, eds. Chiu Kuei-fen, Dafydd Fell, and Lin Ping. London, UK: Routledge.

Chen, Wen-chun. 1999. "Political Socialization and the Cultivation of Democratic Citizens in Taiwan: A Comparative Study of the Political Attitudes and Values of Junior and Senior High, Junior College, and College Students." *Issues & Studies* 35 (1): 36-79.

Chen, Wen-chun. 2001. "The Role of the Family in Political Learning of Elementary School Students in Taiwan." *Issues & Studies* 37 (4): 38-68.

Cook, Timothy E. 1985. "The Bear Market in Political Socialization and the Costs of Misunderstood Psychological Theories." *American Political Science Review* 79 (4): 1079-1093.

Cooper, Christopher A., and Marc Schwerdt. 2001. "Depictions of Public Service in Children's Literature: Revisiting an Understudied Aspect of Political Socialization." *Social Science Quarterly* 82 (3): 616-632.

Dalton, Russell J. 2004. *Democratic Challenges, Democratic Choices: The Erosion of Political Support in Advanced Industrial Democracies*. New York, NY: Oxford University Press.

Davies, A. F. 1968. "The Child's Discovery of Nationality." *Journal of Sociology* 4 (2): 107-125.

Easton, David, and Jack Dennis. 1965. "The Child's Image of Government." *Annals of the American Academy of Political and Social Science* 361: 40-57.

Easton, David, Jack Dennis, and Sylvia Easton. 1969. "A Political Theory of Political Socialization." In *Children in the Political System: Origins of Political Legitimacy*, eds. David Easton and Jack Dennis. New York, NY: McGraw Hill.

Erikson, Robert S., and Laura Stoker. 2011. "Caught in the Draft: The Effects of Vietnam Draft Lottery Status on Political Attitudes." *American Political Science Review* 105 (2): 221-237.

Finkel, Steven E., and Howard R. Ernst. 2005. "Civic Education in Post-Apartheid South Africa: Alternative Paths to the Development of Political Knowledge and Democratic Values." *Political Psychology* 26 (3): 333-364.

Flanagan, Constance A., and Corinna Jenkins Tucker. 1999. "Adolescents'

Explanations for Political Issues: Concordance with Their Views of Self and Society." *Developmental Psychology* 35 (5): 1198-1209.

Gallatin, Judith, and Joseph Adelson. 1970. "Individual Rights and the Public Good: A Cross-National Study of Adolescents." *Comparative Political Studies* 3 (2): 226-242.

Galston, William A. 2001. "Political Knowledge, Political Engagement, and Civic Education." *Annual Review of Political Scienc* 4 (1): 217-234.

Gimpel, James G., J. Celeste Lay, and Jason E. Schuknecht. 2003. *Cultivating Democracy: Civic Environments and Political Socialization in America*. Washington, D.C.: Brookings Institution Press.

Glaser, James M., and Martin Gilens. 1997. "Interregional Migration and Political Resocialization: A Study of Racial Attitudes Under Pressure." *The Public Opinion Quarterly* 61 (1): 72-86.

Glass, Jennifer, Vern L. Bengtson, and Charlotte Chorn Dunham. 1986. "Attitude Similarity in Three-Generation Families: Socialization, Status Inheritance, or Reciprocal Influence?" *American Sociological Review* 51 (5): 685-698.

Greeley, Andrew M. 1975. "A Model for Ethnic Political Socialization." *American Journal of Political Science* 19 (2): 187-206.

Greenstein, Fred I. 1960. "The Benevolent Leader: Children's Images of Political Authority." *American Political Science Review* 54 (4): 934-943.

Greenstein, Fred I. 1965. *Children and Politics*. New Haven, CT: Yale University Press.

Greenstein, Fred I. 1975 "The Benevolent Leader Revisited: Children's Images of Political Leaders in Three Democracies." *American Political Science Review* 69 (4): 1371-1398.

Hatemi, Peter K., John R. Hibbing, Sarah E. Medland, Matthew C. Keller, John R. Alford, Kevin B. Smith, Nicholas G. Martin, and Lindon J. Eaves. 2010. "Not by Twins Alone: Using the Extended Family Design to Investigate Genetic Influence on Political Beliefs." *American Journal of Political Science* 54 (3): 798-814.

Hawkins, Robert Parker, Suzanne Pingree, Donald F. Roberts. 1975.

"Watergate and Political Socialization: The Inescapable Event." *American Politics Research* 3 (4): 406-422.

Hirsch, Herbert. 1989. "Nazi Education: A Case of Political Socialization." *The Educational Forum* 53 (1): 63-76.

Inglehart, Ronald. 1977. "The Nature of Value Change". In *The Silent Revolution: Changing Values and Political Styles Among Western Publics*, ed. Ronald Inglehart. Princeton, NJ: Princeton University Press.

Inglehart, Ronald, and Paul R. Abramson. 1994. "Economic Security and Value Change." *American Political Science Review* 88(2): 336-354.

Jennings, M. Kent. 1983. "Gender Roles and Inequalities in Political Participation: Results from an Eight-Nation Study." *The Western Political Quarterly* 36 (3): 364-385.

Jennings, M. Kent. 1987. "Residues of a Movement: The Aging of the American Protest Generation." *American Political Science Review* 81 (2): 367-382.

Jennings, M. Kent. 1996. "Political Knowledge Over Time and Across Generations." *Public Opinion Quarterly* 60 (2): 228-252.

Jennings, M. Kent. 2002. "Generation Units and the Student Protest Movement in the United States: An Intra- and Intergenerational Analysis." *Political Psychology* 23 (2): 303-324.

Jennings, M. Kent. 2006. "The Gender Gap in Attitudes and Beliefs about the Place of Women in American Political Life: A Longitudinal, Cross-Generational Analysis." *Politics and Gender* 2 (2): 193-219.

Jennings, M. Kent. 2007. "Political Socialization." In *The Oxford Handbook of Political Behavior*, eds. Russel J. Dalton and Hans-Dieter Klingemann. Oxford, UK: Oxford University Press.

Jennings, M. Kent, and Gregory B. Markus. 1977. "The Effect of Military Service on Political Attitudes: A Panel Study." *American Political Science Review* 71 (1): 131-147.

Jennings, M. Kent, and Richard G. Niemi. 1974. *The Political Character of Adolescence: The Influence of Families and Schools*. Princeton, NJ: Princeton University Press.

Jennings, M. Kent, and Laura Stoker. 2006. "Lasting Political Consequences of High School Environments: Results from the Four-Wave Political Socialization Study." Presented at the Meeting of the Midwest Political Science Association, Chicago, IL.

Jennings, M. Kent, Laura Stoker, and Jake Bowers. 2009. "Politics across Generations: Family Transmission Reexamined." *The Journal of Politics* 71 (3): 782-799.

Jennings, M. Kent, and Ning Zhang. 2005. "Generations, Political Status, and Collective Memories in the Chinese Countryside." *Journal of Politics*, 67 (4): 1164-1189.

Klatch, Rebecca E. 1999. *A Generation Divided: The New Left, the New Right, and the 1960s.* Berkeley, CA: University of California Press.

Krosnick, Jon A., and Duane F. Alwin. 1989. "Aging and Susceptibility to Attitude Change." *Journal of Personality and Social Psychology* 57 (3): 416-425.

Langton, Kenneth P. 1967. "Peer Group and School and the Political Socialization Process." *American Political Science Review* 61 (3): 751-758.

Langton, Kenneth P., and M. Kent Jennings. 1968. "Political Socialization and the High School Civics Curriculum in the United States." *American Political Science Review* 62 (3): 852-867.

Macek, Petr, Constance Flanagan, Leslie Gallay, Lubomir Kostron, Luba Botcheva, and Beno Csapo. 1998. "Postcommunist Societies in Times of Transition: Perceptions of Change Among Adolescents in Central and Eastern Europe." *Journal of Social Issues* 54 (3): 547-561.

Mannheim, Karl. 1972. "The Problem of Generations". In *The New Pilgrims: Youth Protest in Transition*, eds. Philip G. Altbach and Robert S. Laufer. New York, NY: McKay.

Massey, Joseph A. 1975. "The Missing Leader: Japanese Youths' View of Political Authority." *American Political Science Review* 69 (1): 31-48.

McBeath, Gerald A. 1978. "Middle School Youth in Modern Taiwan." *Asian Profile* 6 (2): 117-133.

McBeath, Gerald A. 1986. "Youth Change in Taiwan, 1975 to 1985." *Asian Survey* 26: 1020-1036.

McFarland, Daniel A., and Reuben J. Thomas. 2006. "Bowling Young: How Youth Voluntary Associations Influence Adult Political Participation." *American Sociological Review* 71 (3): 401-425.

Metz, Edward, and James Youniss. 2003. "A Demonstration That School-Based Required Service Does Not Deter-but Heightens-Volunteerism." *PS: Political Science and Politics* 36 (2): 281-286.

Mishler, William, and Richard Rose. 2007. "Generation, Age, and Time: The Dynamics of Political Learning during Russia's Transformation." *American Journal of Political Science* 51 (4): 822-834.

Nie, Norman, and D. Sunshine Hillygus. 2001. "Education and Democratic Citizenship." In *Making Good Citizens: Education and Civil Society*, eds Diane Ravitch and Joseph P. Viteritti. New Haven, CT: Yale University Press.

Niemi, Richard G., and Jane Junn. 1998. *Civic Education: What Makes Students Learn*. New Haven, CT: Yale University Press.

Niemi, Richard G., and M. Kent Jennings. 1991. "Issues and Inheritance in the Formation of Party Identification." *American Journal of Political Science* 35 (4): 970-988.

Percheron, Annick, and M. Kent Jennings. 1981. "Political Continuities in French Families: A New Perspective on an Old Controversy." *Comparative Politics* 13 (4): 421-436.

Putnam, Robert D. 2000. *Bowling Alone: The Collapse and Revival of American Community*. New York, NY: Simon and Shuster.

Rapoport, Ronald B. 1985. "Like Mother, Like Daughter: Intergenerational Transmission of DK Response Patterns." *Public Opinion Quarterly* 49 (2): 198-208.

Raviv, Amiram, Avi Sadeh, Alona Raviv, Ora Silberstein and Orna Diver. 2000. "Young Israelis' Reactions to National Trauma: The Rabin Assassination and Terror Attacks." *Political Psychology* 21 (2): 299-322.

Rosenberg, Riki R. 1970. "The Apathetic Majority: Political Socialization of University Students in Nationalist China." *Youth and Society* 2 (2): 177-206.

Rosenberg, Shawn W. 1985. "Sociology, Psychology, and the Study of Political Behavior: The Case of the Research on Political Socialization." *The Journal of Politics* 47 (2): 715-731.

Sapiro, Virginia. 1990. "The Women's Movement and the Creation of Gender Consciousness: Social Movements as Socialization Agents." In *Political Socialization, Citizenship Education, and Democracy*, ed. Orit Ichilov. New York, NY: Teachers College, Columbia University.

Sapiro, Virginia. 2004. "Not Your Parents' Political Socialization: Introduction for a New Generation." *Annual Review of Political Science* 7: 1-23.

Schuman, Howard, and Willard L. Rodgers. 2004. "Cohorts, Chronology, and Collective Memories." *The Public Opinion Quarterly* 68 (2): 217-254.

Sears, David O. 1990. "Whither Political Socialization Research: the Question of Persistence." In *Political Socialization, Citizenship Education, and Democracy*, ed. Orit Ichilov. New York, NY: Teachers College, Columbia University.

Sears, David O., and Carolyn L. Funk. 1999. "Evidence of the Long-Term Persistence of Adults' Political Predispositions." *The Journal of Politics* 61 (1): 1-28.

Sears, David O., and Nicholas A. Valentino. 1997. "Politics Matters: Political Events as Catalysts for Preadult Socialization." *American Political Science Review* 91 (1): 45-65.

Shultziner, Doron. 2013. "Genes and Politics: A New Explanation and Evaluation of Twin Study Results and Association Studies in Political Science." *Political Analysis* 21 (3): 350-367.

Slomczynski, Kazimierz M., and Goldie Shabad. 1998. "Can Support for Democracy and the Market Be Learned in School? A Natural Experiment in Post-Communist Poland." *Political Psychology* 19 (4): 749-779.

Stoker, Laura, and M. Kent Jennings. 1995. "Life-Cycle Transitions and Political Participation: The Case of Marriage." *American Political Science Review* 89 (2): 421-433.

Stoker, Laura, and M. Kent Jennings. 2008. "Of Time and the Development of Partisan Polarization." *American Journal of Political Science* 52 (3): 619-635.

Tapp, June L., and Lawrence Kohlberg. 1971. "Developing Senses of Law and Legal Justice." *Journal of Social Issues* 27 (2): 65-91.

Tedin, Kent L. 1974. "The Influence of Parents on the Political Attitudes of Adolescents." *American Political Science Review* 68 (4): 1579-1592.

Tedin, Kent L. 1980. "Assessing Peer and Parent Influence on Adolescent Political Attitudes." *American Journal of Political Science* 24 (1): 136-154.

Torney-Purta, Judith, and Jo-Ann Amadeo. 2003. "A Cross-National Analysis of Political and Civic Involvement among Adolescents." *PS: Political Science and Politics* 36 (2): 269-274.

Valentino, Nicholas A., and David O. Sears. 1998. "Event-Driven Political Communication and the Preadult Socialization of Partisanship." *Political Behavior* 20 (2): 127-154.

Verba, Sidney, Kay Lehman Schlozman, and Nancy Burns. 2005. "Family Ties: Understanding the Intergenerational Transmission of Political Participation." In *The Social Logic of Politics: Personal Networks as Contexts for Political Behavior*, ed. Alan S. Zuckerman. Philadelphia, PA: Temple University Press.

Watts, Meredith W. 1999. "Are There Typical Age Curves in Political Behavior? The "Age Invariance" Hypothesis and Political Socialization." *Political Psychology* 20 (3): 477-499.

Wilson, Richard W. 1974. *Moral State: Study of the Political Socialization of Chinese and American Children*. New York, NY: The Free Press.

Wilson, Richard W. 1970. *Learning to be Chinese: The Political Socialization of Children in Taiwan*. Cambridge, MA: The MIT Press.

Zuckerman, Alan S., Josip Dasovic, and Jennifer Fitzgerals. 2007. *Partisan Families: The Social Logic of Bounded Partisanship in Germany and Britain*. Cambridge, NY: Cambridge University Press.